MW01282473

Warren Orbaugh

Objetivismo: la filosofía benevolente

Warren Orbaugh

Objetivismo: la filosofía benevolente

Clasificación:
190 – Filosofía moderna occidental
Autor: Orbaugh, Warren
Título: Objetivismo: la filosofía benevolente
Ed.: Guatemala: Editorial Episteme, 2015
Descripción: 372 p.; 14x21 cm.
ISBN: 978-9929677135
Temas: Filosofía; Capitalismo; Objetivismo

Diseño y diagramación: Miguel Ángel García
edicionesmiguelangel@gmail.com

Edición e-book: Miguel Ángel García (2015)
edicionesmiguelangel@gmail.com

Diseño de la portada: Julián González Gómez

2ª edición

ISBN: 978-9929677135

Impreso en los Estados Unidos de América

A Claudia

Índice

Capítulo 3

Introducción

"El Objetivismo es un movimiento filosófico; como la política es una rama de la filosofía, el Objetivismo defiende ciertos principios políticos –específicamente, aquellos del capitalismo laissez-faire –como la consecuencia y fin último de la aplicación práctica de sus principios filosóficos fundamentales."[1]

Ayn Rand

Hay quienes confunden el Objetivismo, que es un movimiento filosófico, con el libertarianismo, pero en realidad son dos cosas diferentes. El Objetivismo es un sistema filosófico. El libertarianismo no. El libertarianismo consiste en una postura política: en respetar el proyecto de vida del otro, en tanto éste no viole los derechos de los demás. Varios sistemas filosóficos coinciden en sus principios políticos con este postulado. De tal manera que los libertarios pueden estar de acuerdo en este punto y diferir en otros principios. El libertarianismo no responde a preguntas como ¿de dónde vienen los derechos? ¿Cómo lo sabemos? ¿Son necesarias y posibles las respuestas a esas preguntas para defender la libertad? Los sistemas filosóficos son los que responden a estas preguntas.

Un sistema filosófico es un conjunto de principios que responden a nuestras inquietudes de ¿qué es la realidad? ¿Cómo lo sabemos? Y según las respuestas a lo anterior, ¿cómo debemos actuar? ¿Cómo debemos interrelacionarnos con los demás? ¿Qué es importante?

Un principio válido es una verdad fundamental, de la que dependen otras verdades, y que sirve de guía para nuestro pensamiento y por

---

[1] Rand, Ayn. *THE OBJECTIVIST NEWSLETTER*. "Check your premises", Enero, 1962.

ende, de nuestras acciones. 'Verdad' es una cualidad del juicio y por lo tanto de la proposición. Es la calificación de la relación del predicado con el sujeto, que simboliza su referente, dentro de un contexto, rango y precisión específicos y delimitados. El juicio es 'verdadero', si lo que se predica del sujeto, dentro de determinado contexto específico, coincide con el estado de cosas del referente del sujeto. Dicho de otra manera, 'verdad' es la concordancia, correspondencia o adecuación del juicio con los hechos de la realidad.

Un sistema filosófico nos provee de principios, que son integraciones mentales, abstracciones muy amplias que identifican relaciones causales, pero no nos dice cómo aplicar esos principios a los eventos y elecciones de nuestras vidas. En la aplicación a casos concretos, es la mente de cada quien la única que determina que hacer. Cada uno, usando su razón es quien decide cómo aplicar sus principios, si va ser fiel a éstos o no, y cuál es el curso correcto a tomar. Uno decide, después de una deliberada evaluación si acepta o no cierta posición filosófica, pero lo cierto es que uno no puede actuar sin la guía de principios. Lo crucial aquí es identificar si los principios son válidos o no. Si no los son, su pretendida 'verdad' no corresponde con los hechos de la realidad, y serán inútiles o nocivos como guías de acción.

Los principios válidos son una ayuda y un enorme ahorro de tiempo para la mente que tiene que determinar la acción, pues han probado por qué cierto curso de acción es correcto y de acuerdo a que premisas. Hacen más fácil el considerar y evaluar cada caso, que si uno tuviera que hacerlo partiendo de cero. Ésta es la función de la filosofía, ahorrar tiempo.

El Objetivismo es un sistema filosófico cuyas bases fundamentales fueron establecidas por Ayn Rand. Otros filósofos, construyendo sobre esas bases, han contribuido con importantes aportaciones al sistema. Nathaniel Branden, con los principios de la auto estima; Leonard Peikoff y David Harriman con los principios de la inducción; David Kelley con la naturaleza de la certeza y la virtud de la benevolencia; Harry Binswanger con la naturaleza de la teleología; Andrew Bernstein con la naturaleza de la heroicidad; Craig Biddle con el arte de pensar en principios; y George Reisman con los principios del libre mercado.

Deriva el Objetivismo su nombre de una actitud cognitiva hacia la realidad. Ser "objetivo" en nuestra actividad conceptual es adherirnos voluntariamente a la realidad por medio de seguir ciertas reglas de un método, un método basado en hechos y apropiado a la forma de cognición humana. Objetividad es una adherencia voluntaria a la realidad por el método de la lógica. En esencia, la lógica es un método de observar hechos (las premisas), entonces consultar las leyes de contradicción, y entonces inferir las conclusiones que estas leyes garantizan. Es importante notar que el proceso debe anclarse en hechos observados. Derivar conclusiones de premisas arbitrarias, que representan caprichos arbitrarios, no es un proceso de lógica. Si la lógica es el medio de la objetividad, una conclusión lógica debe derivarse de la realidad, debe estar garantizada por conocimiento antecedente, el que a la vez se apoya en conocimiento anterior, y así hasta lo evidente, hasta los datos sensoriales.

El principio de objetividad es pues esencial al Objetivismo, que no es una religión con dogmas definidos por un texto sagrado, sino que un sistema que exige el pensamiento independiente y compromiso con la búsqueda de la verdad. Uno de los principios fundamentales del Objetivismo es que la razón –la facultad que identifica e integra el material que nos dan los sentidos –es el instrumento de sobrevivencia del hombre, y por tanto, el compromiso de guiarse por ella debe ser una incesante e inviolable obligación. Cada pregunta teórica debe y puede responderse usando la razón; cada acción práctica debe y puede ser guiada usando la razón.

Breve biografía de Ayn Rand

Ayn Rand, nació como Alyssa Zinovievna Rosenbaum, el 2 de febrero de 1905 en San Petersburgo, la ciudad rusa que luego se llamó Petrogrado y después Leningrado. Fue la hija mayor de Zinovy Zacharovich Rosenbaum quien era empresario farmacéutico y de Anna Borisovna Kaplan una intelectual que gustaba del teatro francés. Tuvo dos hermanas menores: Natasha y Nora. Aprendió a leer a la edad de seis años. Su madre, preocupada porque su hija se aburría con los cuentos rusos para niños y deseosa de fomentarle el hábito de la lectura, le regaló una suscripción a una revista infantil francesa de aventuras. En ellas descubrió el mundo de la ficción romántica y a su primer héroe: Cyrus, el personaje principal de la novela seriada El Valle Misterioso de Maurice Champagne. Cyrus fue en cierto modo la inspiración para su heroína Kira (el femenino de Cyrus) y el modelo para dos de los héroes de sus novelas: Roark y Rearden. Es el prototipo del hombre de acción que tiene total confianza en sí mismo, severo y desafiante, a quien nadie puede intimidar y para quien no existe obstáculo imposible de salvar. Esta novela le dio a ella la visión del hombre heroico que sostuvo siempre y la motivó, a la temprana edad de nueve años, a tomar la decisión de dedicar su vida a escribir ficción.

Fue testigo, durante sus años escolares de secundaria, de la revolución de febrero de 1917, liderada por Alexander Fyodorovich Kerensky, la cual aprobó y de la revolución bolchevique del 7 de noviembre del mismo año, la que desaprobó desde el principio. Para escapar de la lucha armada su familia fue a Crimea. Allí terminó su secundaria. También descubrió allí a Walter Scott y a Víctor Hugo, el escritor que siempre admiró más.

Los comunistas, tras su triunfo, confiscaron la farmacia de su padre y literalmente los condenaron a morir de hambre. En su último año de secundaria conoció la historia de los Estados Unidos de Norteamérica a la que consideró desde entonces como el modelo de lo que podría ser una nación de hombres libres. Al regresar de Crimea entró a estudiar filosofía e historia en la Universidad de Petrogrado. Allí, un profesor al notar que le desagradaba Platón, le pregunto sobre qué es lo que ella pensaba. Ella respondió que sus ideas no eran parte de la historia de la filosofía aún, pero que algún día lo serían. Se graduó en 1924 viendo como la investigación libre era anulada y reemplazada por las doctrinas de las hordas comunistas. Sin embargo, como siempre había sido muy aficionada al cine occidental, ingresó en 1924 al Instituto Estatal de Arte Cinematográfico con el propósito de graduarse como escritora de libretos. Fue aproximadamente durante estos años, cerca de 1925, que adoptó como nombre profesional Ayn Rand. En una carta a un admirador, le cuenta que el nombre "Ayn" es un nombre real y a la vez inventado. Su origen, le dice, es el nombre femenino finlandés "Ina" y que ella escogió convertirlo en "Ayn" eliminando la "a" del final y pronunciándolo "I" ("Yo" en inglés) con una "n" al final. La pronunciación de "I" en inglés para comprenderse en otros idiomas se encuentra escrita en los diccionarios como [ai] o [ay]. Al tomar la "A" de Alyssa y combinarla con Ina tenemos Aina; también se puede eliminar la "l" y sustituir la "ss" por "n" en Alyssa y tenemos Ayna; y al eliminar la "a" del final, como ella dijo que hizo, queda Ayn. En 1936 dijo en una entrevista para el New York Evening Post que "Rand" era una abreviación de su apellido ruso. El Dr. Berliner, del Ayn Rand Institute, al ver en 1997 una copia del diploma universitario de 1924, notó que en el apellido Rosenbaum, escrito en el alfabeto cirílico, las tres últimas letras se ven como las del alfabeto romano "ayn". Luego Richard Ralston notó que omitiendo esas tres últimas letras, así como la segunda y cuarta del apellido, queda lo que se asemeja en alfabeto romano a la palabra Rand. Así como resultado de esta especie de anagrama, las iniciales de su nuevo nombre coincidieron con las de su nombre natal: AR. El hecho de que Alyssa es un nombre de origen griego que significa "lógica"; Rand un nombre inglés antiguo que significa "guerrero"; Ina es un sufijo femenino en latín y que al modificarlo en Ayn, que ella pronunciaba "I" (Yo), con una "n" como afijo al final, se puede leer como un "yo femenino" y "yo" es la palabra que ella llamó sagrada en su novela *Anthem*, escrita en 1937 y concebida como obra de teatro al principio de los veintes con el nombre EGO, induce a suponer que su nombre es producto de una cuidadosa elaboración artística. Pues, resulta interesante que estos nombres la describieran tan bien. Ayn Rand fue una defensora del individualismo y la razón, una opositora férrea del colectivismo y del misticismo, defendiendo a los primeros y atacando a los últimos con una lógica implacable.

A finales de 1925 obtuvo permiso para salir de la Unión Soviética, aduciendo que visitaría por un corto tiempo a unos parientes en Estados Unidos. Gracias a la ayuda de su madre, quien se comunicó con unos parientes en el exterior para que la recibieran y quien vendió sus joyas para comprarle el pasaje, partió hacia Nueva York arribando allí en febrero de 1926 con sólo $50 en su bolsa. Pasó los siguientes seis meses con sus parientes en Chicago y tras obtener una extensión a su visa, partió para Hollywood con la intención de hacer carrera como escritora de libretos para películas. Allí conoció a Cecil B. De Mille, quién la encontró una joven exótica y apodó cariñosamente Caviar. Al enterarse de que ella quería dedicarse a producir libretos para filmes, la invitó al estudio donde rodaban la película Rey de Reyes para que viera como se hacía una. Luego la empleó, primero como extra y posteriormente como lectora de libretos. En el estudio conoció, una semana después, a Frank O´connor, el actor con quien se casó en 1929 y con quien vivió durante cincuenta años hasta que él murió.

Con De Mille trabajó hasta 1927 y luego regresó a New York. Mientras escribía por las noches sus primeras obras y estudiaba para dominar el inglés, trabajó para RKO hasta 1932 en el departamento de vestidos. En 1932 le vendió a Universal Studios su primer libreto intitulado *Red Pawn.* También ese año produjeron su primera obra de teatro, *Night of January 16th,* en Hollywood y en Broadway. Terminó *We the Living* (Los que Vivimos), su primera y más autobiográfica novela, en 1933. Sin embargo ésta fue rechazada por numerosos editores durante años, hasta que Macmillan en los Estados Unidos y Cassell en Inglaterra la publicaron en 1936. La novela, que describe los horrores de la tiranía soviética, no fue bien recibida por la crítica y los intelectuales americanos pro comunismo.

Durante los años de 1934 a 1943 trabajó como lectora para Paramount y MGM. Empezó a escribir *The Fountainhead* (El Manantial) en 1935, una novela sobre el individualismo americano, presentando su controversial moral del egoísmo racional y donde describe al hombre ideal, al hombre como puede y debe ser, ejemplificado en el personaje principal: Howard Roark. Esta novela, que la hizo famosa, fue publicada por Bobbs-Merrill en 1943 llegando a ser un gran éxito, vendiéndose millones de ejemplares a pesar de haber sido rechazada antes doce veces por otros editores.

A finales de 1943 regresó a Hollywood a escribir para Warner Brothers el libreto para la versión fílmica de su novela The Fountainhead. De 1943 a 1948 trabajó como escritora para el productor Hal Wallis de Paramount y en 1946 empezó su novela *Atlas Shrugged* (La Rebelión de Atlas). La película The Fountainhead, protagonizada por Gary Cooper como Roark, Patricia Neal como Dominique, Raymond Massey como Wynand, Ken Smith como Keating y Robert Douglas como Toohey, fue estrenada en 1949.

En 1951 regresó a New York para dedicarse por completo a escribir su gigantesca novela épico romántica, la que sería sin duda su obra maestra. Atlas Shrugged fue publicada en 1957. En esta historia de misterio que integra su visión metafísica, ética, epistemológica, política y económica, ella dramatizó los elementos principales de su filosofía que llamó Objetivismo: razón, individualismo y capitalismo.

Posteriormente se dedicó a escribir ensayos y columnas sobre su filosofía. También dio conferencias en universidades y foros explicando sus ideas. Publicó y editó su propia revista *The Objectivist Newsletter,* posteriormente *The Ayn Rand Letter,* de 1962 a 1976. Sus ensayos fueron el material para nueve libros de Objetivismo: *For the New Intellectual* en 1961; *The Virtue of Selfishness,* en 1964; *Capitalism the Unknown Ideal,* en 1966; *The Romantic Manifesto,* en 1970; *The New Left: The Anti-Industrial Revolution,* en 1971; *Introduction to Objectivist Epistemology,* en 1979; *Philosophy: Who Needs It,* en 1982; *The Voice of Reason,* en 1990; y *The Ayn Rand Column,* en 1991. En 1982 empezó el libreto para una miniserie de Atlas Shrugged, pero no pudo terminarlo, pues murió a la edad de 77 años en su apartamento de New York el 6 de marzo de ese año.

Ayn Rand dejó una visión del hombre independiente y racional, responsable de sus acciones y de su carácter; una moral para vivir y ser feliz en lugar de la tradicional para sufrir y morir; una política benevolente basada en el respeto entre individuos; y en resumen, una filosofía para vivir en la tierra, que cambió la vida de millones de sus lectores y que inició un movimiento filosófico que está aumentando su influencia en la cultura americana.

Referencias

Rand, Ayn. *La Virtud del Egoísmo*. Grito Sagrado................................[VE]o [VS]

Rand, Ayn. *Introducción a la Epistemología Objetivista*. Grito Sagrado.......[IEO]

Rand, Ayn. *Capitalismo El Ideal Desconocido*. Grito Sagrado.......................[CID]

Rand, Ayn. *La Rebelión de Atlas*. Grito Sagrado..[AS]

Rand, Ayn. *El Manifiesto Romántico*. Grito Sagrado......................................[MR]

Peikoff, Leonard. *Objectivism: The Philosophy of Ayn Rand*. Dutton......[OPAR]

Binswanger, Harry. *How We Know*. TOF Publications..............................[HWK]

Harriman, David.*The Logical Leap*. NAL...[LL]

Branden, Nathaniel. *The Psycology of Self-Esteem*. Bantam Books...............[PSE]

Biddle, Craig. *Loving Life*. Glen Allen Press...[LL]

Smith, Tara. *Ayn Rand´s Normative Ethics*. Cambridge............................[ARNE]

Kelley, David. *Unrugged Individualism: The Selfish Basis of Benevolence*. Kindle..[UI]

Bernstein, Andrew. *The Capitalist Manifesto*. UPA..[CM]

Capítulo 1

Metafísica

Existencia

El principio de racionalidad del Objetivismo exige examinar racionalmente la naturaleza del universo. Ayn Rand sostuvo que una metafísica u ontología racional consiste en un principio fundamental: Existencia y sus corolarios: Identidad, Causalidad y Consciencia.

Existencia expresa que algo "es" con independencia de nuestro quererlo o no. Este hecho irreducible queda asentado en el axioma: la existencia existe y sólo la existencia existe. (Un axioma es una verdad primaria que no tiene antecedente, y que no puede refutarse, porque en el intento hay que aceptarlo). Al ver por la ventana, por ejemplo, al árbol digo: esto es. Algo existe. Y relacionado a este hecho es que no hay tal cosa como la no-existencia, la nada como alternativa o competencia con la existencia. La nada no existe. Parménides lo expresó brevemente así: "lo que es, es; lo que no es, no es."

Implícito en el primero hay un segundo axioma: el de Identidad. Expresa de algo "lo que es". Ser es ser algo específico, es tener una naturaleza, es tener una identidad. Los entes constituyen el contenido del mundo que percibimos. No hay ninguna otra cosa que observar. Al observarlas, desde luego, observamos sus atributos, acciones y relaciones. Una vez existe, es un ente, sea este real o de razón. Así un ente dado puede ser un hombre real, fáctico, como usted que lee; o un hombre ficticio, como John Galt, producto de la imaginación de Rand. Sin embargo, todo ente es una identidad, así como toda acción, todo atributo y toda relación es algo específico, con características específicas que lo distinguen de todo lo demás que existe. Existir es ser una identidad. Es imposible separar a un existente de su naturaleza, de lo que es. Un hombre es un hombre; es todo lo que es, un todo indivisible. No es el caso de que se da un ente –un hombre –y una serie de características –ojos, brazos, piernas, cerebro, racionalidad, etc. –distinguibles del ente, que existan separadas. Si existe es algo específico, con atributos específicos, es identidad.

La Ley de Causalidad es la Ley de Identidad aplicada a la acción. Lo que una entidad es determina lo que puede hacer. Un humano no puede desnudarse, enterrar sus pies en la tierra, extender los brazos, y esperar que el sol y la lluvia lo nutran hasta convertirlo en una criatura tan fuerte como un roble. Un perro no puede vivir y respirar bajo el agua. Un rascacielos no se puede construir pegándolo con chicle. Un café no se endulza con ácido sulfúrico. Ningún ente puede comportarse desafiando su naturaleza. Y como la existencia es identidad, la identidad en acción o causalidad es universal. Cada existente es algo específico y consecuentemente, necesariamente se comporta de acuerdo a su naturaleza. Por tanto el universo es una vasta red, entrelazada, de identidades interrelacionadas, o sea de patrones causales compuesto de entidades actuando como deben.

Una vez uno ha entendido el axioma "la existencia existe", uno capta otro axioma, derivado de éste: que uno existe poseyendo consciencia, siendo ésta la facultad de percibir lo que existe. Uno puede darse cuenta del olor de un asado, del sonido de la música de Piazzolla, de las ideas de este ensayo, etc. La consciencia puede ser sensorial, perceptual o conceptual, pero ésta requiere necesariamente un objeto de que ser consciente. Ser consciente de nada es una imposibilidad. De la misma manera, una consciencia, consciente de nada excepto de sí misma es también imposible. Primero ha de ser consciente de algún objeto para poder identificarse como consciencia, es decir, para ser consciente de que es consciente. Lo que nos lleva al principio de la primacía de la existencia. Es perfectamente posible para el universo existir sin la presencia de consciencia alguna. De hecho la consciencia es inherente a la comprensión del hecho de la existencia. No se podría ser consciente ante la ausencia de una realidad independiente cognoscible.

Estos cuatro principios básicos se encuentran siempre en todo conocimiento humano, desde la percepción más simple a la teoría más compleja. Por ejemplo, cuando un niño lanza una pelota y la ve rodar sobre el suelo, se da cuenta primero de que hay algo que lanza y alguien que lanza –existencia; lo que lanza es algo específico: una pelota –identidad; ésta rueda sobre el suelo porque es esférica –causalidad; y él la ve con sus ojos, oye cuando golpea el suelo con sus oídos, y comprende con su mente que la acción de lanzarla causará que la pelota se aleje de él –consciencia.

El punto importante de la relación entre estos principios es que la consciencia es algo específico –la facultad de percibir objetos –y por tanto, un medio de conocer la realidad, no de crearla o alterarla. Lo que es, es, una vez es. Ningún acto consciente, como desear, querer, odiar, etc., puede afectar la existencia. La existencia es totalmente impermeable a todo acto de la consciencia, pues tiene supremacía sobre ésta última. El principio de la "primacía de la existencia" identifica la relación entre estos dos axiomas fundamentales del conocimiento humano: la existencia es lógicamente antecedente a su conocimiento. Ayn Rand describió muy bien esta relación en su aforismo: "Existencia es Identidad, Consciencia es Identificación."

Conciencia

La consciencia es la facultad de percibir lo que existe. Los entes constituyen el contenido del mundo que percibe el humano. No hay ninguna otra cosa que percibir. Al percibirlas, desde luego, observa sus atributos, acciones y relaciones. Una vez existe, es un ente, sea este real o de razón. Los entes no tienen contrarios. Tampoco admiten grados. No pueden ser más o menos ese ente. Un ente es ese ente o no lo es. No hay tal cosa como un no-hombre, o una no-mesa. Sólo las características admiten contrarios, como cuando decimos que una ventana está abierta y su contrario es estar no-abierta o cerrada. El contrario siempre es una condición real, existente. Suponer que un "no-hombre" es todo lo que existe que no sea hombre es un error del que podemos darnos cuenta si le pedimos a un amigo: "Tráeme un no-hombre". Él preguntaría, con razón: ¿Pero, específicamente qué es lo que quieres que te traiga? ¿Cómo podría saber si lo que quiero es una mesa, o una manzana, o una lámpara, o cualquier otra cosa? Un "no-hombre" no es nada específico, y si no es nada especifico, entonces no es.

La consciencia, a diferencia de la existencia es un atributo de ciertos entes vivos, de existentes que se dan cuenta de lo que los rodea. La consciencia es una actividad, un proceso continuo de interacción con el mundo. La consciencia es un detector de diferencias, por lo que requiere contraste, cambio y diferencias. Si no existe contraste entre la figura y el fondo, uno no percibe, uno no es consciente de la existencia de la figura. El principio del camuflaje es precisamente borrar los contrastes, cambios y diferencias entre la figura y el fondo, para hacerse indetectable.

La consciencia es una facultad biológica al igual que la digestión es una facultad biológica y al igual que el caminar es una facultad biológica. Para digerir se necesita del aparato digestivo, que consiste en un tubo digestivo de más o menos once metros de longitud, que empieza en la boca y termina en el ano. Para caminar se necesita de las piernas que le permitan a uno desplazarse de un lugar a otro. Para ser consciente, para darse cuenta de lo que existe se necesita del orden sensorial. La consciencia humana es la actividad de una persona interactuando con su cuerpo con el mundo. El humano tiene ojos, oídos, nariz, papilas gustativas, piel, y cerebro por la misma razón que estómago o piernas: para hacer posible su vida, para adaptarse a lo que su conservación requiera. La consciencia es acción viva, es decir, es teleológica, dirigida a un fin. La acción de un organismo se adapta a asegurar su sobrevivencia. El león detecta por medio de su olfato y su vista a la cebra que pretende de alimento, y se mueve para cazarla. La cebra detecta, también por medio de sus sentidos, al león que constituye una amenaza para su vida, y se desplaza para huir y evitar su muerte. La consciencia involucra conocer, evaluar y actuar. Rand lo sintetiza de la siguiente manera:

> "El conocimiento, para todo organismo consciente, es el medio de sobrevivencia; para una consciencia viviente, todo "es" implica un "debe"." [VS]

La capacidad humana de abstraer, conceptualizar, y pensar, no sólo es para sobrevivir, sino es el medio básico de sobrevivencia del hombre.

Consciencia, pues, es el proceso activo de un organismo de percibir la realidad para adquirir la información que requiere para sobrevivir.

La primacía de la existencia

La consciencia es un medio de conocer y entender la realidad, no de crearla o alterarla. No puede, por un mero acto de voluntad hacer que existan objetos o borrar aquellos que existen. El niño que detesta la sopa de tomate no puede hacer que esta se convierta en helado de chocolate con sólo desearlo. La niña que aborrece el brócoli no puede hacer que se convierta en bombón por un mero acto de voluntad. La ley de gravedad no desaparece aunque miles lo deseen.

La única forma de alterar algo en la realidad es conociéndola y entendiendo sus leyes causales para poder usarlas para nuestros fines. Como dijo Francis Bacon, "a la naturaleza, para dominarla, hay que obedecerla."

Una metafísica racional, dice Rand, identifica el hecho y lo fundamental de la existencia, pero no cataloga, ni los tipos de existentes, ni las leyes de causalidad que los determinan, ni los medios por los que el humano re-configura lo que existe para promover su vida. La metafísica opuesta a ésta es la que Rand llamó la de "la primacía de la consciencia". Sostiene ésta última que la consciencia, de alguna manera, crea y gobierna la existencia. La función de la consciencia ya no es percibir, sino crear lo que es. Pero, como dijo el expresidente Lincoln: "¿Si llamamos "pata" a la cola de un caballo, cuántas patas tiene?" La realidad no cambia sin importar como la llamemos.

Las metafísicas de "la primacía de la consciencia" anteponen a los hechos lo que otros dicen, por ejemplo ""x" es verdad, lo dice Dios". Dios dice que las mujeres en Afganistán deben ocultar todo su cuerpo por medio de una burqa. También dice que la mujer es un animalito doméstico, como el perro. Dice que se debe torturar y quemar a las brujas. Así mismo que uno se debe flagelar, pues esto agrada a Dios. Dijo también que la tierra permanece inmóvil y que es el sol el que se mueve, por lo que Galileo casi pierde la vida al afirmar que es la tierra la que gira alrededor del astro. Y así otras cosas por el estilo. Para este adherente a "la primacía de la consciencia" el mundo está habitado por demonios, brujas, seres que no puede percibir pero que amenazan su existencia; el mundo no responde a la causalidad, sino que a la voluntad de estos seres sobrenaturales; no es un mundo de hechos sino que de milagros, por lo que para cambiar las cosas hay que desearlo, rezar, pedir e invocar la intervención de seres muy poderosos que controlan el destino de la humanidad.

Otro tipo de "primacía de la consciencia" es la que considera que la verdad es un constructo social. Así las prácticas médicas de nuestra sociedad son buenas para nosotros y las de los médicos brujos son igualmente buenas para los Xingu (aborígenes de la Amazonia).

Otra variante es la de los que consideran que "x" es verdad porque es lo que la sociedad cree. Pero, ¿por qué el número de los otros toma el lugar de la verdad? ¿Acaso la verdad es una cuestión democrática, donde la opinión de la mayoría es la que la determina? Eso es lo que dijeron los criminales nazis: la verdad es la voluntad del pueblo.

Aún hay otra variante, la subjetivista que afirma que "x" es verdad para mí. Puede no serlo para ti, pero lo es para mí. Un exponente de esta variante es el que cuando se enfrenta al hecho de que el consumo de cocaína le puede afectar física y psicológicamente, responde: La cocaína y heroína que consumo, a **mí** no me hacen daño.

En un mundo sin la "primacía de la existencia" todo es permisible. Sin la "primacía de la existencia" se abandona la adherencia a la realidad, al absolutismo de la existencia, y se reemplaza con ciega obediencia a una conciencia reinante. El resultado lógico es que la fantasía, en cualquiera de sus variantes, reemplaza a la realidad como guía de la vida humana. La subordinación de la existencia a la consciencia, necesaria y concomitantemente subordina la razón al culto de lo arbitrario. Esta actitud colectivista y emocional sólo conduce a la destrucción de la vida humana.

Un error relacionado es el de suponer que no hay absolutos, que ningún principio es universalmente verdadero, que hay excepciones a toda regla, que la realidad es maleable.

Las leyes de la naturaleza son absolutas. "Absoluto" en este contexto significa: Necesario por la naturaleza de la existencia y, por tanto, inalterable por cualquier agente. Todo lo que Ayn Rand llama "Metafísicamente dado" es absoluto en este sentido. Lo "Metafísicamente dado" es todo aquello que existe independientemente de la elección y acción humana. Se distingue de lo hecho por el hombre, como instituciones, políticas, artefactos, etc., que son producto de la elección humana.

Veamos un ejemplo: en el pabellón de vidrio, la casa que le hizo Mies van der Rohe a la doctora Edith Farnsworth, de estructura de acero pintada de blanco, con cerramiento de vidrio, en un paraje boscoso cercano a Fox Rivers, los árboles son lo metafísicamente dado, el edificio es hecho por el hombre. El Ministerio de Educación y Salud de Rio de Janeiro, proyectado por Le Corbusier, tiene unos parteluces para proteger los ambientes del sol. El sol es un hecho necesario, los parteluces son un hecho contingente, el sol es lo metafísicamente dado, los parteluces lo hecho por el hombre. La ley de gravedad es metafísicamente dada, las leyes contra crímenes violentos son hechos humanos.

Un sin número de hechos son absolutos, metafísicamente dados. Algunos ejemplos son: el sol calienta la tierra; los líquidos son necesarios para la vida; el humano requiere comida para vivir; la mente es el medio de sobrevivencia humana. Los hechos metafísicamente dados son realidad. Simplemente tienen que aceptarse; no se pueden evaluar, criticar, desafiar o rechazar, sólo conocer. No tiene sentido decir, por ejemplo, que el que el humano necesite agua y comida para sobrevivir es bueno o es malo.

El humano puede readaptar los elementos de la naturaleza para mejorar sus condiciones de vida, pero sólo respetando la causalidad apropiada, dictada por las leyes inalterables de la realidad. Los humanos deben reconocer las leyes naturales como condición necesaria para reestructurar los elementos naturales, ya sea para construir un puente, o un edificio, o una computadora, o un acelerador de partículas, o un cuerpo como el de Charles Atlas. La creatividad humana no es una abrogación del absolutismo de las leyes naturales, de la realidad, sino todo lo contrario, pues para tener éxito el hombre tiene que conformarse a lo metafísicamente dado. Lo hecho por el hombre es producto de sus decisiones, es contingente, y como tal sujeto de evaluación, crítica, aprobación o rechazo. La ley de gravedad simplemente es, y si el hombre quiere volar, tiene que aceptar el absolutismo de esta realidad y trabajar dentro de esos parámetros. Por el contrario, una ley del congreso no es parte de las cosas inmutables de la realidad.

La esencia de una vida racional consiste en poner la realidad por encima y antes de cualquier consideración, es decir, adoptar la primacía de la existencia como principio regidor.

Porque las cosas son lo que son, es que la mente puede conocerlas; porque la existencia es universalmente causal, es que es universalmente inteligible; porque la mente racional es el medio para conocer la realidad, es que ésta es cognoscible. Sólo le resta al hombre identificar las leyes específicas del universo para acceder a los patrones de comportamiento de la naturaleza y por tanto descubrir aquellos valores que promueven la vida. Para eso el hombre necesita guiarse por la razón. Guiarse por la razón, de acuerdo a Rand, es elegir emplear un método cognitivo que subordina toda otra consideración a la reverencia por los hechos de la realidad. Para ser exitoso el humano debe elegir y aprender cómo ser objetivo.

La base del Objetivismo se puede ilustrar en el siguiente diagrama:

EXISTENCIA **IDENTIDAD** **CAUSALIDAD** **CONSCIENCIA**	**PRIMACÍA DE LA EXISTENCIA**

BASE DEL OBJETIVISMO

Razón

La fuente de todo conocimiento humano es la evidencia que le dan sus sentidos de la realidad. Esta evidencia sensorial es el estado de conocimiento debido a estímulos físicos, transmitidos por receptores sensoriales, a lo largo de células nerviosas, hasta el cerebro. Las sensaciones constituyen el primer contacto de la mente con la realidad y constituyen el material primario del que se construye todo conocimiento subsiguiente. Sin embargo una sensación no es conocimiento como tal. Sólo es el material del conocimiento futuro. El conocimiento discriminado empieza en el nivel de percepción. De hecho lo percibido, o el neologismo de Rand: *percepto,* constituye el auténtico punto de partida del conocimiento humano, siendo el primer contacto cognitivo completamente consciente con la realidad.

Lo percibido, o ***percepto***, lo define Rand como: "**un grupo de sensaciones retenidas e integradas automáticamente por el cerebro de un organismo vivo**." Por tanto, el conocimiento humano empieza cuando su cerebro integra la evidencia de sus sentidos en la percepción de entidades, de cosas, cuando puede distinguir, por ejemplo, árboles, hombres, perros, mesas, carros, etc. Lo percibido es lo dado, lo evidente. No depende lo percibido de la voluntad humana. Cuando uno percibe, digamos, la computadora que tiene enfrente, uno no es consciente del material sensorial de las sensaciones separadas que el cerebro tuvo que integrar para ser capaz de percibirla. Uno es consciente del hecho de que percibe una computadora, y uno sabe que es el órgano de la vista el que nos permite verla. Pero la vista sola no es la que nos da la percepción de la computadora, ya que sólo nos da las sensaciones que nuestro cerebro ha integrado, junto con otras sensaciones, en la percepción de ésta.

Un ejemplo de cómo se integran las sensaciones en lo percibido lo encontramos en el proceso de familiarizarnos con una sinfonía. El número de sensaciones registradas en el cerebro cuando uno la oye por primera vez y cuando uno la oye por enésima vez es la misma. Sin embargo, entre más veces la oye uno, más temas y melodías puede uno discernir, hasta distinguir como se interconectan y como se derivan unas de otras. La integración gradual de trozos separados de sonidos en patrones más complejos, nos permiten percibir interrelaciones y sutilezas que se nos escapan al principio.

El próximo paso en el conocimiento no es un proceso automático como el del nivel perceptual, sino que volitivo y eleva el nivel de consciencia al nivel conceptual. Un **concepto**, lo define Rand como: "**una integración mental de dos o más unidades que se aíslan de acuerdo con una o más características específicas, y se han integrado mediante una definición específica**." Una unidad es producto de un proceso de abstracción, es considerar cualquier aspecto de la realidad –entes, atributos, acciones, cualidades, relaciones, existente percibidos o diferentes conceptos formados con anterioridad –como un miembro separado de un grupo de dos o más miembros similares. Abstraer significa aislar una característica particular de todas las otras características de un objeto y considerarla separadamente. Hay dos actos en el proceso de la formación de un concepto: aislar e integrar. El proceso consiste en observar las similitudes y diferencias entre las entidades, abstraer las similitudes como características distintivas, aislar cosas similares de todo lo demás, e integrarlos en un grupo, que es una nueva entidad mental: el concepto.

Un concepto es una entidad mental que sustituye un número ilimitado de existentes de cierto tipo. Por ejemplo, el concepto "mujer" incluye a todas las mujeres que existen actualmente, a todas las que existieron en el pasado, y a todas las que existirán en el futuro.

Los primeros conceptos que uno forma son de entidades concretas, como mesa, silla, mujer, etc. Luego forma uno conceptos de atributos, acciones, y relaciones. Un atributo es un aspecto o característica de un objeto que puede aislarse e identificarse conceptualmente, pero que de hecho no puede separarse del objeto y no puede existir por sí mismo. Puedo, por ejemplo, concebir el "rojo" como concepto, pero lo que existen son sólo objetos rojos, como un auto rojo, una puerta roja, un marcador rojo, etc.

Luego forma uno conceptos que son clasificaciones más amplias y abstractas de conceptos formados anteriormente, como el concepto "animal" que integra los conceptos "hombre", "perro", "canario", "culebra", "atún", "mariposa"; y éste, "animal" junto con el de "planta" los integra uno en el concepto más amplio y aún más abstracto "organismo vivo". También puede uno clasificar en el otro sentido, en conceptos menos amplios, más concretos, más cercanos a la percepción del existente, partiendo por ejemplo del concepto "humano", lo subdivide en las clasificaciones "hombre" y "mujer". El proceso de abstracción y formación de conceptos funciona en dos direcciones con dos métodos: une *perceptos* en abstracciones más amplias y luego en más amplias aún; o divide conceptos o clasificaciones en subdivisiones más estrechas, en conceptos más específicos. El proceso de aprender, de aumentar nuestro conocimiento, usa constantemente ambos métodos.

Es por medio del lenguaje que el hombre designa y retiene sus conceptos. **El lenguaje**, citando la definición de Rand, es "**un código audiovisual de símbolos que convierten las abstracciones o conceptos en el equivalente mental de concretos**". La palabra sustituye una enorme suma de existentes subsumidos bajo un concepto. Cada palabra, con excepción de los nombres propios, designa un ilimitado número de existentes concretos de cierto tipo.

Los conceptos y por ende el lenguaje son primeramente instrumentos de cognición y no de comunicación como cree mucha gente. El propósito primario de los conceptos y del lenguaje es proveernos con un sistema de cognición, de clasificación y organización, que nos permita adquirir conocimiento en una escala ilimitada; es decir, conservar el orden en nuestra mente y nos da los medios para pensar. La comunicación es una consecuencia, no el propósito primario de formar conceptos.

Para cumplir con esta función, el lenguaje debe ser exacto. De lo contrario, ni el pensamiento ni la comunicación son posibles con eficacia. El pensamiento no puede ser más preciso que la precisión de los instrumentos que usa. Quien piensa, habla o escribe, debe saber clara y específicamente lo que denotan sus palabras. Debe saber que las palabras han de usarse objetivamente, pues simbolizan conceptos, y los conceptos se refieren a hechos de la realidad.

Resumiendo, la base de todos los conceptos, de toda jerarquía cognitiva que uno construye, es el nivel perceptual de cognición, que es donde empieza el conocimiento humano, que es lo dado, lo evidente. Todo concepto se deriva de la percepción de objetos concretos específicos. Los conceptos o abstracciones no existen como entidades reales, sólo como entidades mentales. Son el método del hombre para clasificar aquello que existe. Para ser válido, el concepto debe conectarse y reducirse a su base en la realidad percibida. El concepto más abstracto requiere una cadena más larga de conceptos formados con anterioridad, y de estos con otros anteriores hasta la evidencia perceptual. Para entenderlos y usarlos, todo concepto en esa cadena requiere de una definición precisa que lo identifique. De esta manera el hombre puede expandir ilimitadamente el rango de su conciencia, mucho más allá de la que sería de sólo depender en lo percibido directamente. Esta es la función de la razón humana, y este es el significado de la definición Objetivista de "**razón**" como **la facultad que identifica e integra el material proveído por los sentidos del hombre**.

La validez de los sentidos

La proposición: "La apreciación proporcionada por los sentidos, el medio para percibir aquello que existe, es necesariamente legítima", es un axioma.

Quien la niega debe aceptar su percepción como legítima en el proceso de querer deslegitimarla. Ante la afirmación de que "los sentidos nos engañan" la pregunta pertinente es: "¿Cómo se sabe que en efecto es así?" Si la respuesta es: "porque se puede ver o sentir que así es", entonces se afirma la legitimidad de la percepción sensorial, la misma que se quiere negar.

La realidad es la totalidad de cosas fácticas interconectadas, que son lo que son y cuyo ser no está sujeto a voluntad alguna, incluyendo al hombre y a su forma de percibir. Y por lo tanto lo que percibe el sujeto no puede desligarse del objeto que se percibe. Y la percepción es también cosa fáctica y por tanto su ser no está sujeto a voluntad alguna. La percepción es el resultado final automático de una cadena causal de interacción entre el objeto perceptible y el organismo que percibe. La percepción no es ni representación, ni reproducción de la realidad exterior. La percepción no es creación en un mundo interno de un duplicado del mundo externo. De hecho la afirmación de que existe un mundo interno similar o distinto de un mundo externo no tiene sentido; no describe ningún estado de cosas demostrable o evidente. **La percepción es la forma en que se capta lo que existe por medio de los órganos receptores.**

Nuestras percepciones son producto de los objetos de la realidad y de nuestros órganos de percepción, los cuales también son objetos de la realidad. Percibimos la realidad en forma de color, olor, sabor, sonido, textura, calor, frio, dolor o placer, por medio de nuestros receptores sensoriales: fotorreceptores para la luz; cromorreceptores para el color; quimiorreceptores para el olor y el sabor; mecano receptores para sonido y cualidades táctiles; termo receptores para el calor y/o frio; nocivo receptores para el dolor y/o placer. Nuestra experiencia sensorial es la forma de percatarse de que algo existe, producto de la interacción de entidades físicas: los estímulos, e instrumentos físicos: los receptores sensoriales. La reacción del sistema sensorial es automática y necesaria pues es un eslabón de una cadena causalmente determinada. Los sentidos no pueden interpretar o censurar su reacción. No identifican el objeto del estímulo, solamente reaccionan a él. El final de la cadena de la interconexión entre el objeto perceptible y el organismo que percibe es en el cerebro y es lo que llamamos percepción. La percepción es la integración, también automática y necesaria, de un grupo de sensaciones, por el cerebro, que nos hace percatarnos de entidades, de cosas fácticas y no solo de estímulos.

Al desaparecer el sujeto capaz de percibir desaparece la percepción. También es cierto que la aniquilación del que percibe no implica la desaparición de lo perceptible. Es un error suponer que **las cualidades de la forma de la percepción**, como color, calor, frio, dulzor, amargo y por el estilo, permanecen al desaparecer quien percibe. El color, calor, frio, dulce, amago, etc. son la forma en que percibimos la realidad. Son producto de la interacción entre objeto perceptible y organismo que percibe; no existen aparte del objeto perceptible interactuando con el organismo que percibe.

Por ejemplo, el rojo del automóvil que uno percibe, no está en el auto separadamente del hombre que lo percibe, ni está en la mente del hombre que lo percibe separadamente del auto. El rojo es la forma en que el hombre percibe la manera en que el auto reacciona a la luz. El auto por la naturaleza de su capa de pintura, absorbe longitudes de onda de luz de 390 a 640 milimicrones y refleja longitudes de onda de luz de 650 a 800 milimicrones que uno capta por medio de los cromorreceptores y percibe en forma de rojo. Y lo que esto significa es que el auto es una entidad de naturaleza específica, que reacciona a la luz de determinada manera y que cuando interactúa con mis sentidos lo percibo rojo. Y esa es la verdad, eso es lo que es, esa es la realidad. Si una persona que sufre de acromatopsia ve el auto, lo percibe como gris. Y eso significa que el auto es una entidad de naturaleza específica, que reacciona a la luz de determinada manera y que cuando interactúa con los sentidos del daltónico lo percibe gris. Y esa también es la verdad, eso es lo que es, esa es la realidad. Ambos percibimos lo que es, en una forma específica de acuerdo a nuestras naturalezas específicas. Como la realidad es la totalidad de cosas fácticas interconectadas, la percepción no excluye al objeto perceptible ni al organismo que percibe. Los datos que aporta la percepción son del objeto como se percibe y del organismo como percibe, y esa es la realidad sin exclusión alguna.

Todo el proceso hasta aquí descrito es automático y necesario. Por otro lado, la identificación de lo que uno percibe es un proceso de pensamiento voluntario, y como tal, no es necesario sino que contingente y por lo mismo no es infalible sino que falible. Varios ejemplos hay de quienes afirman que los sentidos nos enganan, producto de errores de identificación.

Un ejemplo es el que dice que cuando alguien introduce un lápiz en un vaso de agua y afirma que la vista nos engaña porque el lápiz se ve quebrado y sabemos que no es así. En este caso la evidencia no se ha interpretado bien. Lo que vemos es que la luz no solo rebota en las superficies sino que las penetra y a veces a una velocidad menor y cambiando de dirección. Esta desviación, cuyo nombre técnico es refracción ocurre en el punto donde la luz pasa de un medio a otro de distinta densidad. En el aire, la luz avanza a 300,000 kilómetros por segundo; pero en el agua, que es más densa que el aire, su velocidad disminuye en cerca de un cuarto. Esto no lo habríamos descubierto si los sentidos nos engañaran. De hecho la evidencia que nos proporcionan los sentidos es lo que nos permite conocer este hecho de la realidad.

Otro ejemplo es el que dice que una persona pone la mano derecha en un balde A de agua caliente y la izquierda en un balde B con hielo por un minuto; y en seguida mete ambas manos en un balde C de agua templada; y en la mano derecha siente el agua del balde fría, y en la mano izquierda siente el agua caliente; y como el agua del balde C no puede ser caliente y fría al mismo tiempo, entonces concluyen, que los sentidos nos engañan. ¿Qué es lo que realmente nos informan los sentidos? Los sentidos no discriminan ni eligen que informar. No nos excluyen de la experiencia. En este caso, lo que percibimos es la temperatura del agua del balde C en relación a la temperatura de cada una de las manos. De hecho eso es lo que quiere decir frío o caliente. Ambos conceptos solo tienen significado en relación a nuestra temperatura corporal. Lo que percibimos en la mano derecha es que el agua del balde C en relación a la temperatura de dicha mano es fría; lo que percibimos en la mano izquierda es que el agua del balde C en relación a la temperatura de esta mano es caliente. Y eso es verdad, eso es lo que es.

La percepción es de toda la realidad, sin exclusión alguna. Nunca percibimos sólo una cosa; siempre percibimos la cosa y su relación entre cosas y nosotros mismos.

El humano

El principio de racionalidad del Objetivismo también exige examinar racionalmente la naturaleza del hombre. Lo que observamos es que el hombre es un ser consciente, volitivo y capaz de razonar. No es una mente que habita un cuerpo, sino que es un organismo, un ser vivo, que es consciente. Sólo puede relacionarse con el mundo como una unidad integrada –integrada en pensamiento, sentimientos, emociones y comportamiento corporal–como persona. Su naturaleza requiere que viva por su propio juicio, usando su mente. Pero razonar bien no es un proceso automático. El hombre tiene que elegir pensar. A esto se refiere Ayn Rand cuando describe al hombre como un "ser de consciencia volitiva". El ser humano tiene *libre albedrío*, es decir, tiene la facultad de elegir, tiene la capacidad de controlar las consecuencias de sus actos en su vida por medio de las elecciones que hace.

Pero, ¿no contradice el libre albedrío al determinismo, la doctrina según la cual todas las direcciones de nuestra voluntad están determinadas por poderes ajenos a ésta, como nuestro código genético, condicionamiento ambiental, o la socialización? Sí, así es. Ahora, lo que no contradice es la Ley de Causalidad. El que la acción humana sea una instancia de la Ley de la Causalidad, no quiere decir que no exista libre albedrío. Recordemos el principio de causalidad: la Causalidad es la Identidad en acción. Esto quiere decir que lo que una cosa es, determina lo que puede hacer.

¿Cuál es la identidad de los seres animados, de los seres vivos? ¿Qué los hace diferentes de los seres inanimados? Pues el que poseen un orden sensorial que les permite ser conscientes de lo que los rodea. ¿Qué ventaja evolutiva pudo tener esta característica para aquellos seres que la desarrollaron? ¿Será que el poder detectar una amenaza para el organismo le permite a éste evitarla y así mejorar sus posibilidades de seguir existiendo? ¿Será que el poder detectar lo que beneficia al organismo le permite a éste buscarlo? ¿Acaso no quita el niño la mano de una hornilla encendida al sentir el calor para no quemarse? Pensará usted, y con razón, que esa es una reacción automática e involuntaria. Y es cierto, así es. Pero el punto aquí es, que el orden sensorial del niño que le indica al cerebro de la amenaza, para que éste reaccione por medio del sistema nervioso protegiendo al organismo, es totalmente determinado por la naturaleza de la entidad que es.

Ahora, ¿Qué sucede cuando el organismo tiene y puede elegir entre dos o más opciones de acción para evitar la amenaza detectada? ¿Qué hace el organismo en cuestión si detecta más opciones que sólo quitarse del camino de la amenaza? ¿Y si la enfrenta poniéndole una trampa, convirtiendo la amenaza en comida? ¿Acaso no ha evolucionado el orden sensorial para poder resolver esta situación más compleja? Pero para elegir la mejor entre dos o más opciones tiene que deliberar, sopesar las ventajas y desventajas de cada opción, tiene que imaginar las consecuencias futuras de optar por una u otra conducta –es decir, tiene que pensar. También puede elegir no pensar. ¿Y, no es a esto, al elegir deliberar para tomar la que consideremos la mejor opción, lo que llamamos 'libre albedrío'?

Estamos determinados a elegir, el no elegir ya es una elección. El libre albedrío es una característica del tipo de entidad que es el ser humano. La clase de ser que es el hombre –ser consciente - determina lo que puede hacer. Ahora lo que la ley de identidad indica es que el hombre está determinado a elegir; lo que no indica es cual opción va a elegir.

El libre albedrío es evidente por observación. Todo lo que uno observa sobre la consciencia humana, nos dice que opera por elección. Lo notamos en nuestra introspección y en nuestra observación de otra gente. Uno observa que la materia existe y que la consciencia existe, y que la consciencia opera por elección. ¿Es acaso una contradicción sostener que tenemos una identidad determinada con la capacidad de elección? No hay ninguna evidencia en la realidad para sostener que el libre albedrío contradice la Ley de Identidad. Además, la volición es axiomática. El cuestionarla presupone un acto volitivo.

Razonar bien no es un proceso que funciona automáticamente. Las conexiones lógicas no son instintivas. Pensar es un acto de elección. La elección libre básica del humano es ejercer su distintiva maquinaria cognitiva o no; es decir, poner en marcha su facultad conceptual o no; en enfocar su mente o no. En tanto el humano esté enfocado, el mundo con todas sus posibilidades está allí para él. Su sobrevivencia y prosperidad dependen del ejercicio total de su racionalidad, pero él puede, y a menudo lo hace, actuar irrazonablemente. Puede elegir no ejercer su racionalidad, pero no puede hacerlo impunemente, y las consecuencias de tal elección son un camino de destrucción. No hay escape de la responsabilidad ni de las consecuencias de las elecciones que tomamos.

El humano como ser vivo

Todas las entidades vivas, desde el más simple animal unicelular hasta el humano, tienen una estructura característica, cuyas partes componentes funcionan de tal manera que preservan la integridad de dicha estructura, manteniendo, por lo tanto, la vida del organismo.

Un organismo no es un agregado de partes sino una integración. Es un ser integral. Cuando cesa de hacer las funciones necesarias para mantener la integridad de su estructura, muere. La muerte es desintegración. Cuando cesa la vida del organismo, lo que queda es solamente una colección de componentes químicos en descomposición.

Para toda entidad viva, la acción es una necesidad de supervivencia. La vida es movimiento, es un proceso de acción auto sustentante que el organismo debe efectuar constantemente para mantenerse en existencia. El principio es igualmente evidente en la simple conversión energética de la planta y en las complejas acciones de metas a largo plazo del humano. Biológicamente la inactividad es muerte.

La actividad que debe efectuar un organismo es a la vez interna, como en el proceso de del metabolismo, y externa, como en el proceso de conseguir alimento. El patrón de la conducta de auto preservación es en esencia el siguiente: Un organismo se mantiene a sí mismo tomando material que existe en su medio ambiente, transformando o reorganizándolo, y así convirtiéndolo en el medio de su supervivencia.

El proceso de nutrición, respiración y síntesis son juntos con sus funciones relacionados, el metabolismo. Por medio del proceso de nutrición, es que los materiales crudos que necesita el organismo, entran a su sistema. Por medio del proceso de respiración (oxidación), es que se extrae energía de los materiales crudos. Parte de esta energía se usa en el proceso de síntesis que transforma los materiales crudos en componentes estructurales del organismo vivo. La energía restante, junto con los componentes estructurales, permiten la continuación de la actividad auto sustentante del organismo.

Un ejemplo más amplio del mismo principio, peculiar del humano, es la actividad de aprovechar una caída de agua para obtener la electricidad necesaria para hacer funcionar una fábrica que produce ropa, autos, etc. Aquí la actividad es externa en lugar de interna, de comportamiento en lugar de metabólica, pero el principio básico de vida es el mismo.

La existencia de la vida es condicional. Un organismo siempre tiene que afrontar la posibilidad de morir. Su supervivencia depende de la realización de ciertas condiciones. Debe generar el funcionamiento biológico apropiado. Y lo que es apropiado está determinado por la naturaleza del organismo particular. Diferentes especies sobreviven de modo distinto. Un organismo se mantiene a sí mismo ejercitando sus capacidades para satisfacer sus necesidades. Las acciones posibles y características de una especie dada, se entienden en términos de sus necesidades y capacidades específicas. Éstas constituyen el contexto básico de su comportamiento. Necesidad y capacidad, en su sentido metafísico fundamental, es decir, determinado por la naturaleza de la entidad, se refiere en este contexto, a lo innato y universal en la especie, no a lo se adquiere y a lo que es peculiar del individuo. Las necesidades de un organismo son aquellas cosas que requiere el organismo, por su naturaleza, para su vivir y bienestar, es decir, para continuar eficazmente su proceso de vida. Las capacidades del organismo son sus potencialidades inherentes para actuar. Las necesidades y capacidades del organismo vivo en términos biológicos son las de la entidad como entidad física; en términos psicológicos son las necesidades y capacidades del organismo vivo como entidad consciente. Cuando no se satisface la necesidad física y/o psicológica, se pone en peligro al organismo. Se produce dolor, debilitamiento, destrucción.

El humano tiene necesidad de comida y de oxígeno; pero mientras puede sobrevivir días sin comida, apenas puede sobrevivir algunos minutos sin oxígeno. En algunos casos el fracaso en satisfacer una necesidad resulta en muerte inmediata; en otros casos puede tomar días.

El humano tiene necesidad de mantener su temperatura corporal a cierto nivel. Tiene mecanismos internos de adaptación que se ajustan a los cambios del ambiente externo. Si se ve expuesto a temperaturas extremas que estén más allá de su poder de adaptación, sufre dolor y en pocas horas muere. En tal caso las consecuencias desastrosas del fracaso de satisfacer la necesidad son directas e inmediatamente discernibles.

El humano tiene necesidad de calcio. La falta del mismo no produce la muerte inmediata, pero frena el crecimiento, debilita, y hace susceptible al humano a ser víctima de muchas enfermedades. Perjudica su habilidad general para funcionar. De tal forma que el fracaso de satisfacer una necesidad del organismo no tiene que desembocar en la destrucción directa del mismo, puede en cambio, minar su capacidad para vivir, haciéndolo vulnerable a la destrucción por diferentes causas.

El humano descubre muchas de sus necesidades por las consecuencias de no satisfacerlas. Las necesidades se anuncian por medio de señales como el dolor, enfermedad y muerte. Aun en el caso de que aparezcan síntomas, toma muchas veces un proceso largo descubrir la necesidad no satisfecha. Como el humano es un organismo integrado, no es ninguna sorpresa que el fracaso en satisfacer necesidades físicas produzca a veces síntomas psicológicos, como las alucinaciones o la falta de memoria que resultan de la deficiencia de tiamina. Tampoco es ninguna sorpresa que el fracaso en satisfacer necesidades psicológicas produzca a veces síntomas físicos, como la migraña, dolores de cabeza, úlceras, etc.

La naturaleza condicional de la vida es la que da lugar a la necesidad. Un ser indestructible, que no se viera confrontado a la alternativa de vivir o morir, no tendría necesidades. Sin la vida, la necesidad no sería posible. La "necesidad" implica la existencia de una meta, un resultado, un fin: la supervivencia del organismo. Por lo tanto, para sostener que algo es una necesidad física o psicológica, uno debe demostrar que es una condición causal de la supervivencia y bienestar del organismo. Un deseo no es el equivalente a una necesidad. El hecho de que muchas personas deseen algo no es prueba de que representa una necesidad inherente en la naturaleza humana. Las necesidades deben ser objetivamente demostrables.

Muchos psicólogos han ignorado los hechos y han propuesto "necesidades" irrazonables. Freud propuso una en su teoría del "instinto de muerte". De acuerdo a esta teoría el comportamiento humano obedece al "instinto de vida" y al "instinto de muerte". El último es el más fuerte porque todo humano muere eventualmente. Estos instintos, afirma Freud, representan necesidades biológicas innatas. El humano tiene la necesidad biológica, nos dice Freud, de experimentar dolor y perecer. En cada célula del cuerpo humano hay un "deseo de morir", un deseo de "retornar" a una condición inorgánica y "reestablecer un estado de cosas que fue alterado por el surgimiento de la vida."

Una necesidad es lo que requiere un organismo para sobrevivir. La consecuencia del fracaso en la satisfacción de una necesidad es el dolor y/o muerte. Suponer un "instinto de muerte", o la necesidad de morir, o la necesidad de experimentar dolor, es un sinsentido. El concepto de "la necesidad de morir" es una contradicción en términos. Si el humano fracasa en satisfacer su auténtica necesidad del momento la naturaleza lo amenaza con dolor y muerte, pero ¿con qué amenaza si fracasa en satisfacer su supuesta necesidad de sufrir y morir? Pasar de la observación de que todo organismo vivo muere a la conclusión de que existe dentro de cada célula humana el "deseo de morir", es grotescamente irrazonable. Y afirmar que el organismo tiene el deseo de retornar a una condición inorgánica para reestablecer una condición del estado de cosas que fue alterado por la emergencia de la vida, es una cruda violación de la lógica. Un organismo no existe antes de existir; no puede retornar a la no existencia. La naturaleza de las necesidades humanas es algo que debe descubrirse. Las necesidades no son evidentes. Podemos ver los síntomas que nos indican de la insatisfacción de alguna necesidad, pero el síntoma no indica *qué* es lo que necesita el organismo. La afirmación de la existencia de alguna necesidad debe probarse relacionándola con los requerimientos de la supervivencia humana. Es indisputable que el humano tiene necesidades psicológicas. El fenómeno de las enfermedades mentales es evidencia de la existencia de estas necesidades y del fracaso de la psicología para entender su naturaleza.

Es la existencia de necesidades la que crea el requerimiento de la acción, es decir de orientar el comportamiento a conseguir metas o fines. Aún, cuando los fines particulares que elija una persona sean incompatibles con sus necesidades, de manera tal que siga un curso de auto destrucción, el principio permanece verdadero.

La historia de la psicología motivacional nos muestra que en gran medida, los psicólogos han ignorado la capacidad distintiva del humano –su capacidad de razonar y conceptualizar –para explicar su conducta sin referencia al hecho de que el humano puede razonar o de que su mente es su medio básico de supervivencia. El conductista proyecta al humano como una máquina de respuesta a estímulos. Otra proyección es la del humano como un autómata consciente, activado por instintos. La función que tuvo el concepto "demonio" para el salvaje primitivo, y el concepto de "dios" para el teólogo, tiene el concepto "instinto" para muchos psicólogos hoy. Lo que el salvaje no podía comprender lo explicaba por el concepto de "demonio"; lo que el teólogo no puede comprender lo explica por el concepto de "dios"; y lo que muchos psicólogos no pueden comprender lo explican por el concepto de "instinto". El concepto de "instinto" pretende conectar necesidades y fines saltándose la facultad cognitiva del humano –su capacidad de razonar y aprender. En tal sentido resulta ser uno de los más desastrosos y estériles intentos de explicar la motivación de la acción humana. Los teóricos del "instinto" decidieron que las causas del comportamiento humano eran tendencias innatas, no elegidas, ni aprendidas. Así hablan del *instinto de supervivencia,* del *instinto de consumo,* del *instinto de agresividad,* del *instinto maternal,* etc. Rara vez tratan de definir lo que entienden por instinto o como funciona.

Los teóricos más prominentes de la "teoría de los instintos" son William James, William McDougal y Sigmund Freud. El "instinto", escribe

James, es la facultad de actuar de tal forma que se obtenga ciertos fines, sin prever los mismos y sin educación previa del comportamiento. McDougal define "instinto" como una disposición psicofísica innata que determina que percibamos, y que pongamos atención a ciertos objetos de cierto tipo, que experimentemos una excitación emocional de una cualidad particular al percibir ese objeto, y a actuar de determinada manera, o al menos a experimentar un impulso a actuar así. Freud define "instinto" como un concepto fronterizo entre lo mental y lo físico, siendo ambos el representativo mental del estímulo que emana de dentro del organismo penetrando la mente, y al mismo tiempo una medida de la demanda de la energía de la última como consecuencia de su conexión con el cuerpo.

No contribuye nada al conocimiento humano el tratar de explicar su motivación o acción por medio de los indefinibles "instintos". Sólo indica este intento que quién así hace no sabe por qué se comporta el humano como lo hace.

El humano nace con necesidades pero no con el conocimiento de esas necesidades ni de como satisfacerlas. Algunas de sus necesidades más simples vegetativas, de mantenimiento del cuerpo, se satisfacen automáticamente, dado el medio ambiente físico apropiado, por el funcionamiento de sus órganos internos –como la necesidad de oxígeno, que se satisface por el sistema respiratorio. El rango más amplio de sus necesidades más complejas –esas que requieren la acción integral de la totalidad de su ser en relación con el mundo externo –no se satisfacen automáticamente. El humano no obtiene comida, cobijo, o vestido, por instinto. Para sembrar, cultivar y cosechar comida, para construir una casa, para hacer un vestido, el humano requiere consciencia, elección, discriminación, juicio. El cuerpo humano no tiene el poder de buscar fines por sí mismo, o de reorganizar deliberadamente los elementos de la naturaleza, o reconfigurar la materia, sin el uso de su consciencia, conocimiento y valores.

Toda acción deliberada apunta a conseguir un valor. Las cosas que satisfacen necesidades se vuelven objetos a conseguir mediante una acción sólo cuando han sido elegidos como valores. Valor y acción se implican y necesitan mutuamente: es la naturaleza del valor que sea necesario una acción para obtenerlo o mantenerlo; y es la naturaleza de la acción intencionada, conscientemente iniciada, que su motivo y propósito sea conseguir y/o mantener un valor. Los valores no son innatos. Como el humano no tiene conocimiento innato de lo que es verdadero o falso, tampoco puede tener conocimiento innato sobre lo que está a favor o en contra de él, lo que lo beneficia o daña, lo que debe perseguir o evitar.

Una necesidad insatisfecha causa inquietud, molestia, dolor, incitando al humano a buscar acciones biológicas adecuadas, como protegerse de las inclemencias del tiempo, pero no se puede evadir la necesidad de aprender cuales son las acciones apropiadas. Su cuerpo sólo le da al humano señales de dolor o placer, pero no le indica sus causas, no le indica como aliviar el primero o conseguir el segundo. Eso lo tiene que aprender usando su mente. El humano tiene que descubrir cuales acciones requiere su vida, pues no tiene ningún "instinto de auto preservación". Ningún instinto le hizo hacer al humano puentes, telescopios, cirugías, rascacielos. Nada refuta mejor el argumento del "instinto de auto preservación", que las prácticas autodestructivas de algunos.

El humano como ser racional

La consciencia se da de varias formas o grados en los animales, pero la capacidad de razonar, de hacer integraciones conceptuales explícitas, guiado por la lógica, es exclusivamente humana. Lo que constituye la distintiva forma de consciencia del humano es su facultad conceptual, que llamamos capacidad racional. A esta forma de consciencia es que llamamos "mente". La "mente", pues, designa específicamente la consciencia humana, distinguiéndola de las formas de consciencia de los demás animales.

El concepto de "mente" tiene una aplicación más estrecha que la de "consciencia" y se asocia específicamente con el concepto de "razón" o de facultad racional. Esta asociación nos da la clave de su definición y uso apropiado. Esta es la facultad de conceptualizar a partir de la evidencia que le dan los sentidos.

Hoy, en el estado de pensamiento contemporáneo del conductismo ocasionado por elementos fisiológicos, los investigadores se concentran en estudiar al humano omitiendo su cabeza. Es decir, sin hacer referencia a su mente o a su capacidad de pensamiento conceptual. El estudio tipo "guillotina" que hacen los conductistas del hombre es profundamente anti biológica. Al estudiar a una especie viva, es indispensable conocer la naturaleza distintiva del medio de supervivencia de ésta, pues esta información es clave para entender la conducta de dicha especie.

En el caso del humano, es evidente que su modo distintivo de tratar con la realidad, de mantenerse en existencia, es por medio del ejercicio de su facultad conceptual. Todos los logros del humano, su conocimiento científico, sus creaciones tecnológicas e industriales, su cultura, su arte, sus instituciones sociales, etc., son posibles por su habilidad de pensar. La fuente de todo conocimiento humano es la evidencia de la realidad que le dan sus sentidos. El objeto percibido constituye el punto de partida y la base de su conocimiento: el darse cuenta directamente de entidades, sus atributos y sus acciones.

Vimos ya que el patrón de la conducta de auto preservación es en esencia el siguiente: Un organismo se mantiene a sí mismo tomando material que existe en su medio ambiente, transformando o reorganizándolo, y así convirtiéndolo en el medio de su supervivencia. El proceso por el cual la consciencia aprehende la realidad es un fenómeno similar. Así como la integración es el principio cardinal de la vida, así es el principio cardinal del conocimiento, ya que la razón es la facultad que identifica e integra la evidencia que los sentidos nos dan de la realidad. La facultad de la razón le permite al humano tomar material que existe en su medio ambiente por su percepción, transformarlo y reorganizarlo en conceptos, y así convertirlo en el medio de su supervivencia. El humano es, por tanto, verdaderamente, el único entre las especies vivas, en ser un animal que conceptualiza.

Algunos animales son capaces de formar "abstracciones perceptuales" que les permite reconocer que un número de singulares perceptibles son de un mismo tipo, pero no pueden identificar explícitamente en qué consiste el tipo. Para apreciar la naturaleza del tremendo incremento en el poder intelectual que hace posible la habilidad de conceptualizar del humano, hay que notar la limitación extrema de tener sólo una forma de consciencia perceptual, que sólo es capaz de tener un pequeño número de unidades en su campo de discernimiento. El poder de discriminación de los animales no se extiende más allá de unas pocas unidades, tres o cuatro a lo sumo. Su habilidad perceptiva consiste en: uno-dos-tres-muchos. El número de unidades que cualquier consciencia, animal o humana puede enfocar simultáneamente, es necesariamente pequeña. Los conceptos son el medio para superar ese límite al condensar muchas unidades en una. Una consciencia que está limitada sólo a los singulares sensibles que puede percibir inmediatamente se ve severamente restringida en su habilidad para acumular o expandir su conocimiento. Este es el estado de los demás animales que intelectualmente están por debajo del humano.

El nivel de consciencia conceptual implica dos factores relacionados: la habilidad de categorizar innumerables singulares en grupos o clases, de acuerdo a una característica distintiva que tienen en común; y la habilidad de desarrollar un sistema de símbolos que representen a estas clases, de manera que un símbolo, retenido en la mente del humano, puede significar un número ilimitado de singulares. El método de clasificación es la formación de conceptos. El sistema de símbolos es el lenguaje.

El concepto es un archivo abierto en dos sentidos: intensión y extensión. Por ejemplo, por un lado el concepto "mujer" comprende a todas las que existieron, existen y existirán –su extensión; por el otro, comprende lo que sé de ella y lo que aún no sé pero que puedo llegar a saber –su intensión.

El último paso en la formación del concepto es cuando se hace la definición, la que expresa explícitamente en palabras, la característica esencial de un número de existentes en virtud de la cual se diferencia de todo otro existente, y que lo une a una clase única, por ejemplo: "Mujer es el humano femenino."

El instrumento que posibilita la humano retener y designar sus conceptos es el lenguaje. El lenguaje consiste de un sistema organizado de símbolos audiovisuales, un código, por medio de los cuales el humano retiene sus conceptos de forma firme y precisa.

Como el álgebra, del *árabe al - yabr,* (reducción), los conceptos reducen las unidades cognitivas a una única unidad que representa un ilimitado número de singulares, designados por un símbolo audiovisual –la palabra. Por medio de las palabras, la mente humana puede retener y trabajar con una amplia categoría de entidades, atributos, acciones y relaciones –una hazaña que no sería posible si tuviera que crear imágenes de cada concreto subsumido en cada categoría. Las palabras le permiten al humano manejar fenómenos amplios y complejos, como "materia", "energía", "fuerza", "momento", "área", "raíz cuadrada", "libertad", "justicia", etc., fenómenos que ninguna mente podría pescar o retener si tuviera que visualizar todos los concretos percibidos que designan estos conceptos. No sólo necesita el humano de símbolos para retener y designar sus conceptos, sino que específicamente necesita de un sistema organizado de símbolos lingüísticos. Una colección al azar de imágenes u otros símbolos no lingüísticos, jamás le permitirían la exactitud, claridad y complejidad que requiere su pensamiento. La información perceptual es lo dado, lo evidente; el conocimiento conceptual requiere un proceso iniciado voluntariamente de razonamiento –de identificación e integración del material proveído por los sentidos.

El definir al humano como animal racional no implica que es un animal que siempre razona bien, sino que es identificar el hecho de que su característica distintiva fundamental, el atributo que lo diferencia de otros animales, es su capacidad de razonar –de aprehender la realidad en el nivel conceptual de consciencia.

El humano como ser de consciencia volitiva

En los escritos de hoy sobre el comportamiento humano, quien está ausente es precisamente el humano. Uno no aprende de estos libros que la característica distintiva de la consciencia humana es que es conceptual, ni que sea esto un factor determinante. Por el contrario Rand dice:

> "La clave de... 'la naturaleza humana'... es el hecho de que el hombre es un ser de consciencia volitiva. La razón no trabaja automáticamente; pensar no es un proceso mecánico; las conexiones de la lógica no se hacen por instinto. La función de tu estómago, pulmones o corazón es automática; la función de tu mente no lo es. En toda hora y asunto de tu vida, eres libre de pensar o de evadir ese esfuerzo. Pero no eres libre de escapar de tu naturaleza, del hecho de que la razón es tu medio de supervivencia –así que para ti, que eres un ser humano, la cuestión de 'ser o no ser' es la cuestión de 'pensar o no pensar'." [AS]

La acción, inconsciente y auto-regulada, generada por un proceso interno del organismo vivo, como el metabolismo y auto-sanación, está dirigida a un objetivo: mantener con vida al organismo. Es teleológica, mas no deliberada. Conforme los organismos vivos evolucionan de formas más simples a más complejas, uno puede distinguir tres formas o categorías de actividad auto-regulatoria: el *nivel vegetativo* de auto-regulación; el de *conducta consciente*; y el *nivel auto consciente.*

El *nivel vegetativo* es el nivel más primitivo, presente en las plantas, como en todo organismo. Consiste en toda función fisiológica y proceso biomecánico dentro del organismo para mantenerse con vida, como el metabolismo.

El *nivel de conducta consciente* auto-regulado aparece con la consciencia de los animales. El *nivel vegetativo* sigue operando en el cuerpo animal, pero un nivel superior se requiere para proteger y sostener la vida del animal que se mueve en un medio ambiente. Este nivel se caracteriza por la capacidad de darse cuenta de ese ambiente. Los sentidos le proveen al animal, el conocimiento que necesita para cazar, para recolectar, para rodear obstáculos, para detectar y huir de sus enemigos, etc. La habilidad de darse cuenta del mundo exterior le permite al animal regular y dirigir su actividad motora. Si se viera privado de sus sentidos, el animal no podría sobrevivir. Para todo animal que la posee, la consciencia –el regulador de su acción –es el medio básico de supervivencia. El nivel *sensorial – perceptual* de la consciencia animal, por medio del mecanismo automático de *dolor – placer* protege la vida de éste, aunque no sea consciente de la cuestión de vida o muerte como tal. Si el rango de su consciencia no alcanza para lidiar con las condiciones que confrontan al animal, perece. Pero dentro de los límites de este nivel de consciencia, puede regular su conducta para vivir. Así pues, con la facultad de locomoción y la emergencia de la consciencia en el animal, aparece en la naturaleza una nueva forma de actividad auto regulatoria, una nueva expresión del principio de vida biológica.

El humano, quien comparte con los demás animales el nivel o modo sensorial – perceptual de consciencia, avanza a un tercer nivel, el modo conceptual –un nivel de abstracciones, de principios, de razonamiento lingüístico explícito, y de *auto consciencia*. A diferencia de los demás animales, el humano tiene la habilidad de darse cuenta, explícitamente, de su propia actividad mental, de cuestionar su validez, de juzgarla críticamente, de alterarla o corregirla. El humano no es racional automáticamente; se da cuenta de que su proceso mental puede ser apropiado o no para aprehender la realidad. Su proceso mental no es, para él, algo inalterablemente dado. Adicionalmente a los dos niveles previos de auto regulación, el humano tiene y exhibe un tercero: *el poder de regular la acción de su propia consciencia*. Esta actividad regulatoria difiere radicalmente de las dos previas al no estar automáticamente determinada por los sistemas del organismo.

Por ejemplo, el ritmo cardíaco está bajo el control del marcapasos del propio sistema del corazón; el cual está regulado por el sistema nervioso automático y por hormonas; éstas están reguladas por centro neurales en el cerebro. El regulador último de todo el sistema es la vida del organismo, es decir, de los requerimientos de la supervivencia de éste. El regulador último está "programado" en el organismo por la naturaleza, por así decirlo, al igual que todos los sub-reguladores. El organismo no tiene elección en el asunto.

El nivel de consciencia que el humano comparte con los demás animales, el nivel *sensorial –perceptual,* el proceso de integración es automático. El fin controlador y regulador del proceso de integración, por "programación" natural, es el darse cuenta. Esto no es cierto del nivel conceptual de consciencia. Aquí la regulación no es automática, no está conectada en el sistema. La consciencia conceptual, como controlador de la actividad mental del humano, necesaria para su supervivencia apropiada, no está implantada por la naturaleza. El humano tiene que elegir el fin o propósito de dicha actividad; tiene que dirigir su esfuerzo e integrar su actividad mental al fin de tener una consciencia conceptual, voluntariamente. La capacidad de funcionar conceptualmente es innata, pero el ejercicio de esa capacidad es voluntario. Ocuparse en un proceso activo de pensamiento –abstraer, conceptualizar, relacionar, inferir, razonar –requiere del humano *enfocar* su mente; que la ponga activamente a integrar. Esta elección de *enfocar,* en una situación dada, se hace eligiendo como fin el *darse cuenta,* darse cuenta de aquello que sea relevante en un contexto dado. En el nivel perceptual, mirar es ver. Es automático, no depende de la voluntad del humano. Pero en el nivel conceptual, hacer una pregunta no es saber automáticamente; y saber que preguntar tampoco es automático.

La auto consciencia es la habilidad que tiene el humano de darse cuenta, explícitamente, de su propia actividad mental, de cuestionar su validez, de juzgarla críticamente, de alterarla o corregirla. Es darse cuenta de que su proceso mental puede ser apropiado o no para aprehender la realidad, y que no es algo inalterablemente dado, que puede corregirlo.

Quien afirma la veracidad del determinismo, cae en una contradicción. Según su misma teoría, no puede decir otra cosa que la que dice, y por lo tanto no puede cuestionar la veracidad de su afirmación. Si los actos del humano fueran determinados o condicionados por estados precedentes, no sería más responsable de ellos de los que es una computadora programada para hacer lo que el programador determinó, por ejemplo. Pero estoy seguro que no se acusa a una PC de descortés, cuando está lenta, o de haber errado, o de no enfocar. ¿O sí? Acaso se le dice: vamos computadora, sé cortés, no me hagas perder el tiempo, que tengo prisa. ¿O sí? ¿Puede una PC elegir cómo comportarse?

El que el determinismo sea una instancia de la ley de la causalidad, no quiere decir que no exista libre albedrío. El libre albedrío no niega el determinismo físico sino que por el contrario lo confirma. Rand dice que la causalidad es la identidad en acción. Esto quiere decir que lo que una cosa es, determina lo que puede hacer. Así por ejemplo, una semilla de manzana, si la siembras en tierra fértil dará un manzano, y nunca a Sofía Vergara. O si un ciclista colisiona con un bus urbano, será el primero quien rebote y salga disparado, y no el segundo, pues este desenlace dependerá de sus respectivas masas. Y si una mariposa aletea sus alas, no causara ciclones al otro lado del mundo.

Como vimos antes, la identidad de los seres animados, de los seres vivos, que los hace diferentes de los seres inanimados, es que poseen un orden sensorial que les permite ser conscientes de lo que los rodea. Esto les da la ventaja evolutiva de poder detectar una amenaza para el organismo, lo que le permite a éste evitarla y así mejorar sus posibilidades de seguir existiendo. El poder detectar lo que beneficia al organismo le permite a éste buscarlo.

Cuando el organismo tiene y puede elegir entre dos o más opciones de acción para evitar la amenaza detectada, debe deliberar, sopesar las ventajas y desventajas de cada opción, tiene que imaginar las consecuencias futuras de optar por una u otra conducta –es decir, tiene que pensar. También puede elegir no pensar. Y esto, elegir deliberar para tomar la que consideremos la mejor opción, es lo que llamamos 'libre albedrío'.

La naturaleza de la cognición

También exige el principio de racionalidad del Objetivismo, examinar racionalmente la naturaleza de la cognición del hombre. Observamos primero, que la función biológica de la mente es la cognición, evaluación y la regulación de la acción. La función básica de la consciencia humana es la cognición, es decir, el darse cuenta de y conocer los hechos de la realidad. Como el hombre debe actuar, su supervivencia depende de que identifique los hechos de la realidad para poder regular su acción de acuerdo a lo identificado. Lo que conecta su cognición con la regulación de su acción es la evaluación. La evaluación es el proceso de identificar la relación benéfica o dañina de algún aspecto de la realidad consigo mismo. Las evaluaciones generan deseos, emociones y metas. Si los valores y metas del hombre están en conflicto con los hechos de la realidad y con sus propias necesidades como organismo vivo, necesariamente y sin quererlo se encamina a la autodestrucción. Por eso es que la supervivencia del hombre requiere que la función evaluativa de su consciencia se fundamente en una función cognitiva correcta, es decir, que sus valores y metas sean elegidos en el contexto de su conocimiento y entendimiento racional.

Rand introdujo el término "psico-epistemomlogía" para designar el estudio de las operaciones mentales en los niveles conscientes y subconscientes de la mente humana. Los procesos mentales pueden ser conscientes o subconscientes, volitivos o automáticos. En todo acto de pensamiento existe una constante interacción entre las operaciones conscientes volitivas y las subconscientes automáticas.

La mente –la facultad de conocer, percibir, pensar, deliberar, juzgar y memorizar –se forma por **ejercitar la atención, observación, comparación y clasificación**. La habilidad adquirida por este ejercicio le permite a uno hacer observaciones ordenadas en su ambiente. La mente consciente observa y establece conexiones entre sus experiencias. El subconsciente integra las conexiones y las automatiza. El desarrollo cognitivo de la mente involucra un proceso continuo de automatización, por lo que al percibir o experimentar el mundo, no lo hacemos en un vacío cognitivo, sino que en un contexto automatizado. **La eficacia de nuestras operaciones mentales depende del tipo de contexto que ha automatizado nuestro subconsciente**.

El proceso de formar, integrar y usar conceptos no es automático, sino volitivo. Recordemos que el hombre es un ser de consciencia volitiva. Este proceso consiste en dirigir volitivamente como usar material nuevo conjuntamente con el automatizado. Ésta no es una habilidad innata, sino adquirida, por lo que tiene que aprenderse. Esta habilidad de enfocar la atención en los hechos, observarlos, compararlos, clasificarlos e integrarlos sin contradicción con el conocimiento previo, es la más importante de todo el aprendizaje, ya que todas las demás habilidades humanas dependen de que tan bien o tan mal se haya adquirido ésta.

Esta habilidad es del método de adquirir y organizar conocimiento, no el conocimiento particular en sí. El método, por el cual la mente trata con su contenido cognitivo, programa el subconsciente determinando que tan eficiente o ineficiente será su proceso de adquirir conocimiento, al establecer los hábitos cognitivos que adquiere. Esta habilidad le permitirá al hombre captar la distinción entre consciencia y existencia, entre su mente y el mundo que lo rodea, lo que le permite comprender que la función del primero es percibir el segundo, desarrollando así su facultad crítica y su control sobre sus operaciones mentales.

Pero la mente del hombre es maleable. Se puede desarrollar hasta convertirse en un formidable instrumento, o atrofiarse hasta convertirse en un aparato inútil.

La mente puede atrofiarse cuando en lugar de ejercitar la atención, observación, comparación y clasificación, reacciona a las aprobaciones o desaprobaciones de otros, reemplaza la evidencia con las opiniones de los demás, y memoriza palabras cuya denotación permanecen confusas. Desarrolla así un mal hábito cognitivo, originado, ya sea por negarse a ejercer su facultad racional, o porque de niño le enseñan a depender de una tutela que le enseña a aceptar contradicciones. Aprende, erróneamente, que no hay cosa que se conecta con otra, que no hay respuestas, que no hay juicio certero, que lo incomprensible e impredecible es lo normal. Aprende que lo importante no es saber, sino que llevarse bien con el grupo, de acuerdo a las vibraciones emocionales que cree adivinar en ellos. Se ajusta por repetición, imitación y contagio emocional. Aprende que hay preguntas tabú, preguntas que no se hacen so pena de ser culpable de algún mal innato. Aprende que, sin importar lo que haga –ya sea que su acción sea buena o mala, honesta o deshonesta –si la comunidad lo aprueba está bien, y si lo desaprueba está mal.

La mente, así atrofiada, queda separada de la realidad a la que no ha aprendido a identificar, y en su lugar se ve sumergida en un mundo de fantasías y mentiras, las cuales cree reales. Pierde la capacidad de distinguir el ente real del ente de razón. No puede estar segura de lo que es verdad y de lo que no lo es, de lo que está allá afuera y lo que está sólo en su mente. No adquiere la capacidad de distinguir entre existencia y consciencia.

Como "siente" que debe agradar a la comunidad para conseguir su aprobación, oculta lo que realmente siente, sus auténticas emociones y aprende a simular las que cree se esperan, y así aprende a evadir y a reprimir. Llega a tener tanto éxito en ocultar sus emociones a los otros que se las oculta igualmente a sí mismo. Su subconsciente lo automatiza creando una crisis de identidad. Carece de autoestima –pues nunca la formó –porque no tiene confianza en su habilidad para identificar los hechos de la realidad, y por tanto se ve incapaz de evaluar objetivamente, y por consiguiente actúa sin dirección alguna. No llega a descubrir que las emociones no son instrumentos cognitivos, que su único instrumento cognitivo es la razón –la facultad que identifica e integra el material proveído por los sentidos.

El desarrollar el método racional de adquirir y organizar conocimiento es pues, una necesidad vital del hombre.

Objetivismo y objetividad

Ser "objetivo" en nuestra actividad conceptual es adherirnos voluntariamente a la realidad por medio de seguir ciertas reglas de un método, un método basado en hechos y apropiado a la forma de cognición humana. Objetividad es una adherencia voluntaria con la realidad por el método de la lógica. La aplicación del método de la lógica conduce al arte de la *identificación no contradictoria.* En esencia, la lógica es un método de observar hechos (las premisas), entonces consultar las leyes de contradicción, entonces inferir las conclusiones que estas leyes garantizan.

Es importante notar que el proceso debe anclarse en hechos observados. Derivar conclusiones de premisas arbitrarias, que representan caprichos arbitrarios, no es un proceso de lógica. Si la lógica es el medio de la objetividad, una conclusión lógica debe derivarse de la realidad, debe estar garantizada por conocimiento antecedente, el que a la vez se apoya en conocimiento anterior, y así hasta lo evidente, hasta los datos sensoriales.

La "prueba" es el proceso de establecer verdades reduciendo una proposición a axiomas, es decir, a datos sensoriales. Tal reducción es el único medio que tiene el humano de descubrir la relación entre proposiciones no axiomáticas y los hechos de la realidad.

"La verdad es el producto de reconocer (es decir, identificar) los hechos de la realidad. El hombre identifica e integra los hechos de la realidad por medio de conceptos. Retiene los conceptos en su mente por medio de definiciones. Organiza los conceptos en proposiciones, y la verdad o falsedad de sus proposiciones se basa, no solo en su relación con los hechos que asevera, sino que también en la verdad o falsedad de las definiciones de los conceptos que usa para su aseveración, que se basan en la verdad o falsedad de sus designaciones de características esenciales." [IOE]

Toda 'verdad' es **objetiva**, pues lo que expresa es como es el mundo real, independientemente de nuestros gustos, creencias o deseos. Es la mente la que debe adecuarse a la realidad y no al revés. Toda 'verdad' es **indivisible**, pues no admite grados. Una proposición es verdadera o falsa, pero no más o menos verdadera, o más o menos falsa. Toda 'verdad' es **inmutable**, pues no existe evolución en la verdad. A pesar de los años una proposición no es ahora verdadera y después será falsa o a la inversa. Toda 'verdad' es **absoluta**, pues corresponde a la identificación de un hecho de la realidad que se da en un contexto espec*í*fico. Si se descontextualiza la proposición, entonces se trataría de otra proposición distinta y por lo tanto de otra relación diferente. La verdad es una identificación conceptual de la realidad. La realidad no es ni verdadera ni falsa, simplemente **es**. La 'verdad' es **absoluta,** porque toda proposición verdadera lo es para toda cultura, para todo hombre, - describe objetivamente un estado de cosas. Por tanto, toda proposición en tal dominio es absolutamente cierta o absolutamente falsa: ninguna es verdad para alguien o para alguna cultura o era, mientras es falsa para otras.

'Verdad' es una cualidad del juicio y por lo tanto de la proposición. Es la calificación de la relación del predicado con el sujeto, que simboliza su referente, dentro de un contexto, rango y precisión específicos y delimitados. El juicio es 'verdadero', si lo que se predica del sujeto, dentro de determinado contexto específico, coincide con el estado de cosas del referente del sujeto.

Lo arbitrario: ni verdadero ni falso. Por ejemplo: Hay una convención de duendes en Venus discutiendo la lógica de Hegel; o su destino está determinado por Acuario y Capricornio. Una afirmación *arbitraria* es aquella para la cual no hay evidencia, ni perceptual, ni conceptual. No se fundamenta ni en observación directa, ni en ningún intento de inferencia lógica de ésta. Cognitivamente hablando *nada se ha dicho,* pues repudia toda regla de la cognición.

La certeza: El conocimiento conceptual se fundamenta en la lógica dentro de determinado contexto, no en la omnisciencia. Un humano no lo sabe todo, pero sabe lo que sabe. El concepto de "certeza" designa conocimiento desde una perspectiva particular: designa algunos aspectos complejos de conocimiento considerados en contraste con evidencias transitorias que les preceden. Una conclusión es "cierta" cuando la evidencia en su favor es conclusiva, es decir, cuando ha sido validada por la lógica.

Objetivismo y emoción

El Objetivismo sostiene que la razón es el único medio cognitivo del que dispone el hombre. Las emociones, por el contrario, no son instrumentos cognitivos. Como vimos anteriormente, la razón es la facultad del humano de organizar –volitivamente –las unidades perceptuales en unidades conceptuales por medio de aplicar los principios de la lógica, y así poder descubrir la naturaleza de los existentes. Los tres elementos esenciales de esta facultad son: sus datos → lo percibido; su forma → los conceptos; su método → la lógica.

Una emoción es una respuesta a un objeto que uno percibe (o imagina), como un hombre, un animal, un evento. El objeto por sí mismo no tiene el poder de invocar emoción alguna en el observador. La emoción sólo se da si el observador aporta dos elementos intelectuales que son condiciones necesarias:

Primero el observador debe saber lo que es el objeto percibido. Debe identificarlo, aunque sea comprendiendo sólo algo de éste, ya sea que su conocimiento o identificación sea verdadera o falsa, explícita o implícita. Si no lo identifica, el objeto percibido no tiene significancia alguna para él; cognitivamente es un nada al que nadie podría responder.

Segundo el observador debe evaluar el objeto percibido. Debe concluir si es bueno o malo para él, deseable o indeseable, si fomenta sus valores o los destruye. Sus juicios de valor pueden ser explícitos o implícitos, razonables o irrazonables –contradictorios, bien definidos o vagos, conscientes o no identificados o hasta reprimidos. Sin importar la forma que tengan éstos, el observador debe estimar al objeto percibido de acuerdo a sus valores. Si no, aunque sepa lo que es el objeto, éste, evaluativamente no es nada para él. Tal objeto no puede producir respuesta emocional alguna, ya que el observador no lo considera ni positivo ni negativo, resultándole indiferente.

Supongamos que un individuo que trabaja en el Banco ID observa que han estado despidiendo a sus compañeros de trabajo. Un día recibe una notificación indicándole que su jefe desea verlo al finalizar la tarde. Acaba de endeudarse para pagar su nueva casa. ¿Qué emoción siente? Seguramente pasa angustiado todo el día hasta que llega la hora de su cita con el jefe. Al recibirlo, el jefe le cuenta lo complacidos que están los miembros de la junta directiva del Banco ID con su desempeño. Además le notifica que lo ascenderán a un puesto de más responsabilidad y con mejor remuneración. ¿Qué siente ahora que ha identificado que el escenario que imaginó anteriormente era falso? ¿Qué siente ahora que sabe que su calidad de vida mejorará? La identificación y la evaluación son necesarias para que se dé la respuesta emocional.

Aún, cuando hay cuatro pasos en la generación de una emoción: percepción o imaginación, identificación, evaluación y respuesta, normalmente sólo somos conscientes del primer y último paso, ya que los dos pasos intelectuales –la identificación y la evaluación, ocurren sin necesidad de darnos cuenta y a una velocidad de relámpago.

Por ejemplo, un automovilista experimentado ve venir un camión a gran velocidad en ruta a colisionar con él. No necesita un nuevo razonamiento para pescar el peligro. Más rápido de lo que cualquier pensamiento se pueda verbalizar, él registra el significado de lo que percibe, su pie oprime el freno y sus manos giran el volante.

El humano es un auto programador de su subconsciente. Éste es la suma de su contenido mental y de los procesos de los que no se da cuenta. El subconsciente hace dos tareas que son cruciales para su desarrollo intelectual y su funcionamiento eficaz. Opera como el almacén de observaciones, conocimiento conceptual y conclusiones, que uno automatiza, de igual manera que uno automatiza el conocimiento de comer con cubiertos, caminar, escribir, montar bicicleta, conducir automóvil o cualquier otra habilidad compleja. Opera integrando el material sensorial y conceptual a una velocidad instantánea. Así, nuestro conocimiento pasado, si ha sido asimilado apropiadamente, puede estar disponible al instante, mientras nuestra mente consciente queda libre para tratar con lo nuevo. Por eso uno no necesita un proceso de aprendizaje para identificar una bicicleta una vez uno ya la conoce, ni como conducirla si ya ha automatizado ese conocimiento. La aplicación de los conceptos relevantes y almacenados en el subconsciente a la identificación de lo percibido, es instantáneo e indudable. Del mismo modo, una vez uno ha formado una serie de juicios de valor, uno los automatiza. Así la aplicación del juicio de valor relevante y almacenado en el subconsciente a lo percibido, es instantáneo, sin necesidad de ninguna consideración consciente.

La capacidad emocional es el barómetro automático del humano que le indica lo que está a favor o en contra de él, dentro del contexto de su conocimiento y juicios de valor. La relación de juicio de valor con la emoción es la de causa y efecto. Una emoción es una respuesta a valores. La emoción es un estado de consciencia con manifestaciones físicas y con causas intelectuales – un fenómeno psicosomático, que es una apreciación subconsciente instantánea. Así, el amor, deseo, miedo, enojo, alegría, tristeza, etc., no son productos de estímulos sensoriales, sino que dependen del contenido de la mente.

Un hombre puede tener ideas en el subconsciente de las que raramente o nunca se da cuenta y que chocan con sus creencias conscientemente manifiestas. Pueden ser ideas que ha olvidado que formó, o ideas que ha aceptado por implicación sin identificar el hecho, o ideas que reprime. Al responder a los objetos percibidos según esos contenidos mentales ocultos, le parecerá que sus emociones son algo independiente de su pensar y quizá hasta conflictivas con sus ideas conscientes. De hecho sus emociones son las conclusiones de sus juicios, sólo que él no lo identifica. En realidad el conflicto entre sus emociones y sus ideas es, un conflicto de ideas pasadas con ideas actuales. La emoción es la consecuencia automática de las conclusiones pasadas de la razón, sean éstas razonables o no. La razón es identificación, mientras la emoción es reacción.

No se puede explicar la respuesta emocional a lo percibido, excepto en términos de significado valorativo del objeto para quien lo percibe. Para terminar, los dejo con una buena definición de emoción, expuesta por Nathaniel Branden:

> *Una emoción es la forma psicosomática en que el hombre experimenta su estimación de lo beneficioso o dañino de un aspecto de la realidad para sí mismo.* [PSE]

Autoestima

No hay juicio de valor más importante para uno, que la estimación que uno se hace de sí mismo, siendo ésta el factor decisivo en nuestro desarrollo psicológico y en nuestra motivación de vivir. Ésta se experimenta, de ordinario, no en la forma de un juicio verbalizado, sino que en la forma de una sensación difícil de aislar e identificar, ya que se siente constantemente y es parte de toda sensación involucrada en cada respuesta emocional.

Una emoción es el producto de una evaluación, de una apreciación de la relación beneficiosa o dañina de algún aspecto de la realidad para con uno mismo. Por tanto, la visión que uno tiene de sí mismo está implícita en toda repuesta valorativa. Cuando uno juzga: "Es esto bueno o dañino para mí" el juicio contiene siempre el "mí". Esta autoevaluación es un factor omnipresente en nuestra psicología.

La naturaleza de la autoevaluación tiene efectos profundos en nuestros procesos de discurrir, de responder emocionalmente, de desear, de valorar y de proponernos metas. Uno experimenta su deseo de autoestima como una necesidad básica, sin poder evitar sentir que la estimación de sí mismo es de importancia vital, de vida o muerte.

Tan intensa es la necesidad del humano de tener una visión positiva de sí mismo, que puede evadir, reprimir, distorsionar su juicio, o desintegrar su mente, con tal de evitar confrontar hechos que puedan afectar negativamente su auto evaluación. Quien no tiene autoestima, se ve impulsado a fingir, a crear la ilusión de tenerla, porque siente desesperadamente que enfrentar la existencia sin autoestima, es como haber sido entregado desvalido y desarmado a la realidad para ser destruido. Al fingir tener una autoestima que de hecho no se tiene, uno se condena a vivir un fraude psicológico crónico.

La autoestima tiene dos aspectos interrelacionados: una sensación de eficacia personal y una sensación de valía; de que uno puede y de que uno vale. Es la suma integrada de autoconfianza y auto respeto. Es la convicción de que uno es competente para vivir y que merece vivir.

Aunque la necesidad de autoestima es inherente a nuestra naturaleza, uno no nace con el conocimiento de cómo satisfacer esa necesidad. Uno debe descubrirlo respondiendo a las preguntas: ¿Por qué necesita el humano de la autoestima? ¿Cómo se relaciona a su supervivencia? ¿Cuáles son las condiciones para conseguirla? ¿Cuál es la causa de su profundo poder motivacional? La respuesta está en dos hechos de la naturaleza humana: la primera es que la razón es el medió básico de supervivencia del humano; la segunda es que el ejercicio de la facultad racional es voluntario.

Como la realidad nos confronta con opciones constantemente, y como debemos elegir metas, medios, y qué acciones tomar, nuestra vida y felicidad dependen de que las conclusiones y elecciones hechas sean las correctas. Pero no podemos exceder las posibilidades que la naturaleza nos impone, no podemos esperar ser omniscientes ni infalibles. Lo que necesitamos es que aquello que está dentro de nuestras posibilidades: la convicción de que nuestro método para elegir y para tomar decisiones, sea correcto, correcto en principio, es decir, apropiado a los requerimientos de sobrevivencia que la realidad exige. No obstante, uno puede rechazar, sabotear y traicionar a su mente, su medio propio de sobrevivencia. Sin embargo, como organismo vivo, es nuestra responsabilidad fundamental hacernos competente para vivir, ejercitando apropiadamente nuestra facultad racional. Si uno falla o rechaza o evade el esfuerzo de pensar y la responsabilidad de razonar bien, el resultado será la ineficacia cognitiva.

Nuestra elección básica es pensar o no pensar, enfocar la mente o no enfocarla, tratar de entender o no tratar. Esta elección involucra tres alternativas fundamentales de nuestro patrón básico de funcionamiento cognitivo y reflejan el estado que ocupa la razón, el entendimiento y la realidad en nuestra mente.

Primero, uno puede activar y sostener un enfoque mental agudo e intenso, tratando de llevar su entendimiento a un nivel óptimo de precisión y claridad; o puede mantener su enfoque al nivel de aproximaciones borrosas, llevando su entendimiento a un estado pasivo de divagación indiscriminada y sin rumbo. (Ejercitar la razón o no).

Segundo, uno puede diferenciar entre conocimiento y emociones, dirigiendo así su juicio por su intelecto y no por sus emociones; o puede suspender su intelecto bajo la presión de emociones fuertes, deseos o miedos, y entregarse a la dirección de impulsos cuya validez uno no quiere tan siquiera considerar. (Identificación o no).

Tercero, uno puede hacer un análisis independiente, sopesando la verdad o falsedad de cada aserción, o lo correcto o incorrecto de cada asunto; o uno puede aceptar, pasivamente sin crítica, las opiniones y aserciones de los otros, sustituyendo el juicio de ellos por el propio. (Primacía de la existencia o primacía de la consciencia).

En tanto elija habitualmente lo correcto en estos asuntos, uno experimenta una sensación de control sobre su existencia –el control de una mente en relación apropiada con la realidad. La confianza en uno mismo, es la confianza en la propia mente –en que es un instrumento cognitivo fiable. Tal confianza no es la convicción de que uno es inerrable. Es la convicción de que uno es competente para pensar, para juzgar, para conocer, para saber, y para corregir los errores que uno cometa. Es la convicción de que uno es competente en principio. Es la convicción de estar comprometido, sin reservas, por el poder de la propia voluntad, a mantener un contacto inquebrantable con la realidad. Es la confianza de saber que uno no pone ningún valor o consideración por encima de la realidad, ninguna devoción o interés por encima del respeto por los hechos.

Esta autoconfianza básica, no es un juicio sobre el conocimiento de uno, o sobre alguna habilidad en particular; es un juicio sobre aquello que adquiere conocimiento y habilidades. Es confianza en uno mismo. Es un juicio –implícito, no necesariamente consciente –que uno hace de la manera característica de uno de enfrentar y tratar con los hechos de la realidad.

Uno necesita esa autoconfianza, porque el dudar de la eficacia de nuestro instrumento de supervivencia, nos paraliza, condenándonos a la ansiedad y a la incapacidad, haciéndonos no aptos para vivir.

Nuestro carácter es la suma de los principios y valores que guían nuestras acciones ante las alternativas éticas. Al ser consciente de poder elegir sus cursos de acción, uno adquiere el sentido de ser una persona y experimenta la necesidad de sentirse bueno como tal, bueno en su manera característica de actuar. Ser bueno o estar en lo correcto como persona es ser apto para ser feliz; ser malo o estar equivocado es ser amenazado por el dolor. Uno enfrenta ineludiblemente preguntas como: ¿Qué clase de entidad debiera buscar ser? ¿Por cuáles principios morales debería guiar mi vida? Uno no puede librarse del ámbito de los valores y de los juicios de valor. Ya sea que los valores por los que se juzga a sí mismo sean conscientes o subconscientes, razonables o irrazonables, consistentes o contradictorios, pro vida o anti vida, uno se juzga a sí mismo según algún estándar; y en tanto falle en satisfacer ese estándar, su sensación de valía personal, su respeto por sí mismo, sufre.

Uno necesita respetarse a sí mismo porque tiene que actuar para conseguir valores, y para actuar, necesita valorar al beneficiario de su acción. Para buscar valores el humano debe considerarse digno de poder disfrutarlos. Para poder luchar por alcanzar su felicidad, debe considerarse a sí mismo merecedor de ser feliz.

Los dos aspectos de la autoestima –la confianza en sí mismo y el respeto por sí mismo –se pueden aislar conceptualmente, pero son inseparables en la psicología humana. **Uno se hace digno de vivir haciéndose competente para vivir, al dedicar su mente a la tarea de descubrir lo que es verdadero y lo que es correcto, y dirigiendo así sus acciones de acuerdo a sus conclusiones.**

Capítulo 2

Epistemología

El proceso cognitivo

El principio de objetividad exige examinar racionalmente la naturaleza del proceso de cognición del hombre. Observamos primero, que el hombre, no sólo percibe entes concretos, que es la etapa perceptual de su conocimiento, sino que basado en ésta, construye conceptos.

Nuestro primer paso en la construcción de nuestro contexto conceptual consiste, al observar los entes, en concebir la unidad. El ver las cosas como unidades es adoptar una perspectiva humana en ellas. En el mundo, aparte del hombre no hay unidades, sólo entidades, sólo existentes, sólo cosas individuales, separadas con sus propiedades y sus acciones. Una "unidad", que es producto de un proceso de abstracción, es un existente considerado como un miembro separado de un grupo de dos o más miembros similares.

El segundo paso es, a partir de las comparaciones entre entes, concebir la medición. La medición es la identificación de una relación cuantitativa establecida por medio de un estándar que sirve de unidad. Los requerimientos de un estándar de medición son: que represente al atributo adecuado, que sea fácilmente percibido por el humano y que, una vez elegido, permanezca inmutable y absoluto dondequiera que se lo use. El propósito de la medición es expandir el rango de la consciencia humana, de su conocimiento, más allá del poder directo de sus sentidos y de los concretos inmediatos. El proceso de medición es un proceso de integrar una ilimitada escala de conocimientos a la limitada experiencia de percepción humana. Podemos percibir un metro, o tres, pero cien kilómetros o un año luz sólo podemos concebirlos gracias a la medición, que es un proceso de hacer al universo conocible incorporándolo dentro del rango de la consciencia humana y estableciendo así su relación con el hombre.

El tercer paso es clasificar por similitudes y diferencias. Cuando formamos un concepto, nuestro proceso mental consiste en retener las características de los existentes que las poseen, pero omitir sus medidas, sabiendo que éstas deben existir en alguna cantidad, pero que pueden existir en cualquier cantidad. La palabra, por ejemplo *mujer*, es un símbolo que denota un concepto, o sea que representa un número ilimitado de concretos de cierto tipo, omitiendo que algunas son altas, otras bajas, delgadas, gordas, rubias, trigueñas, pelirrojas, jóvenes, viejas, etc. Las palabras transforman a los conceptos en entes mentales; las definiciones les proveen de identidad. Así, **un concepto es una integración mental de dos o más unidades que poseen la o las mismas características distintivas, pero omitiendo sus medidas particulares.**

Rand llamó DENOMINADOR CONCEPTUAL COMÚN a la o las características reducibles a una unidad de medición a través de la cual el hombre diferencia dos o más existentes de otros existentes que también la o las posean. Por medio del DCC podemos formar nuevos conceptos al integrar conceptos formados con anterioridad en clasificaciones más amplias o subdividiéndolos en clasificaciones más específicas. En última instancia, todos los conceptos son reducibles a su base en entidades perceptuales que son lo dado, la base en el desarrollo del conocimiento humano.

Por ejemplo, un concepto más específico o concreto es **pelirroja** (que es una especie de mujer); luego, más amplio es **mujer** (especie de humano y género de mujer pelirroja), y por lo tanto es más abstracto que pelirroja, pero más concreto que **humano** (especie de animal, género de mujer y hombre), el que es más abstracto que mujer, pero más concreto que **animal** (género) (especie de ser vivo), el que es el más abstracto o amplio de todos.

Cuando se integra un concepto en otro más amplio, digamos mujer en humano, el nuevo concepto incluye todas las características de sus unidades constitutivas, pero sus características distintivas se consideran como medidas omitidas y una de sus características comunes determina la característica distintiva del nuevo concepto: aquella que representa a su "Denominador Conceptual Común" con los existentes de los cuales es diferenciado.

Cuando se subdivide un concepto en otro más delimitado, digamos humano en mujer, se toma su característica distintiva como "Denominador Conceptual Común" y se la aplica a una gama más reducida de medidas específicas o se la combina con una o varias características adicionales, para formar las características distintivas de los nuevos conceptos.

Como HUMANO el concepto indica que es animal racional y la incluye como referente pero omite la característica *femenina.* Como MUJER el concepto incluye HUMANO y la incluye como referente pero enfatiza la característica *femenina* y excluye al referente *masculino.*

El proceso de observar los hechos de la realidad y de integrarlos en conceptos es, en esencia, un proceso de inducción. El proceso de observar los hechos de la realidad subsumir nuevos casos bajo un concepto ya conocido es, en esencia, un proceso de deducción.

El cuarto paso consiste en identificar los conceptos mediante definiciones. Consideremos a un hombre y una mujer. ¿Cuál denominador conceptual común comparten ambos concretos que estamos considerando? La característica de ser **humano. *Éste será su género (especie de animal). ¿Y cuál es la característica que los distingue? ¿Qué es lo que los diferencia?*** Mujer es el humano femenino, capaz de ser fecundada. Hombre es el humano masculino, capaz de fecundar. Una definición correcta debe especificar la o las características distintivas de las unidades (la diferencia) e indicar la clase de existentes de las cuales fueron diferenciadas (el género).

Las definiciones, como los conceptos, son contextuales. En cada etapa de su desarrollo, desde niño a adulto, el humano puede hacer diferenciaciones conceptuales e integraciones sólo en base a conocimiento previo, limitado y disponible en esa etapa. El contexto es el campo total de la consciencia humana o conocimiento en cualquier nivel de su nivel cognitivo. Lo que determina una definición son los hechos de la realidad dentro del contexto del conocimiento de uno. Ambos aspectos son cruciales: la realidad y el contexto del conocimiento. Una definición es una condensación de una vasta cantidad de observaciones cuyo propósito es posibilitarle al hombre retener en su mente conceptos, en lugar de abstracciones flotantes.

Un concepto sustituye con una palabra el enorme agregado de percepciones de entidades que subsume. Los conceptos son condensaciones de conocimiento que posibilita el estudio y la división de la labor cognitiva. El humano forma los conceptos como un sistema de clasificación, cada vez que la gama de datos percibidos se vuelve demasiado grande para que su cerebro pueda manejarlos. Los conceptos representan tipos específicos de existentes, que incluyen *todas* las características de estos existentes, de los observados y de los aún no observados, conocidos y desconocidos. Un concepto es básicamente una clasificación "abierta" que incluye las características que todavía deben ser descubiertas de un grupo de existentes dados. **El propósito primario de los conceptos y del lenguaje es el de proveer al humano de un sistema de clasificación y organización cognitiva que lo capacite para adquirir conocimientos en escala ilimitada, lo que significa mantener orden en la mente humana y capacitarla para pensar.**

Objetivismo y su diferencia con el realismo

En el capítulo "Sobre la Inteligencia del Perro" de *Naturaleza,* vol. 33, se describe un experimento en donde al enviar tres hombres a una caseta de vigilancia, unos cuervos se ocultaban. Al regresar dos de los tres hombres, los cuervos advertían que faltaba uno y permanecían ocultos. Fue necesario enviar cinco o seis hombres a la caseta de vigilancia para arruinar los cálculos de los cuervos. Éstos, pensando que este número de hombres había regresado, (cuando en realidad sólo regresaron cuatro) no titubearon en salir de su escondite. Por lo que parece, la habilidad de discriminación de los cuervos se extiende sólo a tres o cuatro unidades, y su habilidad perceptiva matemática consiste en una secuencia como: uno-dos-tres-muchos.

Los hombres no lo hacemos mucho mejor. Existe un límite al número de unidades que el humano puede enfocar simultáneamente. Trate el lector de identificar el siguiente número:

1000000000000000000000

¿Es difícil, verdad? Tal vez así sea más fácil:

$$1{,}000_5\ 000\ {}_4000\ {}_3000\ {}_2000\ {}_1000{,}000$$

La cifra es mil quintillones, y aún podemos expresarla en forma más condensada: 10^{21}

Diez elevado a la veintiuna potencia es ya un concepto. De igual manera que hicimos al dividir la cifra en unidades más pequeñas, y por tanto, más fáciles de percibir para captar la cantidad, los conceptos son el medio para superar el límite de nuestra percepción directa al condensar muchas unidades en una. Éstos son condensaciones de conocimiento que posibilita el estudio y la división de la labor cognitiva. Formamos los conceptos como un sistema de clasificación, cada vez que la gama de datos percibidos se vuelve demasiado grande para que nuestro cerebro pueda manejarlos. Los conceptos representan tipos específicos de existentes, que incluyen *todas* las características de estos existentes, de los observados y de los aún no observados, conocidos y desconocidos.

El Realismo afirma que existen conceptos "universales", a diferencia del Nominalismo, y que su contenido, la «quididad» aprehendida por el intelecto está realizada en la entidad. Así, el concepto '*humano*' en el Realismo se refiere al "universal" que se supone se encuentre dentro del concreto. En el Objetivismo, el concepto '*humano*' se refiere a las unidades, los entes que existen con todas sus características, las conocidas y las aún por descubrir.

El Objetivismo rechaza la idea de que el concepto sea igual a su definición. La función de la definición es el de ser una manera de economizar unidades, de sintetizar el significado de un concepto, pero el significado de un concepto incluye mucho más que las características que usamos para conceptualizar cosas. Las características distintivas o definitorias son el "*cómo*" clasificamos, no el "*qué*" clasificamos. Lo *que* clasificamos son entidades existentes, con todas sus características.

La visión resultante es totalmente distinta a la de los Realistas. El modelo Realista de *abstracción como substracción* implica que los conceptos más amplios tienen menos contenido cognitivo que los más estrechos o específicos de los que se forman. Para los Realistas, el concepto '*humano*' abstrae el "universal" de los humanos individuales al substraerlo mentalmente y descartar todo aquello se diferencia entre humanos. Así el concepto '*animal*' descarta aún más características, reteniendo sólo aquello que tienen en común los animales, descartando también las características "universales" de los humanos. La premisa de *abstracción como substracción* es la que condujo a Hegel a concluir que el concepto de '*existencia*' no tiene contenido. Según Hegel, el '*ser*' es la más alta abstracción posible, del que toda determinación de cualquier tipo, todo carácter, ha sido abstraído. Por lo tanto el '*ser*', según Hegel, no tiene carácter y está totalmente vacío, por lo que es equivalente a nada. '*Ser*', entonces –según Hegel, es nada.

La teoría de Rand es todo lo contrario. Reconoce que la formación de conceptos es integrativa, es decir, que los conceptos más amplios contienen más contenido cognitivo que cualquiera de los más estrechos o específicos de los que se forman. Al formar el concepto de '*humano*' uno advierte relaciones entre los humanos contrastando con puntos de contraste como, gorila, caballo, perro etc. Para formar el concepto '*animal*', uno debe retener ese hecho y advertir además algo: la relación más amplia entre caballos, gorilas, perros, etc., en contraste con plantas, rocas, muebles, artefactos, etc., y otros entes de los cuales se diferencia '*animal*'.

De tal manera, el concepto más amplio '*animal*' –que es una abstracción de abstracciones –subsume e incluye toda la información de los conceptos de primer nivel –que son abstracciones de entes concretos –más sus interrelaciones. Así como los conceptos de primer nivel denotan entidades en la realidad, con todas sus características, el concepto de nivel superior, más amplio, también los denota, sólo que representa una perspectiva más extensa, como lo hace el concepto '*animal*' en virtud de integrar '*humano*', '*caballo*', '*gorila*', '*perro*', etc.

El Realismo se disgrega de la realidad desde el primer nivel conceptual, pues sostiene que conceptos como '*humano*' no se refiere a entidades sino que sólo al elemento universal en él. Aumenta su error al suponer que el concepto '*animal*' se refiere a un aún más enrarecido universal, dejando al concepto con menor contenido. Para los Realistas lo que el hombre es, su «quididad», su esencia, que capta la mente, se denominan, en lógica, las notas representadas por el concepto, y a la suma total de estas notas se le llama la comprehensión o intensión del concepto.

Así, según el Realismo, conforme se abstrae más, aumenta la extensión y disminuye la comprehensión: HUMANO (5 notas): Substancia, material, viva, sentiente, racional; ANIMAL (4 notas): Substancia, material, viva, sentiente; ORGANISMO (3 notas): Substancia, material, viva; CUERPO (2 notas): Substancia, material; y así vemos a que conduce.

El Objetivismo identifica que el concepto '*animal*' requiere más conocimiento que el concepto '*humano*', ya que requiere conocimiento del humano y de otras especies. Requiere conocimiento de las características del humano y de las características del perro, del caballo, del gorila, etc., para diferenciarlos de plantas y de objetos inanimados. El error de los Realistas consiste en asumir que el concepto consiste sólo en sus características distintivas.

El concepto '*humano*' no consiste sólo en "facultad racional". Si así fuera, los dos serían intercambiables (el error de Kant, entre otros), pero no lo son. El concepto '*humano*' incluye todas las características del humano, sirviendo la "facultad racional" como la característica distintiva.

En el caso de conceptos más amplios como '*animal*', éste no consiste sólo en "consciente y locomoción", sino que éste subsume todas las características de toda especie animal, con "consciencia y locomoción" sirviendo como característica distintiva.

Así que, mientras el modelo Realista es substractivo, el modelo Objetivista es integrativo.

Conceptualización de características

¿Cómo formamos conceptos, no de entidades, pero de sus características: sus colores, formas, ubicaciones, lo que hacen y lo que pueden hacer? Los conceptos de características son nuestro medio de identificar la naturaleza de una cosa, descomponiendo lo que perceptualmente es un todo integral. Una cosa es ver una pelota roja rodando, y otra muy distinta es aislar su *color*, *forma*, o *acción*. La forma *redonda* de las pelotas es necesaria para que *rueden*, su *color* no. **Al conectar las *características* de una cosa con sus *acciones* identificamos *factores causales*.**
Al identificar la relación entre la *acción* y *su consecuencia*, el humano puede dominar el poder del viento, del agua, del fuego, de la luz, etc. El humano, por ejemplo, usa los conceptos de características para entender que el viento *empuja* en cierta dirección, y usa ese conocimiento analítico para hacer un bote de vela o un ala delta.

Al descubrir cómo dominar el fuego, el humano reconoció que el fuego es *caliente*, que *necesita de un combustible*, que *distintos* combustibles se queman de *diferente manera*, etc. Esto no sería posible si el humano estuviera restringido al concepto pre analítico de "fuego" como "esa clase de cosa". Sin conceptos de características el humano estaría limitado a "aquí esta viento", "allá está fuego", etc.

Para formar conceptos de acciones, las contrastamos con instancias de la acción en relación a lo que no actúa. Al conceptualizar "movimiento", uno tiene una tarea más fácil que la de conceptualizar atributos, pues uno puede observar a la misma entidad cuando se mueve y cuando no. También puede uno ver la misma alternativa con otras entidades. La pelota rueda y luego se detiene. El Ferrari se desplaza y luego se detiene. Todo se mueve y después no se mueve. Al omitir la medida del movimiento –sea éste rápido o lento, en una dirección o en otra, rodando o trasladando –uno forma el concepto "moverse".

El concepto "movimiento" tiene muchas delimitaciones, por ejemplo, "disminuyendo" es un descenso en la velocidad; "levantando" es mover hacia arriba; "caminar" es un tipo de movimiento animal con piernas; "hundirse" es caer en el agua. Y todavía se puede seguir delimitando. Por ejemplo, el concepto "caminar" se puede especificar en "marchar", "cojear", "andar", "pasear", "ir a zancadas", "deambular", "desfilar", etc. Todas estas formas de caminar difieren en la medida de caminar.

Los conceptos de relaciones son el tipo más complejo de conceptos de características, ya que estos conceptos no incluyen sólo relacionar cosas, sino aislar la relación misma. Las relaciones espaciales son las más simples pues se perciben visualmente. Se ve por ejemplo que algo está sobre la mesa, o debajo de ésta, o al lado de la misma, o enfrente de ella, o adentro de la caja, o cerca o lejos de aquella.

Una ampliación de los conceptos "sobre", "debajo", "dentro", "enfrente", etc., es "con". Una delimitación de "sobre" es "encima". Luego siguen un millar de clasificaciones cruzadas que van desde "montado" hasta "casado".

Por medio de la percepción aislamos entes de otros entes, pero no características de otras características. En principio el aislar a un existente de otro se puede hacer de diversas maneras. Si el existente es un ente, se puede separar físicamente de las entidades que lo rodean. Se puede separar físicamente las partes de un ente, como la hoja de un árbol, ya que estas partes son entes también.

Pero los atributos, acciones y relaciones no se pueden aislar – por no ser partes de una entidad – por medio de separación, ubicación, o cualquier medio físico. Para aislar una característica del ente que la posee, uno tiene que usar un medio mental en lugar de uno físico: la diferenciación.

La consciencia es un detector de diferencias, y existen dos tipos de diferenciación que se pueden usar para aislar las características de una entidad. **La más simple se da cuando la característica en cuestión puede estar presente o ausente en la misma entidad**. Por ejemplo, una mujer puede estar quieta o caminando, parada o sentada, alegre o triste. Una rosa florece o se marchita. La misma rosa era un capullo ayer y hoy se abre, más tarde se marchita. En estos casos el humano se da cuenta de que hay sólo una entidad que cambia –la misma mujer, la misma rosa – así que no usará la diferenciación para hacer una subdivisión conceptual, como si fueran dos tipos de entidad: "mujer caminante" vs. "mujer parada"; "rosa en capullo" vs. "rosa en flor". La diferencia de la que uno es consciente es una diferencia de característica: **su atención se fija en el factor que cambia en contraste con lo que no cambia.** Esto es la aplicación a la formación de conceptos del Método de Diferenciación de Mill, que formuló como una técnica para aislar factores causales.

El Método de Diferencia de Mill establece que si cambia un factor y cambia la consecuencia, éste factor es la causa. Por ejemplo, tenemos tres factores: agua, café y azúcar. Como resultado tenemos una bebida de café dulce. Si eliminamos el azúcar, tenemos una bebida de café amargo. Luego se concluye que el factor endulzante es el azúcar.

Luego viene la fase de integración. **Cuando el humano observa un cambio similar en otra entidad.** Entonces puede omitir variaciones de medida –grados de color de las rosas, por ejemplo; grados de abertura de la flor, etc.

Cuando la característica en cuestión no cambia, sino que es permanente, ésta se aísla considerando varios entes que tienen un aspecto perceptual común. Si vemos una vasija azul, un plato azul, una mariposa azul, una pluma azul, un auto azul, y nos preguntamos ¿Qué es lo mismo y qué es diferente en todos los casos de estos objetos? Lo mismo es el atributo '*lo azul*' que es constante mientras los otros atributos varían.

Aquí se está haciendo una *diferenciación de segundo orden*: se distingue entre lo que difiere y lo que no. **En la *diferenciación de primer***

***orden,* uno distingue A de B –que una cosa es distinta de otra; en una *diferenciación de segundo orden,* uno distingue lo que difiere de lo que no difiere.**

En la *diferenciación de primer orden,* la característica es el *medio,* en la *diferenciación de segundo orden,* la característica es el *objeto.* Por ejemplo, el color es el *medio* por el cual se diferencian las bayas.

Es la *diferenciación de segundo orden,* la que hace del color el objeto del proceso de formación conceptual, permitiéndole al humano aislar el color '*azul*' de todos los demás atributos de los concretos observados, como su tamaño, textura, forma, solidez, etc. Estos otros atributos varían ampliamente entre las vasijas, el plato, la mariposa, mientras que el del color no varía.

Esta *diferenciación de segundo orden,* es el equivalente para la formación de conceptos del Método de Concordancia de Mill: "*Si dos o más instancias del fenómeno bajo investigación tienen sólo una circunstancia en común, la circunstancia en que concuerdan todas esas instancias es la causa (o efecto) del fenómeno dado.*" [*Un Sistema de Lógica*]

Por ejemplo, tenemos dos factores, azúcar y una bebida. Notamos que azúcar y café da café dulce; notamos que azúcar y limonada da limonada dulce; azúcar y naranjada da naranjada dulce; azúcar y té da té dulce; Luego concluimos que la característica del azúcar es que es endulzante.

Una vez el humano ha aislado mentalmente el concepto "azul", puede omitir dos categorías de medida: 1) las medidas de los distintos matices de azul; y 2) las medidas de todas las otras características que varían de los objetos azules. **La omisión de las segundas es lo que le permite aplicar el concepto "azul" a cada uno de la gran cantidad de cosas que son azules.** Y es así como formamos conceptos de características.

El concepto de conscienca

Conocer perceptualmente es una actividad, un proceso automático inconsciente que no está sujeto a la voluntad: uno es consciente de sus resultados pero no del proceso mismo. En cambio, conocer conceptualmente es una actividad, un proceso consciente volitivamente autogenerado. Se consigue y mantiene mediante una acción continua.

Pero, ¿cómo formamos el concepto, no de entidades, pero de consciencia? La extrospección es un proceso de cognición dirigido hacia lo exterior –el proceso de aprehender existentes del mundo externo. Pero para conocer la consciencia es necesaria la introspección, que es un proceso de cognición orientado hacia lo interior –el proceso de aprehender las acciones mentales propias: percepción, evaluación, emoción, pensamiento, reminiscencia e imaginación.

Cuando uno ve, por ejemplo, a una mujer caminando, la acción de su consciencia es percepción; cuando advierte que es hermosa, la acción de su consciencia es evaluación; cuando experimenta placer y aprobación, la acción de su consciencia es emoción. Cuando saca conclusiones a partir de la evidencia, sobre su carácter, edad, posición social, la acción de su consciencia es reflexión; cuando más tarde recuerda el incidente, la acción de su consciencia es reminiscencia. Cuando considera que su apariencia mejoraría si su cabello fuera negro en lugar de castaño y su vestido azul en lugar de rojo, la acción de su consciencia es imaginación.

La pregunta para la teoría Objetivista, es ¿cómo funciona la omisión de medidas dentro de un DCC (Denominador Conceptual Común) en la formación de conceptos de la consciencia?

Analicemos esto con el concepto de primer nivel, 'ver', que abstrae la acción de la consciencia de sus contenidos, de lo que se ve. Recordemos que la abstracción es diferenciación. Al cerrar los ojos, uno deja de ver, y vuelve a ver al abrirlos nuevamente. Así se puede diferenciar lo visto, del acto de ver, el contenido de la consciencia de la acción de la misma. Uno puede también diferenciar el ver un objeto de la sensación de tocarlo, del olor que despide y del sonido que produce, etc. Aunque estas diferenciaciones no son tan dramáticas como la que resulta de abrir y cerrar los ojos.

Igual que uno aísla una característica de una entidad, uno aísla la acción de su consciencia del contenido de la misma por diferenciación, implícitamente por el Método de Mill. Uno observa las diferencias entre estas distintas acciones –abrir y cerrar los ojos, y las consecuencias de tales acciones con respecto al contenido de la consciencia. Los dos atributos fundamentales en la función de la consciencia humana son: el contenido y la acción; el contenido de la consciencia y su acción en relación con ese contenido. Estos dos atributos son el Denominador Conceptual Común fundamental de todo concepto que concierne a la consciencia.

También se puede observar las similitudes entre las acciones de su conciencia en distintas ocasiones, al observar estas acciones en distintas secuencias, combinaciones y gradaciones aplicadas a otros objetos. Esta abstracción por similitudes es por el Método de Concordancia de Mill.

¿Pero difieren los actos de ver cuantitativamente? ¿Cuándo difieren, difieren en medida?

La intensidad mental no es un atributo solo, sino que un compuesto, un resultado automático de la suma de varios atributos más específicos. Se puede hacer una analogía con el atributo tamaño: el tamaño de algo es producto de su longitud, ancho, y grosor. Así como un cuerpo se agranda cuando aumenta en cualquiera de estas dimensiones, así el estado de consciencia se hace intensifica, cuando incrementa en claridad, alcance, impacto emocional, etc.

Concreticemos esto con el caso de 'ver': la intensidad varía en relación a la claridad, agudeza, tiempo, atención y propósito. Uno ve algo con menor claridad cuando enfoca en algo más cercano al objeto visto, o cuando uno ve algo entre la niebla, o cuando lo ve con visión periférica. La agudeza, depende de la cantidad de detalles vistos, que puede variar con la distancia, con la condición de los ojos de uno, y con las condiciones de la iluminación. El tiempo hace la diferencia entre echar un vistazo, contemplar, o mirar fijamente. Más o menos atención cuando uno ve. El propósito con que uno ve en un momento dado, establece la atención al ver vs oír, sentir, saborear, etc.

Consideremos las subdivisiones de 'ver': divisar, espiar, quedarse embobado, contemplar, ojear, avistar, entrever, mirar, comerse a alguien con los ojos, atisbar, dar una mirada, escudriñar, mirar fijamente, observar. Las mediciones aquí son aproximaciones, pero la precisión es irrelevante. Basta observar una variación de grado.

Para conceptualizar 'ver' uno necesita darse cuenta de la similitud entre distintos actos de ver, pero uno no tiene que saber explícitamente como medirlos, ni cuáles son los diferentes elementos de intensidad. Después de que uno ha separado el 'ver' de las 'cosas vistas' uno conceptualiza la acción de la misma manera que cualquier otro concepto.

Ayn Rand lo dijo así: "La formación de los conceptos introspectivos sigue los mismos principios que la formación de los conceptos extrospectivos. Un concepto perteneciente a la consciencia es una integración mental de dos o más casos de un proceso psicológico que posee las mismas características distintivas omitiendo tanto los contenidos particulares como también las mediciones de la intensidad de la acción, basado en el principio de que estas medidas deben existir en alguna cantidad pero pueden existir en cualquier cantidad (es decir, que un proceso psicológico dado debe poseer algún contenido y algún grado de intensidad, pero puede poseer cualquier contenido o gradación de la categoría apropiada)." [IEO]

Y es así como formamos el concepto de consciencia.

El concepto de existencia

Un axioma es una proposición que es una verdad primaria que no tiene antecedente, y que no puede refutarse, porque en el intento hay que aceptar la verdad del mismo. Como la proposición es la combinación de dos o más conceptos en un pensamiento único, Rand identificó que un axioma consiste en la combinación de conceptos axiomáticos. Por tanto, los conceptos axiomáticos preceden a los axiomas o proposiciones axiomáticas. El concepto de 'existencia' es un concepto axiomático. Los conceptos axiomáticos primarios son: 'existencia', 'identidad', y consciencia'. Hay otros conceptos axiomáticos, siendo los más destacados: 'entidad', 'acción' y 'cambio'.

Los conceptos axiomáticos son en un sentido conceptos de primer nivel, y en otro sentido, conceptos de nivel superior. Son de primer nivel en el sentido de que los hechos que integran son dados en la percepción. De hecho, estos hechos están presentes en todo acto de consciencia, por eso es que son axiomáticos. Todo acto de consciencia consiste en *darse cuenta* de la *identidad* de algo que *existe*. No puede uno darse cuenta de una nada sin identidad. Aún un sueño, que no es consciencia directa del mundo, es un estado de consciencia que tiene contenido, como imágenes o un estado mental, que es lo que es. Como aspectos involucrados en toda experiencia, los axiomas están implícitos desde que comienza la consciencia, hasta que termina. Y desde la primera experiencia sensorial, no hay nada más que aprender sobre lo que es estar consciente, o lo que es ser algo, o lo que es para el algo ser algo. Los conceptos de 'existencia', 'identidad', y 'consciencia', son en este sentido, conceptos de primer nivel. Los hechos que designan se perciben directamente. Pero sólo están implícitos en la experiencia. Identificarlos explícitamente requiere una compleja conceptualización.

Antes de conocer los términos abstractos 'existencia', 'identidad', y 'consciencia', usamos las palabras 'es', 'esto', y 'se'. Aislar estos hechos básicos y designarlos abstractamente, requiere que tengamos muchos conceptos anteriores, además de conocer los procesos de conceptualizar. Formar conceptos de consciencia requiere diferenciar la acción del contenido, y la omisión de gran cantidad de medidas, como vimos antes. Al contrastar ver con no ver, oír con no oír, oler con no oler, etc., uno puede generalizar para llegar al concepto de consciencia. Lo que un humano no puede hacer es proyectar lo que sería la total inconsciencia para él, porque esa condición no tiene contenido mental, y por lo tanto, no 'él'. Así como una acción particular de la consciencia, como 'ver' se puede contrastar con el 'cesar ver', la existencia de una cosa particular se puede contrastar con su ausencia, cuando esa cosa particular ya no existe. Así como la totalidad de la consciencia no cesa cuando cerramos los ojos, la totalidad de la existencia no cesa cuando el leño se consume o un hombre muere.

¿Entonces, cómo formamos el concepto de 'existencia'?

El concepto se forma al llegar al paso final de una serie de ampliaciones progresivas. Por ejemplo, de silla, a casa, a todo objeto hecho por el humano, a todos los objetos, a todo, y por último se llega hasta al paso final de una serie de ampliaciones progresivas. El uso de 'todo' no se basa en ningún proceso de diferenciación porque la existencia no tiene contrario, no tiene de que diferenciarla, no hay no-algo. Lo que no es, no es. Después de que uno puede deliberada y autoconscientemente emprender un proceso de ampliación, la pregunta es: ¿Cuál es la categoría más amplia?

Por medio de un proceso deliberado y autoconsciente de ampliación, uno puede, sin diferenciación, llegar a la 'integración de todo existente'. Como los conceptos axiomáticos no se forman diferenciando un grupo de existentes de otros, sino al representar una integración de todos los existentes, no posee un Denominador Conceptual Común con los demás. No tienen ni contrarios ni alternativas. Lo contrario del concepto 'mesa', un 'algo que no es mesa', es todo otro tipo de existente. Lo contrario del concepto 'hombre', un 'algo que no es hombre', es todo otro tipo de existente. 'Existencia', 'identidad' y 'consciencia' no tienen contrario alguno, solamente un vacío.

Para hacer un juicio sobre la naturaleza objetiva de una cosa, para juzgar lo que es, no solo como se ve ahora, uno tiene que haber comprendido la diferencia entre existencia y consciencia. Todo juicio hace una afirmación sobre lo que es el caso, cuales son los hechos del asunto, por lo que todo juicio presupone y usa conceptos axiomáticos. Por ende, los conceptos axiomáticos son la base de la objetividad.

Como dice Ayn Rand: "Es por medio de los conceptos axiomáticos que el hombre capta y retiene la totalidad de su experiencia –extrospectivamente, la continuidad de la existencia; introspectivamente, la continuidad de la consciencia –y así capacita a su poseedor para proyectar su curso a largo plazo. Es por medio de los conceptos axiomáticos que el hombre capta y retiene esta continuidad, trayéndola a su consciencia y *conocimiento* consciente. Son los conceptos axiomáticos los que identifican la precondición del conocimiento: la distinción entre existencia y consciencia, entre realidad y el darse cuenta de la realidad, entre el objeto y el sujeto de la cognición. Los conceptos axiomáticos son la fundación de la objetividad." [Introducción a la Epistemología Objetivista]

La proposición clasificatoria

El concepto es un instrumento cuya utilidad consiste en servir para identificar, para poner en palabras lo que una cosa es. La forma en que se hace una identificación conceptual es la *proposición*. La *proposición* es la combinación o unión de un *percepto* con uno o más conceptos, o de dos o más conceptos en un pensamiento único. La proposición o enunciado o juicio debe ser, necesariamente, verdadera o falsa.

El primer paso para hacer una identificación conceptual es tener algo que identificar: uno debe observar y aislar un sujeto –*S* del que uno capta algún hecho –una característica, de que está hecho, que está haciendo, etc. –que uno nombra explícitamente aplicando un concepto, el predicado apropiado –*P*. Una proposición afirma que algo es (o no es) el caso: *S* es *P*. Por ejemplo: Verónica es mujer.

Debe distinguirse la proposición o juicio de la oración que se usa para expresarla. La oración es la forma sensual y concreta de la proposición. Al Igual que la palabra es la forma sensual y concreta con que se expresa el concepto, la oración es la forma sensual y concreta con que se expresa la proposición. Cuando digo: "Verónica es mujer", o "Verónica is woman", o "Verónica ist Weib" o "Verónica est fémina", el pensamiento o juicio es el mismo, aunque los símbolos lingüísticos difieren. La proposición es el contenido cognitivo de la oración, diferenciado de su forma lingüística.

Una oración puede combinar dos o más proposiciones, es decir, hacer dos o más identificaciones. Por ejemplo: "Las plantas necesitan luz solar, y los animales necesitan comida." Las proposiciones son: "las plantas son seres que necesitan luz solar" – S es P; y "los animales son seres que necesitan comida" – S es P.

La esencia de la proposición es la aplicación de un concepto a hechos observados. La observación perceptual es la forma básica de descubrir que son las cosas. La proposición aplica conceptos a sujetos conocidos directa o indirectamente por percepción. Al aplicar conceptos, la proposición identifica el *tipo* de hecho observado, basado en la similitud con otras cosas conocidas, permitiendo así conectar la observación con la red total del conocimiento de uno.

La proposición más simple y primaria clasifica una entidad bajo un concepto de primer nivel, por ejemplo, "Verónica es mujer". Esta es una proposición clasificatoria. Se clasifica cuando el predicado es un sustantivo, en cuyo caso el predicado indica una clase de cosas. El subrayar la similitud, es proximidad de medidas –el hecho del tamaño, la forma, la dieta, el sexo, la racionalidad, etc., tienen medidas, y caen dentro del rango de medidas de la clase mujer. La relación de medidas es lo que subyace en las dos operaciones del nivel conceptual: la formación de conceptos y la identificación conceptual. La formación de conceptos opera por ***omisión de medidas*** al establecer un rango, y la identificación conceptual opera por ***inclusión de medidas*** en un rango establecido. La formación de conceptos crea la carpeta de archivo, y la proposición clasificatoria aplica la información del archivo al sujeto.

Una proposición más compleja clasifica una entidad bajo un concepto de nivel superior, por ejemplo, "esta mujer es animal". Una proposición aún más compleja clasifica una clasificación o concepto bajo un concepto de nivel superior, por ejemplo, "toda mujer es animal". Aquí el sujeto es una clase de cosas –mujer, y no un concreto –Verónica. Pero el proceso es el mismo: "mujer" representa un rango de medidas que es, un sub rango dentro del rango de medidas de animal, distinguido del de plantas. Lo que se comprehende es que el concepto "mujer" es una unidad del concepto más amplio "animal". Dicho de otro modo, se coloca la carpeta o archivo "mujer" dentro de la carpeta o archivo del concepto más amplio "animal".

La proposición "Josephine Baker es negra" es más específica que "Josephine Baker es mujer", pues indica que Josephine Baker es un tipo específico de mujer. Así como los conceptos más amplios como "animal" hacen posible que las proposiciones tengan más generalidad, las subdivisiones conceptuales como "negra" les dan más especificidad.

Muchos conceptos representan "clasificaciones cruzadas" y estas se usan frecuentemente como predicados. Así tenemos, por ejemplo, "Verónica es doctora". (Doctora es una "clasificación cruzada"). Así podemos ver como las permutaciones o combinaciones pueden proliferar: "Verónica es doctora", "las doctoras son mujeres", "algunos doctores son mujeres", "algunas doctoras son negras", "la mujer es humano", "el humano es animal", etc.

La proposición clasificatoria conecta conceptos con otros conceptos, clasificando al sujeto en su totalidad y organizando así, nuestros archivos mentales en una red cognitiva. El tener nuestros conceptos organizados lógicamente es inestimablemente valioso, pues significa que al identificar algo como *P*, incluye todo lo que este *P* implica, todo lo que está conectado lógicamente con *P*. Algunas de las conexiones con *P* más valiosas son las características de *S*. Por ejemplo, "humano" contiene todas las características de los humanos: que tienen cierto rango de tamaño y forma, que pueden caminar, hablar, pensar, aprender, se pueden reproducir, que los hay machos y hembras, que pueden formar sociedades, comerciar, crear obras de arte, etc. Tener el concepto "humano" es cognitivamente valioso e importante, no porque etiqueta a los humanos, sino porque contiene ***conocimiento de sus características***. La proposición clasificatoria afirma: **"Todo lo que es cierto de *P* es cierto de este *S*" –"todo lo que es cierto del conjunto predicado es cierto de este sujeto."**

La proposición descriptiva

Como vimos anteriormente, la función de la proposición clasificatoria es conectar conceptos con otros conceptos, organizando nuestros archivos mentales en una red cognitiva. El tener nuestros conceptos organizados lógicamente es de un valor inestimable, pues significa que al identificar algo como *P*, incluye todo lo que este *P* implica, todo lo que está conectado lógicamente con *P*. Algunas de las conexiones con *P* más valiosas son las características de *S*. Por ejemplo, "humano" contiene todas las características de los humanos: que tienen cierto rango de tamaño y forma, que pueden caminar, hablar, pensar, aprender, se pueden reproducir, que los hay machos y hembras, que pueden formar sociedades, comerciar, crear obras de arte, etc. Tener el concepto "humano" es cognitivamente valioso e importante, no porque etiqueta a los humanos, sino porque contiene *conocimiento de sus características.*

Mientras la proposición clasificatoria clasifica al sujeto en su totalidad, **la proposición descriptiva analiza de la totalidad del sujeto, una parte, un atributo, una acción, etc.**, es decir cuando el predicado es un adjetivo, o preposición. En la proposición descriptiva el predicado puede ser un adjetivo: "Verónica es joven"; o una preposición: "Rita está en el supermercado"; o un verbo: "Verónica corre", o "Verónica está corriendo".

Las proposiciones descriptivas son el medio para identificar características. El análisis que se expresa en las proposiciones descriptivas es lo que permite la identificación de factores causales, la clave de nuestro dominio del medio ambiente y de la civilización. De hecho hay una clasificación en la proposición descriptiva, pero es implícita, no explícita, y el predicado clasifica una característica y no al sujeto como un todo. Cuando uno dice "esta mujer es joven", uno está clasificando la edad, reteniendo el hecho de que es la edad de esta *mujer*. Podría decirse así: "La edad de esta mujer es la edad de su juventud", en contraposición, por ejemplo, de "edad madura". Podría decirse también para "estas jóvenes mujeres corren", "la acción de estas jóvenes mujeres es correr". Estas afirmaciones usan términos abstractos –edad y acción.

En la proposición descriptiva, el predicado clasifica una característica, pero sólo como medio para describir al sujeto. En cambio, en una proposición clasificatoria, la clasificación no es un medio sino que el fin. La clasificación es el punto de la afirmación. En ambos casos, el propósito de las proposiciones es hacer valer en el sujeto el conocimiento contenido en el predicado.

El efecto de la proposición clasificatoria es afirmar: "Todo lo que es cierto de *P* es cierto de este *S*." "Todo lo que es cierto de la mujer es cierto de estas dos entidades". El efecto de la proposición descriptiva es afirmar: "Todo lo que implica tener la característica *P* es cierto de este *S*." "Todo lo que es cierto de correr y de la edad, es cierto de la acción y condición de estas dos jóvenes mujeres".

Tenemos pues, tres proposiciones: 1. "Esta entidad es mujer", proposición clasificatoria. 2. "La edad de esta mujer es la edad de su juventud", proposición descriptiva. 3. "La acción de esta mujer es correr", proposición descriptiva. El uso del adjetivo "joven" es reconocer que la edad de las mujeres cae dentro de un rango de medidas, un rango de medidas establecido con anterioridad, cuando se formó el concepto "joven". Aplicar el adjetivo "joven" relaciona la edad de las mujeres con otras cosas. "Estas mujeres son jóvenes" coloca su edad dentro del rango de "juventud" dentro del DCC (Denominador Conceptual Común): edad relativa. Al igual que las proposiciones clasificatorias, las proposiciones descriptivas trabajan por medio de ***inclusión de medidas.***

Tanto los juicios descriptivos como los clasificatorios requieren el darse cuenta de las características. **Las proposiciones descriptivas se enfocan en las *características individualmente,* mientras que las proposiciones clasificatorias se basan en una *serie conectada de características,* aquellas comunes a los miembros de la clase.**

Al clasificar a Verónica como mujer, identificamos la clase de cosa que es Verónica. El punto de hacer esto es el poder aplicar a Verónica nuestro conocimiento de la serie de características humanas y femeninas que comparte con otras mujeres. Al diferencia de la teoría Realista de conceptos, la proposición "Verónica es mujer" no afirma el "ser" de ella, ni su identidad total. No afirma, por ejemplo, el hecho de que Verónica es modelo para artistas, ni siquiera que es caucásica. La proposición "Verónica es mujer" identifica que Verónica posee esas características que son universales en las mujeres, no que posee esas características adicionales. Esto muestra la diferencia entre conceptos y proposiciones. El concepto "mujer" subsume todas las características de todas las mujeres, pasadas, presentes y aún por nacer; todas las características conocidas y las aún por conocer, en cualquier nivel de conocimiento, e incluye las diferencias individuales como potencialidades. (Puede ser modelo, doctora, etc.)

En la lógica tradicional, y la moderna con los diagramas de Venn, las proposiciones descriptivas se asimilan a las clasificatorias al hacer *clasificaciones defectuosas* en las que colocan al sujeto. La proposición "esta mujer es joven" es tratada como si subsumiera a "esta mujer" en la clase de "cosas jóvenes". Pero no existe dicha clase ni el concepto "cosas jóvenes". Aunque las proposiciones clasificatorias anteceden cronológicamente a las proposiciones descriptivas, aún las primeras proposiciones clasificatorias, como "mujer", dependen de la percepción de las características del sujeto. **Una descripción no es una clasificación disfrazada**. "Joven" es un adjetivo, no un substantivo. Los nombres o substantivos nombran; los adjetivos caracterizan. Otro ejemplo es: "Esta mujer está corriendo", donde el predicado es un verbo *–correr*, no un substantivo. Los nombres o substantivos nombran; los verbos expresan acciones, un estado que realiza o sufre un sujeto. Es evidente que no se puede subsumir a "esta mujer" en la clase "correr". Ella no es una *unidad* de "correr". **Es un grave error tratar de reducir la descripción a un tipo de clasificación.**

La proposición negativa y la gramática

Vimos ya que la proposición clasificatoria afirma: **"Todo lo que es cierto de *P* es cierto de este *S*" –"todo lo que es cierto del conjunto predicado es cierto de este sujeto";** y que la proposición descriptiva no es una clasificación disfrazada, sino que afirma: **"Todo lo que implica tener la característica *P* es cierto de este *S*."**

También vimos que es un grave error tratar de reducir la descripción a un tipo de clasificación.

Ahora, la proposición ***clasificatoria negativa*****: afirma que el sujeto es diferente de los existentes subsumidos por el predicado, y por tanto, debe excluirse de la clase-predicado**. Por ejemplo, "Verónica no es varón", es una *proposición negativa* que afirma que Verónica ***es,*** que existe, pero que no pertenece a la clase de varones; que es diferente de los existentes subsumidos por dicha clase. La *proposición negativa* afirma el modo en que Verónica existe, no perteneciendo a la clase de varones; siendo diferente de los existentes subsumidos por dicha clase. La *proposición negativa* no niega la existencia de Verónica, lo que hace es diferenciarla del rango de medidas o clase del predicado.

La ***proposición descriptiva negativa*** **afirma que, dentro del DCC (Denominador Común Conceptual) del predicado, las medidas del sujeto están fuera del rango cubierto por el concepto-predicado.** Por ejemplo, "Verónica no es vieja", es una proposición que afirma que dentro del DCC "edad", la medida de edad de Verónica cae fuera del rango "vejez". Las proposiciones negativas funcionan por *exclusión de medidas.*

La proposición negativa no se refiere a un supuesto hecho negativo. Todo lo que existe es algo. No ser –*P* es ser una identidad positiva, pero una que es diferente de *P*. Verónica es joven, no es vieja en virtud de lo que es: joven. Una cosa que es azul, no es naranja, en virtud de lo que es: azul: "el plato no es naranja".

Las proposiciones, tanto las clasificatorias, como las descriptivas, las positivas como las negativas, deben estructurarse según reglas de combinación que hagan posible articular y comunicar los pensamientos. Estas reglas, esenciales en las proposiciones, constituyen la gramática. Las diferentes partes de la lengua indican diferencias en estados metafísicos: entidades, atributos, acciones, etc. Los nombres o sustantivos se refieren a entidades, las otras partes de la lengua pertenecen a las características de las entidades. Los adjetivos, adverbios, verbos, etc., no *nombran* características de entidades, sino que *usan conceptos* de características para formar proposiciones descriptivas. Por ejemplo, "saltar" es un verbo. "Salta" usa el concepto de la acción para describir lo que una entidad hace, en lugar de decir "Esta mujer es saltar", decimos: "Esta mujer salta."

"Suave" es un adjetivo. En cambio el sustantivo "suavidad", nombra un atributo que lo hace un substantivo: "la suavidad es buena en una almohada." Como adjetivo decimos: "la almohada es suave."

La gramática nos da el medio para especificar el modo particular en que se aplica el predicado al sujeto. Es distinto decir "ella mintió" a decir "ella es una mentirosa". El primer caso describe su acción, mientras que el segundo la clasifica como cierto tipo de persona. También el orden de las palabras se usa para determinar el significado. No es lo mismo decir "ella lo ama sólo a él" que decir "sólo ella lo ama a él". También hay diferencia entre "ella lo ama a él", y "él es amado por ella". La primera es sobre "ella" –lo que ella hace, la segunda es sobre "él", dirigiendo nuestra atención al efecto de ser el objeto del amor de ella, - lo que él padece. También nos da la gramática el mecanismo para combinar conceptos dentro del sujeto: "la delgada, orgullosa mujer está esperando una respuesta", o dentro del predicado: "Sara es una orgullosa, delgada mujer". Las características se pueden combinar acumulativamente: "delgada, orgullosa". También por medio de adverbios para que una característica modifique a otra: "orgullosamente delgada". "Una delgada orgullosa mujer" significa una mujer que es orgullosa y delgada, pero, "una mujer orgullosamente delgada" significa una mujer que se enorgullece de ser delgada. **La gramática especifica lo que se significa. Por eso, la gramática es una parte esencial de la mecánica de la proposición.**

La proposición identifica un sujeto al captar que éste, o una característica de éste, es una *unidad* del predicado. La mecánica del proceso consiste en captar la relación de medición involucrada. La gramática establece con claridad *qué* se relaciona *con que*, y *como*.

La estructura gramatical de una proposición indica si clasifica o describe, es decir, si identifica al sujeto como un todo o como una característica de éste.

Una proposición es una combinación gramaticalmente estructurada de conceptos para identificar a un sujeto por medio de un proceso de inclusión o exclusión de medidas.

La definición

La definición es el tipo de predicado, que en una aserción, identifica la naturaleza de las unidades subsumidas bajo un concepto. El propósito de una definición es distinguir un concepto de todo otro concepto, y así, mantener sus unidades diferenciadas de todo otro existente.

Como la definición de un concepto se formula en términos de otros conceptos, nos permite, no sólo identificar y retener un concepto, sino establecer las relaciones y jerarquías de la integración de todos nuestros conceptos, y por tanto la integración de nuestro conocimiento. De esa manera las definiciones preservan el orden lógico –no el cronológico –de la interdependencia jerárquica de nuestros conceptos.

Con excepción de algunos conceptos significativos, todos los demás se pueden definir y comunicar en términos de otros conceptos. Las excepciones son conceptos que se refieren a axiomas metafísicos y a formas de percepción. Como las formas de percepción son el material primario de la consciencia, no se pueden comunicar por medio del material que se deriva de estas. Estos conceptos se definen ostensivamente, como cuando decimos señalando con la mano: ""Por azul" quiero decir esto." Las definiciones ostensivas también se aplican a los axiomas, por ejemplo: "por existencia quiero decir todo esto", acompañado de un ademán que señala los objetos referidos. Como los conceptos axiomáticos son identificaciones de verdades primarias y por tanto irreducibles, la única forma de definirlos es por medio de definiciones ostensivas. En última instancia, todos los conceptos son reducibles a su base en entidades perceptuales que son lo dado, la base en el desarrollo del conocimiento humano.

El DENOMINADOR CONCEPTUAL COMÚN (DCC) es la o las características reducibles a una unidad de medición a través de la cual el hombre diferencia dos o más existentes de otros existentes que también la o las posean. Por medio del DCC podemos formar nuevos conceptos al integrar conceptos formados con anterioridad en clasificaciones más amplias o subdividiéndolos en clasificaciones más específicas. Una definición correcta debe especificar la característica distintiva de las unidades, e indicar la categoría de existentes de los que se han diferenciado. La característica distintiva de las unidades se vuelve la '*differentia*' de la definición del concepto. Los existentes que poseen un DENOMINADOR CONCEPTUAL COMÚN –DCC, se convierten en el '*genus*'. La *differentia* aísla las unidades de un concepto de todo otro existente; el *genus* indica su conexión con un grupo más amplio de existentes.

La definición indica pues, a que grupo pertenece el concepto en cuestión –su concepto supraordenado, y cómo se diferencia de otros existentes del mismo grupo –sus conceptos coordinados. Un ejemplo puede ilustrar estas relaciones: cuando en nuestro ordenador archivamos y clasificamos en imágenes un grupo de fotos. El primer repositorio lo identificamos como imágenes; luego hacemos archivos para distintos grupos –imágenes de autos; imágenes de modelos; imágenes de edificios, etc. A cada una de esas carpetas la identificamos mediante una definición, donde el *genus* o *género próximo* es 'imágenes' y la *differentia* o *diferencia específica* es 'autos' para una; 'modelos' para otra; etc. Todavía podemos hacer una sub-clasificación y crear dentro de cada carpeta, otras: Imágenes de autos deportivos; imágenes de autos todoterreno; imágenes de modelos pelirrojas; imágenes de modelos rubias; imágenes de modelos trigueñas; etc. De tal manera, la carpeta identificada como "imágenes de autos deportivos", nos indica que las imágenes allí archivadas son del grupo de 'autos' y se diferencian de las demás imágenes de autos, en que éstas son de 'deportivos'.

Ahora veamos como aplica el DCC para identificar determinado concepto dentro de una clasificación más amplia. Consideremos al 'humano' que definimos como 'animal racional'. Consideremos ahora a un hombre y una mujer. ¿Cuál DCC comparten ambos concretos que estamos considerando? Tienen en común la característica de ser 'humano'. Ésta será su género próximo. ¿Y cuál es la característica que los distingue? ¿Qué es lo que los diferencia? La 'mujer' es el 'humano femenino' –que produce óvulos y es capaz de ser fecundada; y el 'hombre' es el 'humano masculino' –que produce espermatozoides y es capaz de fecundar. 'Humano femenino' es la definición de mujer y 'femenino' es su diferencia específica, lo que la diferencia del otro humano; y 'humano masculino' es la definición de hombre y 'masculino' es su diferencia específica, lo que lo diferencia del otro humano. 'Que produce óvulos y es capaz de ser fecundada' es la definición de femenino y 'que produce espermatozoides y es capaz de fecundar' es la definición de masculino.

Las definiciones, al igual que los conceptos, son contextuales. El conocimiento conceptual no se adquiere en un estado de total ignorancia o desde la posición ventajosa de la omnisciencia. En cada etapa de su desarrollo, desde niño a adulto, desde salvaje a científico, el humano puede hacer diferenciaciones conceptuales e integraciones sólo en base a conocimiento previo, aquel limitado y disponible en esa etapa cognitiva. El contexto es el campo total de la consciencia humana o conocimiento en cualquier nivel de su nivel cognitivo. **Lo que determina una definición son los hechos de la realidad dentro del contexto del conocimiento de uno.** Ambos aspectos son cruciales: la realidad y el contexto del conocimiento; existencia y consciencia.

Una definición es una condensación de una vasta cantidad de observaciones cuyo propósito es posibilitar al hombre retener en su mente conceptos, en lugar de abstracciones flotantes, mediante la identificación de la naturaleza de las unidades de un concepto y sus relaciones y jerarquías con el resto de todos sus conceptos. Recordemos que una definición correcta debe especificar la o las características distintivas de las unidades (la diferencia específica) e indicar la clase de existentes de las cuales fueron diferenciadas (sus conceptos coordinados que comparten el género próximo), y que los existentes de los que se diferencia constituyen el contexto. Por eso la esencia –lo que hace al concepto ser lo que es y no otra cosa –es epistemológica y no metafísica.

Veamos un par de ejemplos que ilustren este punto. Un niño que define al humano como 'el que habla' para distinguirlo de todo lo que en esa etapa de su conocimiento conoce, y que le basta para identificarlo, tiene que modificar su definición cuando su madre compra un loro y lo lleva a casa. Allí se da cuenta que tanto su madre como el loro hablan, y también que son entidades distintas. El contexto de su conocimiento es ahora más amplio. Se da cuenta de que el loro no razona, así que su nueva definición de humano es 'el que razona'. Se da cuenta que la característica esencial del humano, y que explica todas las demás –que habla, que hace utensilios, etc. –es que razona.

Más adelante lee *Los Viajes de Gulliver* de Johnatan Swift y amplía aún más el contexto de su conocimiento. Descubre a los houynhnhnm, que son unos caballos sumamente racionales. Pues resulta que estos, al igual que el hombre son 'animales racionales'. Pero ¿son hombres? Evidentemente no. Así que para distinguirlos de los hombres debe modificar su definición de hombre a, el 'primate racional', que se distingue del houynhnhnm, que es el 'equino racional'. La característica esencial es pues, aquella que explica las demás y distingue al concepto que se define –el *definiendum,* de todo otro concepto.

Conceptos válidos vs. Inválidos

Si uno sigue *las reglas de la definición,* uno habrá formado un *concepto válido.* Los que uno forma, o son conceptos correctos o no lo son, es decir, una conceptualización dada o es pro-cognición o anti-cognición.

"Hay tal cosa como conceptos inválidos, es decir, palabras que representan intentos de integrar errores, contradicciones o proposiciones falsas, tales como los conceptos que se originan en el misticismo –o palabras sin definición específica, sin referentes, que pueden significar cualquier cosa a cualquiera... Un concepto inválido invalida toda proposición o proceso de pensamiento en el que se usa como afirmación cognitiva." [IEO, 48]

Los dos errores que producen conceptos inválidos son: 1) hacer un concepto para unidades que no existen, o 2) hacer un concepto que usa un estándar inválido, dando por resultado una mala clasificación de unidades.

1. Conceptos sin unidades

Conceptos sin unidades son aquellos que tratan de referirse a lo contradictorio o lo arbitrario. La comprobación de la validez de un concepto consiste en verificar si se puede reducir a la realidad perceptible. Si un concepto no se puede reducir a una base perceptual, éste es un error, una distorsión, una fantasía.

2. Conceptos que clasifican mal las unidades

Conceptos en esta categoría tratan con fenómenos que si existen, pero los organizan mal, clasificándolos de una manera que es confusa, engañosa, es decir, anti-cognitiva. Para validar un concepto, uno debe preguntar: *¿Qué hechos de la realidad establecen la necesidad de tal concepto?*

La Navaja de Rand

"... los conceptos no deben multiplicarse más allá de lo necesario –el corolario de esto es: ni hay que integrarlos despreciando la necesidad." [IEO, 71]

¿A qué se refiere Rand por necesario aquí? ¿Qué factores harían necesario un concepto nuevo?

"La complejidad descriptiva de un grupo dado de existentes, la frecuencia de su uso y los requerimientos de la cognición (del estudio ulterior) son las razones principales para la formación de nuevos conceptos. De estas razones, los requerimientos de la cognición son los más importantes." [IEO, 71]

Los tipos de conceptos cuya formación es necesaria según los anteriores criterios:

> "Existe en la periferia del vocabulario conceptual del hombre, una gran cantidad de latitud; en la periferia del vocabulario conceptual del hombre, un área ancha donde la elección es opcional, pero en lo que atañe a ciertas categorías fundamentales de existentes la formación de conceptos es forzosa... Esto incluye categorías tales como: a) los concretos percibidos con los cuales los hombres tratan a diario, representados por el primer nivel de abstracciones; b) los nuevos descubrimientos de las ciencias; c) los nuevos objetos producidos por el hombre que difieren en sus características esenciales de objetos previamente conocidos (por ejemplo "la televisión"); ... d) las relaciones humanas complejas que involucran combinaciones de comportamientos físicos y psicológicos (por ejemplo: "matrimonio", "ley", "justicia")." [IEO, 71]

Como los conceptos se automatizan, el automatizar conceptos innecesarios intensifica el caos cognitivo y su poder destructivo.

> "Un concepto sustituye con un símbolo (una palabra) el enorme agregado de percepciones de entes concretos que subsume. A efecto de realizar esta función de reducción de unidades, el símbolo tiene que ser automatizado en la conciencia humana, o sea que la enorme suma de sus referentes debe estar inmediatamente (implícitamente) a disposición de la mente consciente cuando use ese concepto, sin que requiera una visualización perceptual o un resumen mental, de la misma manera en que el concepto "5" no requiere que se visualicen cinco rayas cada vez que se lo usa." [IEO, 64]

Los conceptos que violan la Navaja de Rand son o "división falsa" o "integración falsa". Una división falsa es una subdivisión basada en diferencias no esenciales. Se enfocan en diferencias superficiales, cognitivamente insignificantes, a expensas de similitudes fundamentales.

División falsa

El concepto "rubaz" que significa: "rubias bellas con ojos azules, 1.67 de altura y 24 años de edad. Esta clasificación no ofrece ninguna ganancia cognitiva. Una "integración falsa", es una ampliación basada en similitudes no esenciales. Se enfocan en similitudes superficiales, cognitivamente insignificantes, a expensas de diferencias fundamentales.

Integración falsa

Por ejemplo la definición de "libertad" de Bertand Russell, como: "la ausencia de obstáculos para la realización de los deseos de uno". ¿No es libre un hombre, entonces, si la falta de voluntad de una mujer de salir con él constituye un obstáculo para satisfacer sus deseos?

Las reglas de la definición

La definición es el tipo de predicado, que en una aserción, identifica la naturaleza de las unidades subsumidas bajo un concepto. El propósito de una definición es distinguir un concepto de todo otro concepto, y así, mantener sus unidades diferenciadas de todo otro existente. Para hacer esto tiene que formularse la definición respetando las cinco reglas que a continuación expongo:

1. La regla del género y la diferencia

La definición debe consistir de un género y una diferencia.
En términos Objetivistas, el género es la clase de cosas que tienen el Denominador Conceptual Común –DCC. La diferencia es un rango o categoría de mediciones dentro del DCC. *La definición debe consistir sólo de un género y una diferencia.* Por ejemplo: "Mujer es el humano femenino". No es correcto decir: "Mujer es el humano femenino como mi madre", pues el ejemplo "como mi madre" no es parte de la definición. Ni es correcto: "Mujer es el humano", pues carece de diferencia.

2. La regla de referencia

La definición debe especificar un grupo de referentes en la realidad.
Hay cuatro formas de violar esta regla: Sinonimia o cuando el predicado es un sinónimo del sujeto y por tanto no lo define. Por ejemplo: "El hombre es un ser humano." Circularidad, cuando *A* se define en términos de *B*, y *B* se debe definir en términos de *A*, por ejemplo: "Arte es lo que hace un artista", y "artista es el que ejercita un arte". Vaguedad, cuando el referente puede aplicarse a otras cosas, por ejemplo: "Arte es la expresión de sentimientos", cuando los fanáticos de futbol también expresan sus sentimientos durante un partido y esto no califica como "arte". Metáfora, cuando el lenguaje se usa en sentido figurado y por lo tanto no describe con precisión al sujeto, por ejemplo: "Arquitectura es música congelada."

3. La regla del ámbito

La definición debe tener el mismo ámbito que el concepto que define.
La definición no debe ser ni muy amplia ni muy estrecha. El punto aquí es la verdad de la definición. Una definición que es muy amplia es falsa

en tanto definición, pues implica que hay cosas que son unidades sin serlo, por ejemplo: "Una ensalada es un plato de comida que lleva lechuga." Implica que una hamburguesa con lechuga es ensalada, lo cual es falso. Una definición que es muy estrecha es falsa en tanto definición, pues implica que algunas cosas que son unidades no lo son, por ejemplo: "Un vaso es un recipiente de vidrio, de forma cilíndrica que sirve para beber." Implica que un vaso de plástico no es vaso. Una definición puede ser muy amplia y muy estrecha a la vez, por ejemplo: "El hombre es un animal blanco." Excluye a los que no son caucásicos, e incluye a los osos polares.

Una definición es precedida por la formación conceptual. Antes de formar la definición de un concepto, sabemos cuáles son sus unidades. Partimos de la observación de la realidad y la definición es el último paso en la formación del concepto. **La definición señala de forma explícita la similitud en la observación de similitudes y diferencias**. El archivo o carpeta antecede a la etiqueta con que lo identificamos. Primero uno tiene en mente las unidades del concepto y luego uno formula la definición del mismo.

4. La regla de la característica fundamental

La definición debe aseverar las características distintivas fundamentales.

Esta regla se hace necesaria cuando hay varias características que podrían servir para aislar las unidades del concepto de otros existentes dentro del género. Por ejemplo, el humano tiene la habilidad de hacer instrumentos, de razonar, de hablar, de imaginar. ¿Cuál de estas características distintivas, se debería usar como diferencia en la definición de "humano"? Pues la característica esencial de los referentes del concepto, la que es *fundamental,* la que causa o explica el mayor número de las otras características. Rand lo describe así:

> *"Cuando un grupo dado de existentes tiene más de una característica que lo distingue de otros existentes, el hombre tiene que observar las relaciones entre*

> *estas diversas características y descubrir aquella de la que dependen las otras (o el mayor número de otras), es decir, la característica fundamental sin la cual no serían posibles las otras. Esta característica fundamental es la característica esencial diferenciadora de los existentes del caso, y la característica definitoria apropiada del concepto... Metafísicamente, la característica fundamental es aquella característica que hace posible el mayor número de las otras; epistemológicamente, es la que explica el mayor número de las otras."* [IEO, 44]

La definición "el humano es el animal que hace instrumentos", viola la *regla de la característica fundamental,* porque la habilidad del humano de hacer instrumentos es una consecuencia de su habilidad de usar su razón. Lo mismo sucede con la definición "el humano es el animal que habla un lenguaje", porque la habilidad del humano de hablar un lenguaje se explica por su habilidad de formar conceptos, es decir, de usar su razón. Así que la *regla de la característica fundamental* dicta que la definición deba ser: "El humano es el animal racional."

5. La regla de economía de unidades

La definición debe ser un predicable único y económico.
La definición no es un sumario exhaustivo de las características de las unidades, ni un sustituto del concepto. Es una herramienta cognitiva, un medio de recordar rápidamente la naturaleza de las unidades, como la etiqueta en la carpeta del archivo, que nos informa de su contenido. La definición debe ser corta. Entre más corta, más condensada es, y por tanto, mejor. Al ser corta le da preeminencia al género, lo que ayuda a organizar los conceptos en una serie progresiva de géneros más amplios. La definición: "el humano es el animal cuya facultad de darse cuenta, le permite, desde su infancia hasta su edad senil, formar y usar conceptos", es una definición que evidentemente no sirve como etiqueta para el archivo de "humano". Viola la *regla de economía de unidades.*

Estas cinco reglas no son arbitrarias. Son afirmaciones de lo que se necesita para que la definición haga su función, que es permitirle a uno saber de qué está hablando, es decir, a que cosas se refiere uno y cuál es su característica esencial. Las definiciones le permiten a los conceptos funcionar como conceptos, en lugar de como abstracciones flotantes o sonidos inarticulados.

La definición es contextual, es una condensación de conocimiento, conocimiento de las unidades de un concepto y de su lugar en la estructura cognitiva de uno. Y el conocimiento no es una suma congelada, sino que crece con el desarrollo del individuo. Por tanto, para que las definiciones funcionen como condensadores óptimos de conocimiento, deben expandirse para estar al día con el contexto en expansión del conocimiento.

La función cognitiva de las proposiciones

La proposición es un aplicador de conocimiento, donde el flujo de información va del predicado al sujeto.

Por ejemplo, la proposición "Chanon es mujer" aplica a Chanon todo el conocimiento guardado en el archivo (concepto) "mujer", que es el "repositorio central" para la información sobre este tipo de ser. Al identificar que "Chanon es mujer" se la relaciona con otras mujeres, con otros animales, con plantas, con otras etnias, con las necesidades de la mujer, con su alimentación, con sus relaciones, con sus ocupaciones, etc.

Al identificar, en una proposición descriptiva, que "Chanon es amistosa", se la relaciona con otras mujeres amistosas, con otros hombres amistosos, con animales amistosos, con seres no amistosos, con las causas psicológicas de la amistad, con las causas económicas, con los tipos de amistad, con el romance, etc.

Algunas de estas relaciones se pueden percibir inmediatamente; otras se captan sólo mediante abstracciones, que no obstante se pueden reducir de regreso a percepciones. Como vemos, el "concepto" no es meramente una etiqueta, sino una carpeta que contiene una riqueza creciente de conocimiento sobre sus unidades. Los conceptos, estas carpetas o archivos o repositorios mentales, no son para guardar las unidades del concepto, sino que el conocimiento sobre las unidades.

Al identificar conceptualmente un concreto, uno no está colocando al concreto en la carpeta mental, sino que aplicando al concreto el conocimiento archivado en la carpeta (concepto). El propósito de identificar que "Chanon es mujer" no es el tener otro ejemplo de "mujer" en el archivo mental, sino que entender lo que es Chanon. El propósito de identificar que el gobierno está muy endeudado, no es tener otro ejemplo de "deuda", sino que entender la situación económica del país. El propósito de identificar que "*S* es *P*" no es el agregar a algún catálogo otro ejemplo de "*P*", sino que reconocer lo que es "*S*", reconocer que "*S*" se caracteriza por ser "*P*". El propósito de un concepto es guardar, no concretos, sino elementos de conocimiento sobre cualquier concreto de cierto tipo. Esto le permite a uno aplicar el conocimiento adquirido del estudio de algunos concretos a nuevos ejemplos cuando surjan éstos. El propósito de identificar que Chanon es estudiante universitaria no es aumentar nuestros ejemplos de estudiantes universitarios, sino que el entender a *Chanon*. La proposición "Chanon es estudiante universitaria" le aplica a Chanon el conocimiento almacenado en la carpeta "estudiante universitario".

Toda proposición es sobre su sujeto, no sobre su predicado. El predicado es el medio para identificar en términos conceptuales lo que *es* el sujeto. El concepto tiene contenido cognitivo, no sólo referentes o singulares. El concepto almacena conocimiento sobre sus referentes, conocimiento que se ha adquirido por observación o inferencia de observación.

¿Cómo se agrega información al archivo conceptual? Se agrega por medio de proposiciones de orden superior: **Una proposición cuyo sujeto es el predicado de la proposición original.** En la proposición de orden superior uno identifica algo de ese tipo de entidad –el tipo denotado por el predicado de la proposición de orden inferior. En nuestro ejemplo, la proposición de orden superior incluye primero una definición de estudiante universitario: "una persona que cursa estudios en una universidad". Luego tendrá otra información como: "Los estudiantes universitarios están usualmente entre los 19 a 24 años de edad", "los estudiantes universitarios tienen un sentido exagerado de lo que saben", "los estudiantes universitarios tienen que hacer tesis", y así por el estilo. Estas identificaciones de nivel superior, que tienen a "estudiantes universitarios" como sujeto, permiten al concepto almacenar conocimiento sobre todas sus unidades. Entonces usamos ese conocimiento cuando razonamos deductivamente: "Chanon es estudiante universitaria, por lo tanto es 'una persona que cursa estudios en una universidad' y tendrá que hacer tesis." La proposición *"S es P"* tiene valor cognitivo en el hecho de que *"P"* no es meramente un símbolo de toda cosa similar a *"S"* en un aspecto dado, sino que en el hecho de que *"P"* ha sido, así mismo, identificado por medio de una proposición de orden superior de forma *"P es Q"*.

Esta identificación de orden superior nos permite aplicar ese conocimiento al sujeto "*S*" por el simple proceso deductivo:

***S* es *P* y *P* es *Q*, entonces *S* es *Q*.**

Como los conceptos son depósitos de conocimiento, una vez uno aprende que "*S* es *P*", el hecho de que "*S* es *Q*" queda implícito en la estructura de nuestro sistema de archivo, ya que, como la carpeta "*P*" está almacenada "dentro" de la carpeta "*Q*", el poner "*S* en *P*", significa también poner "*S* en *Q*". El propósito de la deducción es hacer que lo que está implícito pase a ser explícito, es decir, traer las implicaciones de un asunto a nuestra plena atención consciente.

El proceso de adquirir conocimiento nuevo, como aprehender que "*P* es *Q*", es esencialmente un proceso inductivo. Uno no deduce, que un estudiante universitario es una persona que cursa estudios en una universidad; ese hecho es parte del conocimiento que uno usa para formar el concepto "estudiante universitario". El mismo proceso inductivo se da cuando uno aprehende que la universidad exige de sus estudiantes el que hagan una tesis.

Las proposiciones o juicios posibilitan el razonamiento. De hecho la forma del pensamiento o del razonamiento es la proposición. Y parte de ese razonamiento consiste en la formación de nuevos conceptos, los que no podrían formarse sin proposiciones que usan conocimiento anterior.

Los conceptos posibilitan las proposiciones, pues estas son básicamente combinaciones de conceptos; **las proposiciones de orden superior permiten añadir contenido a esos conceptos**. El concepto "mueble" ilustra bien este punto. La cama no se parece perceptualmente a la mesa de noche o a la silla. Para pescar el concepto "mueble" uno tiene que pensar un poco y formar proposiciones como: "Las camas, mesas de noche y sillas se pueden mover, pero los armarios empotrados o closets no.

La necesidad del razonamiento proposicional se ve incrementada cuando se forman nuevos conceptos científicos como "gen", "genoma", "electrón", etc. La nueva observación perceptual añade a la complejidad y riqueza del proceso de esta creciente espiral cognitiva. **La progresión jerárquica es: percepción, conceptualización, razonamiento proposicional, y sigue en los niveles superiores una y otra vez.**

De la misma manera que la conceptualización no reemplaza, sino que suplementa a la percepción, el razonamiento proposicional no reemplaza, sino que suplementa y extiende las posibilidades de la conceptualización.

La proposición es el medio de traer a la mente y de aplicar el conocimiento almacenado en los conceptos al sujeto. La dirección del flujo informático es del predicado al sujeto; el predicado hace más comprensible al sujeto al llenarlo con el conocimiento almacenado en el predicado.

Objetivismo y la lógica

La habilidad de formar proposiciones habilita al humano para pensar sobre su propio razonamiento y por tanto a juzgar sus propios juicios. La habilidad de evaluar el propio proceso mental le da un poder de auto-control que lo libera de la naturaleza meramente reactiva del nivel perceptual. La cognición perceptual es *automática*, generada por el mundo a su alrededor, es determinística. La cognición conceptual es *volitiva*, auto-iniciada, auto-dirigida, y controlable. Puede usar su mente para controlar sus operaciones mentales y usar las ideas que ha formado para dirigir el proceso por el cual llega a nuevas ideas; puede usar los conceptos axiomáticos para juzgar la relación de sus actos mentales con respecto a la realidad, y dirigir su mente en base a dichos juicios. Al usar los conceptos axiomáticos y los de consciencia para juzgar introspectivamente, se vuelve *cognitivamente auto-determinado*. Puede decidir, conscientemente, qué preguntar, qué considerar, en qué enfocarse, como proceder.

Pero el proceso conceptual es falible, precisamente porque es controlado por la voluntad propia, y por tanto, puede juzgar erróneamente y llegar a conclusiones que sean falsas, conclusiones que contradigan los hechos percibidos. Por eso, para identificar la realidad, para juzgar correctamente, necesita un método, con estándares que lo guíen. El nombre de este método es: *lógica*

El propósito de la lógica es que el razonamiento corresponda con los hechos, que los refleje fielmente. Para eso la lógica requiere que uno empiece el razonamiento y lo desarrolle a partir de la observación perceptual, única fuente de información que disponemos sobre los hechos.

La lógica define el tipo de procedimientos que uno debe seguir –en la formación de conceptos, la elaboración de juicios o proposiciones, y en las inferencias –para mantener el razonamiento conectado a la realidad percibida. Es el método de prueba y el método requerido para adquirir conocimiento.

El humano sobrevive, progresa y prospera por medio de la adquisición y uso de conocimiento conceptual. La lógica es el método de adquirir conocimiento y de asegurar que es conocimiento.

El imperativo lógico al tratar con el material derivado de la percepción es: *ser consistente. Ser consistente* es crucial, porque las contradicciones no existen en la realidad, las cosas son lo que son, nada más, así que un proceso mental que implique una contradicción, se ha apartado de la realidad y por tanto es inválido. Un producto conceptual que contradice cualquier hecho es falso.

Aristóteles identificó la *Ley de No Contradicción* como el principio básico de todo conocimiento. Su formulación es:

> "Es imposible que el mismo predicado pertenezca y no pertenezca al mismo sujeto, simultáneamente y en el mismo sentido." O: "Es imposible afirmar y negar la misma cosa."

Por ejemplo, Chanon no puede ser mujer y no ser mujer al mismo tiempo. Puede cambiar de bebe a mujer, con el tiempo, pero eso no viola la Ley de No Contradicción. De hecho, la Ley de No Contradicción abarca el cambio: crecer, no es, al mismo tiempo, no crecer. "En el mismo sentido" es también esencial: No puede crecer en una parte y no en otra. No puede ser adulta y bebé al mismo tiempo. Pero en un tiempo y en un sentido, es lo que es, y no es lo que no es.

El corolario de la Ley de No Contradicción es la *Ley del Tercio Excluso,* que afirma que toda proposición ha de ser verdadera o falsa, es decir, que no hay término medio, que un tercer término o posibilidad entre la verdad y la falsedad, queda descartado. Sea cual sea la proposición *X*, ocurre que es *A* o *no A*. Otra manera de formularlo es: Una cosa dada debe o tener o no tener una característica dada al mismo tiempo y en el mismo sentido. Debe ser *A* o no ser *A*.

La violación del Tercio Excluso se reduce necesariamente a una contradicción. Esta violación afirmaría que algo que es, no es *A* y no es *no A*, al mismo tiempo y en el mismo sentido. Pero lo que no es *A* es algo, solamente que algo diferente de *A*. Por tanto, una violación del Tercio Excluso, sería algo que es diferente de *A* y que no es diferente de *A*, o sea, una contradicción. "Chanon no es mujer" tiene que ser falso, si "Chanon es mujer" es verdad. No hay tercera posibilidad.

"Chanon no es varón" indica que tiene que ser algo que no sea varón. Lo que Chanon no puede ser, es varón y ser algo diferente de varón, al mismo tiempo y en el mismo sentido. Eso es una contradicción.

O lo que Chanon no puede ser, es mujer y ser algo diferente de mujer, al mismo tiempo y en el mismo sentido. Eso es una contradicción también.

Las leyes de No Contradicción y de Tercio Excluso son reformulaciones de la Ley de Identidad –ser es ser algo específico: A es A - hechas con el propósito de guiar la cognición. Pensar que una cosa es A y que no es A en el mismo aspecto, es sostener que la cosa es todo en ese aspecto. Pero ser todo en un mismo aspecto es ser nada en particular en ese aspecto. Es no ser una identidad.

Si Chanon es simultáneamente mujer y no es mujer, entonces no es una identidad específica con respecto a ser mujer. Si Chanon está simultáneamente aquí y no está aquí, entonces no hay identidad con respecto a donde está.

El conocimiento es el darse cuenta de la identidad de las cosas, y la lógica nos dice cómo usar nuestra facultad conceptual de maneras que formemos conceptos que reconozcan que las cosas son lo que son, en lugar de conceptos que son contradicciones o sin identidad.

La inferencia deductiva

El conocimiento es el darse cuenta de la identidad de las cosas, y la lógica nos dice cómo usar nuestra facultad conceptual de maneras que reconozcamos que las cosas son lo que son, en lugar de ser contradicciones o sin identidad.

La lógica aplica a todo nivel de funcionamiento conceptual: a la formación de conceptos, al juicio, y a la inferencia. La inferencia es el más avanzado de estos procesos. El gran descubrimiento de Aristóteles es el silogismo: el átomo del razonamiento deductivo.

El silogismo más simple tiene la forma de:

S es *M* y *M* es *P* entonces *S* es *P*, por ejemplo: Chanon es mujer y la mujer es animal, entonces Chanon es animal.

El *término medio* 'mujer' establece la conclusión por la Ley de Identidad. Es porque la 'mujer' es mujer que el silogismo establece la conclusión –identifica el hecho de que el sujeto 'Chanon' se subsume bajo el predicado 'animal'. La conexión depende los términos tengan los mismos referentes con la misma identidad. Cuando se usa la misma palabra con diferentes referentes, se cae en la falacia de equivocación. Por ejemplo, si decimos: Amoo es un coche, los coches tienen cuatro patas, luego, Amoo tiene cuatro patas. Pero Amoo Hadji es el hombre más sucio del mundo que tiene 60 años sin bañarse. Aquí la palabra coche tiene dos referentes distintos.

La mecánica del silogismo se basa en la Ley de Identidad. La premisa "Chanon es mujer" constituye reconocer que la carpeta o archivo de información sobre mujeres se aplica a "Chanon". Ahora, la carpeta o archivo de información sobre mujeres, está conectada con la carpeta más amplia "animal", como se afirmó en la segunda premisa. Si la información sobre animales se aplica a las mujeres, y la afirmación sobre mujeres se aplica a "Chanon", eso implica que la información sobre animales se aplica a Chanon. La deducción hace explícito lo implicado. Negar que Chanon es un animal sería usar el archivo "mujer" inconsistentemente: como sub-archivo de "animal" y como no sub-archivo de "animal".

Lógica y el conocimiento como producto mental

El conocimiento es el darse cuenta de la identidad de las cosas, y la lógica nos dice cómo usar nuestra facultad conceptual para identificar lo que las cosas son.

La lógica aplica a todo nivel de funcionamiento conceptual: a la formación de conceptos, al juicio, y a la inferencia. La inferencia es el más avanzado de estos procesos. El gran descubrimiento de Aristóteles es el silogismo: el átomo del razonamiento deductivo.

Como vimos antes, el silogismo más simple tiene la forma de:

S es *M* y *M* es *P* entonces *S* es *P*, y el ejemplo fue: "Chanon es mujer y la mujer es animal, entonces Chanon es animal."

Aristóteles identificó, no sólo las reglas de la deducción silogística y la Ley de No Contradicción como estándar de la lógica, sino que el hecho de que la percepción que es lo evidente es la base y corte final de toda conclusión conceptual.

Los principios que formuló Aristóteles –Ley de Identidad; Ley de No Contradicción; y Ley del Tercio Excluso –son sobre el *objeto* de la cognición. La lógica, sin embargo también debe tomar en cuenta la naturaleza del *sujeto* que conoce. La identificación de este hecho y derivar sus implicaciones para la lógica es uno de los logros de Ayn Rand:

> *"Así como la existencia física del hombre se liberó cuando entendió el principio de que "la Naturaleza para ser comandada, debe ser obedecida", así se liberará su consciencia cuando entienda que la naturaleza para ser entendida, debe ser obedecida, que las reglas de cognición deben ser derivadas de la naturaleza de la existencia, y de la naturaleza, de la identidad, de su facultad cognitiva."* [IEO]

El conocimiento es un producto mental, y como todo producto, se produce trabajando con los materiales apropiados y siguiendo un método apropiado, de la misma forma que una computadora no se puede hacer de ladrillos, ni combinando los materiales adecuados, en la forma equivocada.

Igualmente, no se puede producir conocimiento a partir de errores, aproximaciones vagas, o fantasías. Tampoco se puede producir conocimiento a partir de verdades combinadas equivocadamente. Por ejemplo: "Todo hombre es humano; toda mujer es humano; luego todo hombre es mujer."

Para producir conocimiento se necesitan ambos: datos correctos y el método correcto de producción. Un procedimiento mental es lógico si y sólo si, si se adhiere a la identidad del material proveído por la realidad, por medio de la observación perceptual, y si se da de acuerdo a la identidad de la consciencia humana.

Un procedimiento mental, o producto mental, es ilógico si contradice, ya sea la realidad o los requerimientos de la cognición. El mecanismo cognitivo del humano es lo que es, y no puede funcionar contradiciendo su naturaleza. La naturaleza de la consciencia humana comprende dos hechos centrales para la lógica: la percepción es la base de toda cognición conceptual y, sólo se puede tener unas pocas unidades discernibles en nuestro marco de conocimiento. El conocimiento se basa en datos específicos, dados por la percepción. A partir de este conocimiento primario se forma conocimiento nuevo, incrementándolo paso a paso, en pasos que manejan pocas unidades, construyendo una espiral cognitiva que aumenta nuestro contexto de conocimiento.

El conocimiento empieza con el lugar donde uno se encuentra en el mundo, y con el tipo de información disponible que está dentro del rango que nuestro sistema puede percibir. Nuestros órganos sensoriales son sensibles a un rango específico de diferencias energéticas y no lo son a otros rangos –podemos percibir personas, mas no los átomos que las conforman.

El progreso de nuestro conocimiento se da y es posible por nuevas observaciones, observaciones de nuevas cosas y de nuevos aspectos de cosas ya conocidas. A partir de estas formamos conceptos que luego, combinados con nuevas observaciones nos llevan a formar otros nuevos conceptos. La observación y la conceptualización se refuerzan así mutuamente en un proceso en expansión.

Nuestros primeros conceptos, formados a partir de objetos percibidos, como 'mesa' o 'fuego', son producto de un proceso *infalible* que sólo requiere dirigir la atención al objeto en cuestión. No hay manera de formar erróneamente el concepto 'mesa'. Uno se da cuenta de las similitudes con otros objetos y de las diferencias de estos con otros más del entorno. Son evidentes. No hay fallo en la integración de conceptos como éste.

El mismo caso es con la aplicación de estos conceptos al formar las proposiciones simples como "esta es una mesa". Todo lo que se requiere es la atención mínima para identificar la cosa frente a uno y recordar lo que significa la palabra 'mesa'. El proceso es muy simple para requerir de una metodología. Pero para formar conceptos de nivel superior es indispensable adherirse a las leyes de la lógica para identificar los hechos objetivamente.

La identidad de la realidad y la identidad de la consciencia conceptual, exigen adherirse a dos hechos de la naturaleza cognitiva: el conocimiento es contextual y jerárquico.

Los dos mandamientos Objetivistas de la lógica son: *mantener el contexto y obedecer la jerarquía.*

El conocimiento y el contexto

Vimos que los dos mandamientos Objetivistas de la lógica son: *mantener el contexto y obedecer la jerarquía.* Peikoff define contexto como:

> "La suma de elementos cognitivos que condicionan a un elemento de conocimiento." [OPAR, 123]

Contexto –con + texto, es el texto, o estructura, o conjunto, o entorno de textos del que depende el significado del enunciado que rodean. El significado es, por tanto, contextual. Sin contexto, uno no sabe cómo interpretar una palabra aislada, como la palabra "uno" en esta oración. La naturaleza contextual del conocimiento refleja un hecho metafísico, al igual que uno epistemológico. Metafísicamente, la realidad es un todo interrelacionado, sin contradicciones, donde cada existente es parte de un mismo universo causalmente interconectado.

Epistemológicamente, la mente funciona relacionando cosas, detectando diferencias y similitudes en comparación con un fondo de contrastes. La consciencia perceptual es automáticamente contextual. La consciencia conceptual, empero, se forma eligiendo hacer el trabajo de integrar observaciones nuevas e ideas en la propia estructura de conocimiento. La formación de conceptos es claramente contextual, pues éstos se forman captando relaciones de similitud en contraste con un fondo de diferencias. Las proposiciones se forman relacionando un sujeto con un predicado que aplica el conocimiento comprendido en éste último al primero, y que además, lo integra en un contexto más amplio, ya que el predicado está conectado con otra información conceptual. Las teorías, principios, y toda ciencia se forman en un contexto y se aplican en ese contexto.

Hay que distinguir el proceso, del producto, del conocimiento. El proceso de captar y construir conocimiento es una actividad mental. El almacenamiento de ese conocimiento es físico, es una alteración de la red neuronal. Cuando uno capta dos o más elementos en el marco de nuestra consciencia y comprende cómo se relacionan, esta comprensión se almacena codificada físicamente por un tipo de cambio en el cerebro. Este cambio codificado en el cerebro *es* el conocimiento almacenado de una relación fáctica. Es el conocimiento como *producto* permanente, y potencialmente recobrable –se puede recordar –debido a una codificación neural permanente.

Sin embargo, esta habilidad del cerebro de almacenar mediante conexiones neuronales codificadas duraderas es de poca utilidad si se hace aleatoriamente. Cuando dos elementos de nuestro enfoque cognitivo se encuentran presentes simultáneamente por coincidencia, lo que almacena el cerebro, no es una conexión lógica, sino una asociación aleatoria.

Sólo un proceso consciente, bien razonado puede distinguir entre pura coincidencia y una relación lógica. Lo que se requiere, lógicamente, no es la asociación aleatoria, sino que la integración, producto de buscar la claridad y la precisión. La claridad y la precisión son prerrequisitos de la comprobación de que existe consistencia cognitiva. No se puede comprobar la coherencia de lo vago y poco claro con el resto del propio conocimiento.

Las asociaciones aleatorias cotidianas no son problema si uno las reconoce como tales. El que una melodía le recuerde a uno una persona, o que uno recuerde donde se encontraba cuando se dio un evento impresionante, como el terremoto de 1976, es normal y no ofrece problema alguno, a menos que uno crea que existe una relación causal entre ellos. Pero es obvio que no existe conexión lógica entre estos eventos. Sin embargo hay otras áreas en donde la gente puede confundir la correlación con la causalidad, detalles con esencialidades, familiaridad con universales.

Lo que separa al resto de animales del humano, es la habilidad de captar relaciones que van más allá de asociaciones aleatorias. Los animales conocen por asociación de concretos percibidos. Si un animal se quema con una llama, temerá y evitará cualquier cosa que sea perceptualmente similar. El humano en cambio, debido a que puede analizar los factores que hacen a la llama más o menos peligrosa, puede domeñarla y utilizarla para servir sus fines.

La lógica nos guía para conseguir un conocimiento claro y preciso de la naturaleza específica de las relaciones que existen entre las cosas. No nos quedamos sólo con "el fuego tiene que ver con cosas que se queman", sino que con "el fuego necesita calor, oxígeno y sustancias inflamables como combustible; hay materiales incombustibles que nos protegen de éste; se puede extinguir, dependiendo del combustible, con agua, arena, o espuma."

El humano, puede descomponer lo perceptualmente dado en características y componentes que identifica conceptualmente. El dominio que tiene de la naturaleza, viene de esta habilidad de elevarse al nivel conceptual, de usar los conceptos para analizar concretos, identificar, por medio de la lógica, factores causales, y así, usar las potencialidades naturales de las entidades para servir sus fines.

Todo elemento del conocimiento del humano está interrelacionado, y se consigue, mantiene y usa de acuerdo a su relación con el resto de su conocimiento. El conocimiento es una red de contenido discriminado e interrelacionado, y no pedazos esparcidos, adquiridos separadamente, quien sabe cómo. Expandir el conocimiento, nos dice Harry Binswanger, es como agregar piezas a un rompecabezas, donde cada nuevo elemento debe conectarse con el elemento adyacente, si ha de tener coherencia con, y sumarse al, todo. **El conocimiento pues, es una red creciente de material interconectado –eso es lo que quiere decir que el conocimiento es contextual.**

El contexto inmediato es el conocimiento directamente conectado a un elemento, como por ejemplo, el conocimiento de que Quiriguá está en Izabal, conecta este conocimiento con el de que Izabal es un departamento de Guatemala. El contexto más amplio es el conocimiento directamente conectado a un elemento y con aquel conocimiento relacionado a ese conocimiento, como por ejemplo, el conocimiento de que Quiriguá está en Izabal, que Izabal es un departamento de Guatemala, y que Guatemala es un país Hispanoamericano, etc. El contexto completo es la totalidad del conocimiento de uno en un tiempo determinado.

Como todo hecho se relaciona con todo otro hecho, aunque sea remotamente, uno debe integrar su conocimiento contextualmente en un todo no contradictorio. Rand lo expone de la siguiente manera:

> "Ningún concepto que forma el hombre es válido a menos que lo integre sin contradicción con la suma total de su conocimiento," [AS, pag. 1016] es decir, con su contexto cognitivo.

La lógica y el contexto

Continuemos entonces, con el proceso de integración, que para hacerlo bien, uno debe entender y seguir la regla de "identificación no contradictoria" que esencialmente constituye el razonamiento lógico.

Por ejemplo, ¿hay contradicción en la siguiente idea?: "Bajo el socialismo es imposible el cálculo económico." Esta pregunta no se puede responder con solo plantearla. Hay muchas preguntas que considerar antes para poder tratar lógicamente este asunto. Hay que examinar toda la ciencia de la economía y su base filosófica, la naturaleza del hombre, y conocimiento de historia, para llegar a una conclusión lógica.

Para integrar algo en el conjunto total del conocimiento de uno, hay dos etapas.

Primero, uno verifica la coherencia y consistencia del nuevo elemento con su "pariente más cercano" formando así su *contexto inmediato*. Uno debe preguntarse: ¿Cómo se relaciona esto con las cosas de la categoría subsiguiente más amplia, con su *genus*? ¿Cuál es la causa inmediata de la cosa y del conocimiento que uno tiene de ésta? ¿Cuáles son sus aplicaciones directas, así como sus implicaciones? ¿Cuáles son otros ejemplos o instancias de esto?

Lo que uno busca son conexiones y verifica posibles contradicciones.

La segunda etapa de integración es más amplia. Uno se establece una orden permanente de seguir el proceso de integración en el futuro, estando alerta para detectar aquella información adicional que pueda conectarse con lo concluido previamente.

La adopción de la citada medida de integrar información adicional, es decir, mantener el contexto, comprende, no solo a la aplicación sino también a la adquisición de conocimiento. Al aplicar conocimiento, uno debe poner atención en los detalles específicos del caso.

Los conceptos y las generalizaciones no pueden tratarse como fórmulas o regla memorizadas sin contexto. La aplicación del conocimiento, mecánicamente, contextualmente a ciegas, constituye la *falacia del accidente*. Un ejemplo de esta falacia reza así: "Cortar a la gente con cuchillo es un crimen. Los cirujanos cortan a la gente con cuchillo. Por tanto, los cirujanos son criminales."

Ayn Rand denominó la falacia más amplia como "botar el contexto": que es ignorar hechos disponibles que alterarían o contradecirían las propias conclusiones. Una manera de "botar el contexto" se ve en el comportamiento irrazonable. Una acción es irrazonable si se deriva de evadir las consecuencias a largo plazo. Por ejemplo el alcohólico que continúa su mal hábito engañándose con la afirmación de que a él, el abuso del licor no le hace daño. Es "botar el contexto" funcionar en base a visión de túnel que limita el rango de lo que uno ve al aquí y ahora. Toda acción que sacrifica el largo plazo al corto plazo es "botar el contexto."

Peikoff nos da un ejemplo de "botar el contexto" en su análisis del apaciguamiento de Hitler por Neville Chamberlain en la conferencia de München en 1938:

> *"Como ejemplo, considere el argumento de Neville Chamberlain a favor de apaciguar a Hitler después de la conferencia de Munich de 1938. "Hitler", dijo en efecto, "demanda Checoslovaquia. Si cedemos, su demanda será satisfecha. El resultado será la paz en nuestra era."*
>
> *El sr. Chamberlain trató la demanda de Hitler como un hecho aislado que debía tratarse con una respuesta aislada; para hacer esto, tuvo que botar una cantidad inmensa de conocimiento. No relacionó las demandas de Hitler al conocimiento, ya obtenido, de la naturaleza del nazismo; no preguntó por causas. No relacionó las demandas con su conocimiento de demandas similares por naciones agresoras o aún por matones locales a través de la historia; no pidió principios. No relacionó su propia política al conocimiento de la humanidad de los resultados del apaciguamiento; a pesar de múltiples indicaciones, no se preguntó si su capitulación, además de satisfacer a Hitler, también lo envalentonaría, aumentando sus recursos, alentando a sus aliados, socavando a sus oponentes, y así consiguiendo lo opuesto de su propósito declarado. Chamberlain no se preocupó de ningún aspecto de una situación compleja, más allá del único punto que eligió considerar aisladamente: que quitaría la frustración inmediata de Hitler."*

El resultado de haber botado el contexto lo conocemos: la segunda guerra mundial.

Entre más trabaja uno en la integración, mejor es el archivo y más fácil es integrar material nuevo. La labor de integrar se vuelve así, progresivamente, cada vez más eficiente. Y desde luego, uno no se pone a integrar aleatoriamente. Si uno ha formado sus conceptos apropiadamente, los archivos o carpetas mentales tendrán una estructura jerárquica, lo cual ayuda al proceso de integración.

La integración de una idea con el contexto completo es una actividad más compleja y demandante que la simple acción de combinar dos premisas en un silogismo. La integración apropiada consiste en un proceso a conciencia de verificar la idea contra los esenciales de todo el conocimiento de uno, buscando posibles contradicciones o datos en contra.

También requiere la integración apropiada, el compromiso de pensar de nuevo si en el futuro aparecieran hechos problemáticos o interesantes.

El que el conocimiento sea contextual, tiene implicaciones importantes para el campo de la epistemología:

1. El estándar para juzgar la validez de una idea debe tomar en cuenta la naturaleza contextual del conocimiento.
2. Ningún estándar cognitivo puede requerir que uno tenga más conocimiento del que es posible tener en una etapa determinada del desarrollo cognitivo.
3. Ningún estándar cognitivo puede requerir que para que uno tenga certeza, uno tenga que ser omnisciente.
4. Ningún estándar cognitivo puede invalidar o degradar el conocimiento actual por ser contextual.
5. El estándar cognitivo debe ajustarse a la realidad, y no empezar con una fantasía –la omnisciencia, ni rebajar lo que es real por referencia a lo arbitrario u onírico. [Binswanger 1981]
6. El estándar cognitivo debe juzgar por referencia a lo que es posible dentro del contexto de conocimiento disponible.
7. El hombre no puede saber más de lo que ha descubierto, y no

debe saber menos de lo que indica la evidencia, para que sus conceptos y definiciones sean objetivamente válidos.

Si una idea se fundamenta en la observación y está integrada sin contradicción con todo el conocimiento disponible, esa idea es válida.

Lógica y definición

Para formar conceptos hay que obedecer la necesaria jerarquía. La mayoría de personas forman, en los niveles superiores, sólo conceptos aproximados, es decir, palabras que imitan el uso que otros les dan. Tales aproximaciones no se pueden aplicar con precisión a sus unidades. Rand los llama "abstracciones flotantes."

Las "abstracciones flotantes" estropean la cognición. Como dice Rand:

> *"Partiendo del hábito mental de aprender palabras sin comprender su significado, las personas encuentran que les es imposible comprender abstracciones más elevadas. Su desarrollo conceptual consiste en condensar niebla sobre niebla, y ésta en una niebla todavía más densa, hasta que la jerarquía estructural de los conceptos se quiebran en sus mentes y pierde toda relación con la realidad."*[2]

Por ejemplo, hay gente que usa el concepto de nivel superior "libertad" –la condición del humano de vivir y actuar sin estar a merced de las decisiones arbitrarias de otras personas, al estar protegido por leyes dentro de una sociedad contractual o constitucional –sin entenderlo. Lo pueden aplicar a algunos concretos, como al entender que un esclavo en cadenas no es libre, pero al no haber pescado con claridad el concepto lo usan de formas muy extrañas, como cuando afirman "que uno no es libre porque tiene que trabajar", o "porque uno necesita de un avión para volar". O que uno "no es libre porque no puede hacer lo que se le dé la gana, ya que está limitado por los derechos de los demás".

También se da el caso de que violan la jerarquía conceptual, porque al no haber observado los pasos necesarios al formar un concepto,

[2] Rand, Ayn. *Introducción a la Epistemología Objetivista*. Pg. 75.

no lo pueden recordar al paso de los años. En este caso se cae en la falacia del "concepto robado".

El remedio para evitar tener "abstracciones flotantes" o "conceptos robados", es un buen proceso de hacer la definición.

Una definición es una aserción que identifica la naturaleza de las unidades subsumidas bajo un concepto.

El propósito de una definición es distinguir un concepto de todo otro concepto, y así, mantener sus unidades diferenciadas de todo otro existente, dándole así al concepto una identidad específica. Para lograrlo, debe cumplir con las reglas que vimos anteriormente:

1. La regla del género y la diferencia

La definición debe consistir de un género y una diferencia.
En términos Objetivistas, el género es la clase de cosas que tienen el Denominador Conceptual Común –DCC. La diferencia es un rango de mediciones dentro del DCC. La definición debe consistir sólo de un género y una diferencia como en: "mujer es el humano (género) femenino (diferencia). No es correcto decir: "Mujer es el humano femenino como mi madre." Ni es correcto: "Mujer es el humano".

2. La regla de referencia

La definición debe especificar un grupo de referentes en la realidad.
Hay cuatro formas de violar esta regla: Sinonimia, circularidad, vaguedad y metáfora. Un ejemplo de sinonimia es: "El hombre es un ser humano." Circularidad es cuando A se define en términos de B, cuando B se debe definir en términos de A, por ejemplo: "Arte es lo que hace un artista." Un ejemplo de vaguedad es: "Arte es la expresión de sentimientos." Y un ejemplo de metáfora es: "Arquitectura es música congelada."

3. La regla del ámbito

La definición debe tener el mismo ámbito que el concepto que define.
La definición no debe ser ni muy amplia ni muy estrecha. El punto aquí es la verdad de la definición. Una definición que es muy amplia es falsa

en tanto definición, pues implica que hay cosas que son unidades sin serlo: "Una ensalada es un plato de comida que lleva lechuga." Implica, por ejemplo, que una hamburguesa con lechuga es ensalada.

Por otro lado, una definición que es muy estrecha es falsa en tanto definición, pues implica que algunas cosas que son unidades no lo son: "Un vaso es un recipiente de vidrio, de forma cilíndrica que sirve para beber." Implica que un vaso de plástico no es vaso.

Una definición también puede ser muy amplia y muy estrecha a la vez: "El hombre es un animal blanco." Excluye a los que no son caucásicos, e incluye a los osos polares.

Una definición es precedida por la formación conceptual. Antes de formar la definición de un concepto, sabemos cuáles son sus unidades. Partimos de la observación de la realidad, y no de definiciones como pensaba Platón. La definición es el último paso en la formación del concepto. La definición señala de forma explícita la similitud en la observación de similitudes y diferencias. El repositorio mental del concepto antecede a la etiqueta con que lo identificamos. Primero uno tiene en mente las unidades del concepto y luego hace uno la definición del mismo.

4. La regla de fundamentalidad

La definición debe aseverar las características distintivas fundamentales. Esta regla se hace necesaria cuando hay varias características que podrían servir para aislar las unidades del concepto de otros existentes dentro del género. Por ejemplo, el humano tiene la habilidad de hacer instrumentos, de razonar, de hablar, de imaginar. ¿Cuál de estas características distintivas, se debería usar como diferencia en la definición de "humano"? Pues la característica esencial de los referentes del concepto, la que es *fundamental,* la que causa o explica el mayor número de las otras características.

La definición "el humano es el animal que hace instrumentos", viola la regla de características distintivas fundamentales, porque la habilidad del humano de hacer instrumentos es una consecuencia de su habilidad de usar su razón. Lo mismo sucede con la definición "el humano es el animal que habla un lenguaje", porque la habilidad del humano de hablar un lenguaje se explica por su habilidad de formar conceptos, es decir, de usar su razón. Así que la regla de características distintivas fundamentales dicta que la definición deba ser: "El humano es el animal racional".

5. La regla de economía de unidades

La definición debe ser un predicable único y económico.
La definición no es un sumario exhaustivo de las características de las unidades, ni un sustituto del concepto. Es una herramienta cognitiva, un medio de recordar rápidamente la naturaleza de las unidades, como la etiqueta en la carpeta del archivo, que nos informa de su contenido. La definición debe ser corta. Entre más corta, más condensada es, y por tanto, mejor. Al ser corta le da preeminencia al género, lo que ayuda a organizar los conceptos en una serie progresiva de géneros más amplios. La definición: "el humano es el animal cuya facultad de darse cuenta, le permite, desde su infancia hasta su edad senil, formar y usar conceptos", es una definición que evidentemente no sirve como etiqueta para el archivo de "humano". Viola la regla de economía de unidades.

Estas cinco reglas no son arbitrarias. Son lo que se necesita para que la definición haga su función, que es permitirle a uno saber de qué está hablando, es decir, a que cosas se refiere uno y cuál es su característica esencial. Las definiciones le permiten a los conceptos funcionar como conceptos, en lugar de como abstracciones flotantes o sonidos inarticulados.

La jerarquía del conocimiento como un tipo de contexto

La jerarquía es un orden de dependencia. La jerarquía del conocimiento es un orden de dependencia epistémica, es una estructura lógica, de razón, y no una estructura que existe en el mundo real independiente de la acción humana. La jerarquía cognitiva es el orden necesario para adquirir y formar conocimiento. Es la dependencia necesaria cuando para aprender B es prerrequisito saber A. La dependencia es una dependencia causal, pero no física, sino que epistemológica: de las operaciones cognitivas. La jerarquía es de como *cierto conocimiento* hace posible *otro conocimiento.*

Por ejemplo, para formar el concepto de "abuela", primero hay que formar el concepto de "madre", y sólo después comprende uno el de "abuela" como "madre de la madre". La jerarquía, que es epistemológica es al revés de la secuencia existencial donde la mujer, que es abuela existe primero que la mujer que es hija, y luego madre.

Otro ejemplo, para calcular una cáscara de concreto es necesario hacerlo por el sistema de elementos finitos, para lo que es necesario saber cálculo diferencial y matrices, para lo que se necesita saber álgebra, para lo que es prerrequisito saber aritmética.

La jerarquía, aunque epistemológica, refleja dos hechos metafísicos:

Primero, el rango de cosas que pueden percibir directamente los sentidos es algo metafísicamente dado.

Segundo, algunas diferencias son demasiado grandes para acomodarlas en nuestra limitada capacidad. Dado que existe un límite, metafísicamente dado, al número de unidades que el humano puede enfocar simultáneamente, es necesario un sistema de clasificación para manejar una gama de datos percibidos que se vuelve demasiado grande para que el cerebro pueda manejarlos. Llamaré a este hecho: Epistemología de LES (Límite de Enfoque Simultaneo).

Un ejemplo del primer hecho es, que no podemos ver la composición atómica del humano. Ese es un conocimiento que debemos derivar paso a paso en una progresión cognitiva cada vez más amplia.

Un ejemplo del segundo hecho es, que como las diferencias entre "árbol" y "humano" son más numerosas y extensivas que las que hay entre "humano" y "mono" y "perro", para integrar "humano" y "árbol" en "organismo", necesitamos unos pasos, cognitivamente comprensibles y compactos dentro del rango de nuestra "epistemología del límite de enfoque simultaneo, o LES", que nos ayuden a avanzar en la cognición. Primero debemos formar y familiarizarnos con los conceptos "animal" y "planta" para poderlos contrastar con cosas inertes como rocas. Los conceptos intermedios son condensaciones que crean el contexto para comprender como y en qué sentido, es que los humanos y los árboles son entes similares.

Un ejemplo de como la epistemología de LES necesita de una secuencia de condensaciones, y por lo tanto de contexto jerárquico para alcanzar conceptos más complejos, se da en la concepción de los números. Para pescar el concepto "millón" un niño debe primero formar los conceptos "uno a diez"; luego "cien" como diez dieces; luego "mil" como diez cientos; hasta "millón" como mil miles.

Otro ejemplo: para formar el concepto de "libre", primero hay que formar el concepto de "esclavo", y el de "amo" como propietario de otro ser humano. "Libre" significa no ser esclavo. Se debe comprender que "libertad" sólo se refiere a relaciones interhumanas. Que un humano es "libre" en tanto pueda vivir y actuar sin estar a merced de las decisiones arbitrarias de otras personas. Que para mantener su libertad, necesita que esa condición se proteja de quienes pretendan esclavizarlo. Que necesita de un cuerpo político que sirva al propósito de proteger su libertad. También debe captar que ese cuerpo político es la sociedad constitucional o estado de derecho o nomocracia. Que ésta es una asociación voluntaria de individuos con el propósito de proteger a cada asociado del intento de otro de imponer coercitivamente su voluntad. Que esa nomocracia necesita de un órgano que tenga la fuerza para hacer cumplir el cuerpo de leyes destinados a proteger la libertad de cada uno de los asociados, protegerlos de otros asociados que quieran quitarle su libertad, y de individuos ajenos a la sociedad –extranjeros. Entonces se puede comprender el concepto de "libre", que es la condición del humano de vivir y actuar sin estar a merced de las decisiones arbitrarias de otras personas, al estar protegido por leyes dentro de una sociedad contractual –constitucional. El concepto no tiene sentido sin el de sociedad del cual es correlativo.

La jerarquía es el aspecto estructural del contexto. La jerarquía es el contexto de las dependencias epistémicas. Por ejemplo, "libro" y "revista" son conceptos relacionados de un contexto, el de "publicaciones". Pero no hay jerarquía entre "libro" y "revista". Uno no necesita formar el concepto "libro" basado en haber formado el concepto "revista", o viceversa. Sin embargo, el concepto "librería", no sólo está contextualmente relacionado al concepto "libro", sino que depende jerárquicamente de éste.

Conceptos inválidos

La definición es contextual, es una condensación de conocimiento, conocimiento de las unidades de un concepto y de su lugar en la estructura cognitiva de uno. Y el conocimiento no es una suma congelada, sino que crece con el desarrollo del individuo. Por tanto, para que las definiciones funcionen como condensadores óptimos de conocimiento, deben expandirse para estar al día con el contexto en expansión del conocimiento. Se establece en un contexto dado de conocimiento, y se debe juzgar por referencia al contexto del conocimiento en que se usa. Un conocimiento más amplio o más profundo de las unidades requiere un cambio correspondiente en la definición del concepto.

Si uno sigue *las reglas de la definición,* uno habrá formado un *concepto válido.* Los que uno forma, o son conceptos correctos o no lo son, es decir, una conceptualización dada o es pro-cognición o anti-cognición. Al respecto Rand nos dice:

> "Hay tal cosa como conceptos inválidos, es decir, palabras que representan intentos de integrar errores, contradicciones o proposiciones falsas, tales como los conceptos que se originan en el misticismo –o palabras sin definición específica, sin referentes, que pueden significar cualquier cosa a cualquiera. Un concepto inválido invalida toda proposición o proceso de pensamiento en el que se usa como afirmación cognitiva."[3]

Los dos errores que producen conceptos inválidos son: 1) hacer un concepto para unidades que no existen, o 2) hacer un concepto que usa un estándar inválido, dando por resultado una mala clasificación de unidades.

---

[3] Rand, Ayn. *Introducción a la Epistemología Objetivista*, pg. 48.

1. Conceptos sin unidades

Conceptos sin unidades son aquellos que tratan de referirse a lo contradictorio o lo arbitrario. La comprobación de la validez de un concepto consiste en verificar si se puede reducir a la realidad perceptible. Si un concepto no se puede reducir a una base perceptual, éste es un error, una distorsión, una fantasía.

2. Conceptos que clasifican mal las unidades

Conceptos en esta categoría tratan con fenómenos que si existen, pero los organizan mal, clasificándolos de una manera que es confusa, engañosa, es decir, anti-cognitiva. Para validar un concepto, uno debe preguntar: *¿Qué hechos de la realidad establecen la necesidad de tal concepto?*

Rand enfatiza que los conceptos no deben multiplicarse más allá de lo necesario, ni hay que integrarlos despreciando la necesidad. Este postulado se conoce como la "Navaja de Rand." La necesidad a la que se refiere, consiste en la complejidad descriptiva de un grupo dado de existentes, la frecuencia de su uso y los requerimientos de la cognición del estudio ulterior, que son las razones principales para la formación de nuevos conceptos. De estas razones, los requerimientos de la cognición son los más importantes.

Rand describe los tipos de conceptos cuya formación es necesaria según los anteriores criterios así:

> "Existe en la periferia del vocabulario conceptual del hombre, una gran cantidad de latitud; en la periferia del vocabulario conceptual del hombre, un área ancha donde la elección es opcional, pero en lo que atañe a ciertas categorías fundamentales de existentes la formación de conceptos es forzosa. Esto incluye categorías tales como: a) los concretos percibidos con los cuales los hombres tratan a diario, representados por el primer nivel de abstracciones; b) los nuevos descubrimientos de las ciencias; c) los nuevos objetos producidos por el hombre que difieren en sus características esenciales de objetos previamente conocidos (por ejemplo "la televisión"); d) las relaciones humanas complejas que

> involucran combinaciones de comportamientos físicos y psicológicos (por ejemplo: "matrimonio", "ley", "justicia")."[3]

Como los conceptos se automatizan, el automatizar conceptos innecesarios intensifica el caos cognitivo y su poder destructivo. El concepto sustituye con una palabra el enorme agregado de percepciones de entidades que subsume. Para realizar esta función de reducción de unidades, la palabra tiene que ser automatizada en la conciencia humana, de manera que la enorme suma de sus referentes debe estar inmediatamente a disposición de la mente consciente cuando use ese concepto, sin que requiera una visualización perceptual o un resumen mental, de la misma manera en que el concepto "100" no requiere que se visualicen cien rayas cada vez que se lo usa.

Los conceptos que violan la *Navaja de Rand,* son o "división falsa" o "integración falsa". Una división falsa es una subdivisión basada en diferencias no esenciales. Se enfocan en diferencias superficiales, cognitivamente insignificantes, a expensas de similitudes fundamentales. Por ejemplo, el concepto "rubaz" que significa: "rubias bellas con ojos azules, 1.67 de altura y 24 años de edad", es una clasificación que no ofrece ninguna ganancia cognitiva.

Por otro lado, una "integración falsa", es una ampliación basada en similitudes no esenciales. Se enfocan en similitudes superficiales, cognitivamente insignificantes, a expensas de diferencias fundamentales. Por ejemplo, la definición de "libertad" de Bertand Russell, como: "la ausencia de obstáculos para la realización de los deseos de uno", en lugar de "la condición del humano de vivir y actuar sin estar a merced de las decisiones arbitrarias de otras personas, al estar protegido por leyes dentro de una sociedad contractual o constitucional". La integración falsa de Russel da lugar a pensamientos erróneos como suponer que un hombre no es libre entonces, si la falta de voluntad de una mujer de salir con él constituye un obstáculo para satisfacer sus deseos; o no es libre porque tiene que trabajar, porque su deseo es poder vivir sin trabajar.

---

[4] Rand, Ayn. *Introducción a la Epistemología Objetivista,* pg. 71

Todo concepto que se usa en una proposición debe ser válido, pues un concepto inválido convierte en defectuosa a cualquier proposición o juicio que lo usa.

La proposición defectuosa por conceptos inválidos

La proposición es una combinación gramaticalmente estructurada de conceptos para identificar a un sujeto por medio de un proceso de inclusión o exclusión de medidas.

Una proposición puede ser falsa, al afirmar que algo, el sujeto, es o tiene características que en realidad no tiene. O puede ser verdadera si describe lo que el sujeto en realidad es o tiene. Al hacer juicios o proposiciones, siempre está el asunto de la verdad. La proposición o juicio debe necesariamente ser o verdadera o falsa.

La percepción está amarrada al tiempo, pues es darse cuenta del estado presente de las cosas. El concepto es abierto en relación al tiempo, pues se aplica a unidades futuras, lo que se aprendió de unidades pasadas. La proposición es el medio de hacer eso. Afirmar de alguna cosa, *"S es P"*, no es meramente afirmar "este *S* parece *P* aquí y ahora", sino que afirmar lo que "*S*" es en realidad a lo largo de toda condición de percepción presente, pasada o futura. Afirmar que las montañas distantes son azules es un error, pues predice falsamente que de cerca se verán azules. Esa predicción resulta contradecir la realidad de la percepción posterior, cuando uno llega a dichas montañas. De la misma manera, afirmar que el lápiz dentro del agua está doblado, es predecir un estado de cosas que se ve contradicho por la percepción posterior al sacarlo del agua. Las proposiciones correctas no niegan que las cosas puedan cambiar, pero el lápiz no cambia de forma al sacarlo del agua. "El lápiz está doblado" fue falso todo el tiempo.

Las proposiciones son falibles porque juzgar es aplicar un predicado, que es un concepto y por tanto abierto en relación al tiempo. Los conceptos son tras-temporales, pues integran e implican como una cosa es, fue y será a través de toda condición. Al usarlos para hacer identificaciones conceptuales, uno tiene que integrar lo que percibe en un momento dado con lo que percibe en otro tiempo.

Un juicio que contiene o implica una contradicción es falso. De hecho, lo falso es precisamente la contradicción. No hay contradicciones en la realidad. La realidad no es contradictoria. Uno jamás percibe una contradicción. Jamás percibe uno un A que no es A.

Una contradicción en nuestro juicio significa una inconsistencia. Significa que en un momento dado uno juzga "esto es A", pero en otro momento uno juzga de la misma cosa, que no ha cambiado, "esto no es A". La inconsistencia significa que uno de los dos juicios es errado. En el nivel perceptual no existe tal cosa como "inconsistencia". Ésta se da en el nivel conceptual. Lo que la hace posible es la naturaleza tras-temporal y abierta de los conceptos. Subsumir algo bajo un concepto implica que es, en lo que es relevante, lo mismo que las otras unidades del mismo; si es diferente, en lo que es relevante, haberlo subsumido es un error.

Por tanto, el estándar de verdad de una proposición es la consistencia o sea la no contradicción. Como dice Rand:

"Ninguna proposición que forma el hombre es verdadera si no puede integrarse sin contradicción con la suma total de su conocimiento."

Hay que distinguir la verdad o falsedad de una proposición de la validez o invalidez de su formación. La verdad y la validez están íntimamente interrelacionadas: La verdad de una proposición depende de la validez con que se formó, y la validez depende de la verdad de proposiciones anteriores. La proposición se forma combinando conceptos, por lo que una proposición válida consiste de conceptos válidos combinados válidamente. Si las partes conceptuales son inválidas y/o si se han combinado ilógicamente, el resultado es una proposición defectuosa. El resultado es una cadena de palabras que no hacen una afirmación inteligible.

Para que la proposición tenga un significado definido, debe atribuir un predicado, conceptualizado apropiadamente, a un sujeto claramente designado y apropiadamente conceptualizado. Además, para que la proposición tenga significado cognitivo, debe basarse en evidencia y no en fantasías. Proferir oraciones basadas en "yo siento" o "¿por qué no creer que…? O "me vino en un sueño", es pronunciar proposiciones defectuosas, y no afirmaciones cognitivas, pues no se basan en evidencia alguna. Tales pronunciamientos están fuera del ámbito del conocimiento. No son ni verdaderas ni falsas, sino que arbitrarias.

Todo concepto que se usa en una proposición debe ser válido, pues un concepto inválido convierte en defectuosa a cualquier proposición o juicio que lo usa. Supóngase que usamos el concepto inválido "biángulo" –'polígono de dos lados', para formar la oración: "Todo biángulo puede ser grande o pequeño." El asunto de que si es verdadera o falsa, ni siquiera surge aquí. Dado que el concepto inválido "biángulo" es uno que carece de unidades, la oración: "Todo biángulo puede ser grande o pequeño", ni siquiera hace surgir la cuestión de si es falsa o verdadera, porque ya de por sí, "biángulo" es una contradicción y no existe unidad alguna que pudiera ser grande o pequeña.

Conceptos, que si estuvieran bien definidos serían válidos, mal definidos se vuelven inválidos, como la definición de "libertad" de Bertand Russell: "la ausencia de obstáculos para la realización de los deseos de uno". Al usarlos así en una proposición, la hacen defectuosa.

Conceptos inválidos en este caso se pueden dar por dos razones:

1. Por estar mal definidos.
2. Por estar no definidos.

"Libertad" es un concepto que puede definirse bien, puede tener una definición lógicamente válida, pero la definición de Russel, invalida cualquier uso que se haga del término. Dada la definición de Russel de "libertad", si él dijera: "La libertad es buena", haría a esta proposición una proposición defectuosa ya que estaría afirmando: "la ausencia de obstáculos para la realización de los deseos de uno es buena". ¿Es buena la ausencia de obstáculos, si estos sirven para evitar el robo de propiedades? El concepto inválido por mala definición hace inservible la proposición.

Lo mismo sucede cuando alguien usa algún término sin entenderlo adecuadamente. Por ejemplo, quien dice: "El amor es la solución a todos los problemas", muestra que quien la pronuncia no tiene claro el concepto de "amor", no tiene definido el término, y por tanto no tiene sentido establecer la falsedad o verdad de su afirmación. Para quien así afirma, el "amor" es una abstracción flotante combinando en un paquete una emoción con un remedio.

Es menester tener términos o conceptos claros, sin ambigüedad, bien definidos, para hacer afirmaciones cognitivas al combinar dichos conceptos. Si los componentes son defectuosos, también lo será la combinación de estos.

La proposición defectuosa por combinación inválida de conceptos

La proposición es una combinación gramaticalmente estructurada de conceptos para identificar a un sujeto por medio de un proceso de inclusión o exclusión de medidas.

Como hice ver en mi artículo anterior, una proposición puede ser falsa, al afirmar que algo, el sujeto, es o tiene características que en realidad no tiene. O puede ser verdadera si describe lo que el sujeto en realidad es o tiene. Al hacer juicios o proposiciones, siempre está el asunto de la verdad. La proposición o juicio debe necesariamente ser o verdadera o falsa.

Aún, cuando cada concepto usado en una proposición sea válido, ésta puede ser defectuosa si se combinan mal dichos conceptos. Para que una proposición sea válida por combinación apropiada de conceptos, debe satisfacer tres requerimientos:

1. Requerimiento gramatical
2. Requerimiento de consistencia
3. Requerimiento de referencia

El primer requerimiento de una proposición válida, es que esté formulada, tanto gramatical y sintácticamente, en forma correcta. Una proposición mal formulada es cognitivamente ininteligible. Por ejemplo: "Chanon le dijo a su tía que ella estaba trabajando muy duro." ¿Qué quiso decir Chanon? ¿Quién estaba trabajando muy duro, Chanon o su tía?

Otro ejemplo es la pregunta que formula Heidegger: "¿Por qué hay algo en lugar de nada?" Heidegger usa mal el término "por qué". Lo que dice esta pregunta es: "Cuál es el algo que causa que haya algo en lugar de nada", lo que es totalmente ininteligible. También trata "nada" como si fuera algo, en lugar de como la ausencia de un objeto delimitado, como cuando uno dice "no hay nada en mi bolsillo", refiriéndose a la ausencia de monedas.

Otro ejemplo, la pregunta que le formula Verónica, quien barre el piso, a Chanon, quien lee una revista: "¿No te molesta el verme trabajar así?" ¡Oh sí, por supuesto! exclama Chanon. ¿Entonces, por qué no haces algo al respecto? Pregunta Verónica. Entonces Chanon se va. El problema aquí es el mal uso del término "verme", que permite varias interpretaciones, y claro Chanon escoge irse para no ver trabajar a Verónica.

Un ejemplo más, es la afirmación de John Stuart Mill: "... la felicidad de cada persona es el bien para esa persona, y la felicidad general, por tanto, es el bien del agregado de todas las personas".

¿Qué quiere decir "el agregado de todas las personas"? El "agregado de todas las personas" se lee aquí como si fuera un organismo sensible que tiene sus propios fines, valores y emociones. Esta proposición defectuosa es ininteligible.

El mismo error se da en todas esas nociones de que la "sociedad" es una entidad capaz de proveer beneficios a sus miembros, donde el "bien común" o "interés público" es algo que requiere el sacrificio de los interéses de individuos que están excluidos del "público". Estas afirmaciones son proposiciones defectuosas, y no deben ser tratadas como si expresaran algo definitivo que pueda ser verdadero o falso.

El segundo requerimiento de una proposición válida es la consistencia. La proposición debe ser lógicamente consistente en el sentido de que el predicado no contradiga al sujeto, como en "el círculo es cuadrado"; y además, debe ser consistente con su propia jerarquía conceptual, es decir, no debe usar conceptos de modo tal que contradigan el conocimiento que se requiere para formarlos.

Ese tipo de contradicción resulta en la falacia del concepto robado, que es una forma de inversión jerárquica, pues pretende usar un concepto derivativo en una forma que contradice su propia presuposición, es decir, que niega o ignora conceptos anteriores que se requieren para poder entender y usar el concepto en cuestión. Por ejemplo: "Arte es lo que hace un artista." Dicha proposición, "arte es lo que hace un artista", es inconsistente, porque el concepto robado "artista", es un concepto que sólo se puede captar en relación con "arte", es decir, si uno sabe previamente lo que es "arte."

Otro ejemplo es: "Las leyes de la lógica son arbitrarias", donde se obvia que lo "arbitrio" es un concepto que sólo tiene sentido al distinguirlo de lo lógico.

O la proposición, "no puede probar que la razón es válida", donde se obvia que el concepto "prueba" sólo se puede captar como un proceso de razonamiento.

O: "rechazo la existencia de la consciencia", ignorando que "rechazo" es un acto de la consciencia.

O la proposición de Proudhon, "la propiedad es robo", donde se obvia que el concepto "robo" sólo se puede captar como tomar por la fuerza la propiedad de su legítimo dueño.

Un ejemplo más: "el universo se mueve", donde se obvia que el "movimiento" es cambio de lugar, y "lugar" se define por lo que lo rodea; y como el universo es todo, nada lo rodea, y por lo tanto no tiene un lugar.

O la proposición marxista de Marta Harnecker: "El trabajo humano es el que permite arrancar a la naturaleza sus riquezas y luego transformarlas en objetos útiles a la sociedad", ignorando que los recursos naturales no constituyen riqueza, que son escasos e inusables en su estado natural; que la riqueza se crea por medio de la producción y del intercambio de bienes y servicios demandados, es decir, aquellos que la gente valora. Que para saber qué es lo que la gente valora se necesita un medio de comunicación –el sistema de precios; que para que se dé un sistema de precios se necesita propiedad privada y libertad de disponer de esta como al propietario se le antoje. Si se produce bienes o servicios que nadie valora, no se da el intercambio de bienes y servicios, y por lo tanto no se agrega valor a nada, no se produce riqueza. Lo que se produce es basura.

Igual es con la afirmación, también socialista, de que "las empresas internacionales, como las mineras, vienen a robarnos nuestra riqueza natural", donde además de ignorar lo dicho anteriormente sobre la riqueza, se ignora el hecho de que "nosotros no somos propietarios de lo que es de otro". Lo mismo sucede con afirmaciones como: "todos somos dueños del centro de la ciudad, porque es nuestra ciudad, y queremos que se conserve tal como está, para que sea un testimonio histórico."

El tercer requerimiento para hacer una combinación válida de conceptos es que sean referenciales. La proposición debe designar a un sujeto o a un predicado, de lo contrario nos encontramos con términos sin referencia. Por ejemplo: "el rey actual de Francia es calvo", o "ese hombre es el sobrino del rey de Francia".

Como no hay rey en Francia, la combinación de conceptos en la oración no se refiere a cosa alguna. Por lo tanto, esta oración no es una proposición, no es un juicio, sino una oración defectuosa, que no es ni verdadera ni falsa, pues no identifica o falla en identificar algún aspecto de la realidad. Equivale a decir "quien no existe es calvo", o "este hombre es el sobrino de quien no existe".

Otro ejemplo de la violación del requerimiento de referencia se encuentra en las afirmaciones auto- referentes. Por ejemplo: "Esta afirmación es falsa".

Pareciera que es una paradoja, porque si es verdad, entonces es falsa; y si es falsa, entonces es verdad. Pero lo que en realidad sucede es que no tiene referencia alguna, no es una proposición, no es ni verdadera o falsa, no hace ningún juicio.

Es más fácil ver la violación del requerimiento de referencia en esta variante de la misma: "Esta afirmación es verdad". ¿Cuál es la afirmación? ¿Qué afirma? ¿Qué es lo que es verdad? Para ser verdadera o falsa una afirmación –que es un juicio, debe referirse a algo que afirma. Sólo entonces se puede evaluar si su contenido corresponde o no con el estado de cosas de la realidad. La forma de esta oración defectuosa que pretende pasar por proposición, "Esta afirmación es verdad", o "esta afirmación es falsa" es:

S es *P donde S*= {*S1* es *P1*} → "Esta '*S1* es *P1*' es verdad o falsa".

El problema aquí, es que no hay '*S1* es *P1*'. El término sujeto 'afirmación' no tiene referentes. Es decir, en dicha oración no hay 'afirmación' alguna, y por lo tanto nada que pueda ser verdadero o falso. Tanto la oración "Esta afirmación es verdad", como la otra, "esta afirmación es falsa", no dicen nada, porque no hay ninguna 'afirmación'. El sujeto en lugar de ser {*S1* es *P1*}, lo que sería una afirmación, es {0}, nada.

Una proposición válida debe tener un significado claro y no uno ambiguo. Debe afirmar que su sujeto existe y posee las características conceptuadas por su predicado. Esto exige que tanto el término sujeto como predicado sean conceptos válidos, válidamente definidos, y que estén organizados de manera que sean inteligibles.

Lógica y verdad

Toda afirmación, si y sólo si, es una proposición, es necesariamente verdadera o falsa. Una proposición, es necesariamente válida, si y sólo si, los conceptos que combina son válidos y si cumple con los tres requerimientos:

1. Requerimiento gramatical
2. Requerimiento de consistencia
3. Requerimiento de referencia

La 'verdad', dice Rand, en el capítulo "Definición" de su libro Introducción a la Epistemología Objetivista es:

> "... el producto de reconocer (es decir, identificar) los hechos de la realidad. El hombre identifica e integra los hechos de la realidad por medio de conceptos. Retiene los conceptos en su mente por medio de definiciones.

> Organiza los conceptos en proposiciones, y la verdad o falsedad de sus proposiciones se basa, no solo en su relación con los hechos que asevera, sino que también en la verdad o falsedad de las definiciones de los conceptos que usa para su aseveración, que se basan en la verdad o falsedad de sus designaciones de características esenciales."

Por lo tanto, aunque se describe a una proposición verdadera como aquella que "corresponde con los hechos de la realidad", la verdad no es meramente un tipo de relación entre proposición y hechos, sino más bien, una relación entre todo lo que significa la proposición –los conceptos que ésta combina y su validez, su relación gramatical, de consistencia y de referencia –es decir, es una captación mental, un darse cuenta de los hechos en una relación contextual dada.

Captar o darse cuenta de la realidad no es tener una serie de respuestas aisladas a una serie de estímulos aislados; es una actividad constante y comprehensiva, es decir, global de diferenciación e integración. Los conceptos y proposiciones, producto de esa actividad, no son artículos o unidades aisladas que se producen en una línea de ensamblaje, sino que unidades interrelacionadas producto de un crecimiento orgánico.

Las proposiciones se forman a partir de un contexto, y su significado depende de ese contexto. Ninguna proposición tiene significado o existe fuera de contexto. Toda declaración o afirmación anterior a la proposición constituye su contexto de fondo o de antecedentes, que le dan y determinan su significado. Parte de ese contexto de fondo o de antecedentes, que le dan y determinan el significado a la proposición es jerárquico. Recordemos que las proposiciones se forman a partir de conceptos, y la mayoría de proposiciones dependen jerárquicamente de conclusiones anteriores. Si las conclusiones o unidades jerárquicamente anteriores fueran diferentes, la proposición, aunque se expresara con las mismas palabras, tendría un significado diferente –sería una proposición diferente.

Por ejemplo, la proposición: "mentir es malo" tiene significados distintos dependiendo de la ética y la metafísica que le provee el contexto de fundamento. Si el contexto es religioso, "malo" significa "contrario a los designios de Dios"; si el contexto es Objetivista, "malo" significa "que destruye la vida humana en este mundo".

El contexto religioso establece que la base del juicio moral es la voluntad de un ser sobrenatural; en cambio, el contexto Objetivista establece que la base del juicio moral es el orden causal natural. De tal manera que la proposición "mentir es malo", expresado con las mismas palabras, difiere drásticamente en significados, tanto, que de hecho son dos proposiciones muy distintas.

Para juzgar si una proposición es verdadera o falsa, uno debe conocer su significado, el cual depende de todo el contexto cognitivo del cual es consecuencia. Al considerar si la proposición es verdadera, uno no puede ni debe desligarla de su contexto cognitivo.

La verdad es una relación que tiene una parte de un todo cognitivo con los hechos de la realidad, cuando esa proposición expresa en términos conceptuales un reconocimiento de esos hechos.

Una proposición es falsa cuando contradice cualquier hecho. Por ejemplo, "este círculo es cuadrado", o "la mariposa es psicodélica", o "Tokio es la capital de China", o "no existen los absolutos".

De hecho, proposiciones como "no existen los absolutos", son el tipo de falacia que Rand llamó la "falacia de auto-exclusión". Se comete esta falacia cuando la afirmación de la proposición contradice su propio contenido, de tal manera que quien la pronuncia excluye ilícitamente su pronunciamiento de lo que afirma. La falacia "no existe verdad absoluta" se afirma como una verdad absoluta.

Otro ejemplo de "falacia de auto-exclusión" es la afirmación marxista: "Todo pensamiento está determinado, no por consideraciones objetivas lógicas, sino por los factores materiales de producción", que implicaría que también esta afirmación misma estaría determinada por los factores materiales de producción y no por la lógica.

Otro ejemplo: "El hombre no puede saber nada con certeza", se afirma con certeza. O, el "sólo sé que no se nada" de Sócrates, afirma un conocimiento. O cuando un amigo filósofo exclama: "¿Cómo podemos estar seguros de que existimos? O en su variante: "Yo no existo."

También la forma en que se pronuncia un juicio: "Eso es un juicio de valor", condenándolo moralmente por el tono, es a la vez un juicio de valor.

Los psicólogos freudianos suelen decir: "Todo pensamiento no es más que la racionalización de impulsos inconscientes", lo que implica que esta afirmación también lo es. O, algún neurocientífico trata de excluir sus afirmaciones cuando sostiene que la estructura genética del cerebro dicta toda acción humana. ¿Qué hay de la búsqueda de la verdad en la neurociencia entonces?

Una afirmación es falsa cuando contradice cualquier hecho, incluyendo su propio pronunciamiento.

Para que una proposición sea verdadera, ésta debe ser lógica, es decir, formalmente válida, y ser la conclusión de una cadena de procesos lógicos, basados en la percepción, e integrable sin contradicción con todo lo que uno sabe.

Hay una diferencia en perspectiva entre lo lógico y lo verdadero. Lo lógico se refiere o enfoca en el proceso, y lo verdadero en el producto de este proceso, específicamente de la relación de este producto con los hechos de la realidad.

Una proposición verdadera es aquella que es lógicamente válida y que expresa conocimiento del hecho. Ese conocimiento se consigue cuando la proposición se basa en observaciones previas, conceptualizaciones, e inferencias.

Una proposición verdadera es aquella que es lógicamente válida y que expresa conocimiento del hecho.

Inferencia

La inferencia es el proceso mental de derivar una proposición de la observación y/o de otras proposiciones. Puede ser: inductiva, deductiva, o abductiva.

La inducción es el proceso de generalizar a partir de observaciones particulares o de lo menos general. Viene el término 'inducción' del latín *inductio*, de *in* –en, y *ducere* –conducir. Es pues, un modo de razonar que consiste en conducir desde los hechos hacia una conclusión general. Es la inferencia a partir de casos individuales en los que se observa la ocurrencia de un fenómeno, a que ocurre o se da en todo caso de cierta clase semejante a los anteriores en las mismas circunstancias materiales, sin contradecir todo conocimiento relevante. Dicho de otro modo, es el proceso de establecer una proposición general, universal, que se integre a todo el conocimiento relevante, a partir de casos particulares en donde se muestra su verdad.

Por ejemplo, cuando uno ve que llueve y se moja, y que siempre que llueve se moja aquello a lo que le cae el agua, uno concluye que la lluvia moja.

La deducción consiste en pasar de proposiciones universales a conclusiones universales o particulares. Siguiendo con nuestro ejemplo, por inducción llegamos a la proposición universal: la lluvia moja. Vemos que llueve, por lo tanto concluimos que porque todo aquello a lo que le llueve encima se moja, si uno sale bajo la lluvia uno se moja, por eso tomamos un paraguas y nos protegemos con él.

La abducción consiste en que a partir de observaciones, por medio de un proceso de deducción de regreso, planteando diversas hipótesis, se busca la posible causa de lo observado, y se verifica por el método de concordancia y diferencia de Mill, que es un proceso inductivo. Siguiendo con nuestro ejemplo: Llegamos a casa de un amigo y vemos que el césped está mojado. Pensamos en varias hipótesis que puedan explicar las causas de que el césped esté mojado. Una es que llovió. Otra es que regaron el césped. Otra es que una tubería de agua que pasa por el jardín se hubiera averiado y la fuga de agua mojó el césped. Observamos si otros objetos –el camino, la casa, autos alrededor –están también mojados. Si no lo están, descartamos que haya llovido. Revisamos el jardín y no encontramos ninguna fuga de agua. Luego concluimos que la razón de que el césped esté mojado es que lo regaron. Es el razonamiento que usan los detectives para resolver un crimen, o los médicos para diagnosticar una enfermedad.

La inducción es la manera fundamental de adquirir conocimiento conceptual. Sin la inducción no habría premisas universales de donde deducir. Por tanto, la deducción presupone la inducción. Toda inferencia o es inductiva o es de premisas a las que se llega inductivamente. Por eso, quien ataca la inducción, ataca toda inferencia.

La teoría Objetivista de inducción es la de Leonard Peikoff, presentada en *The Logical Leap* y en su curso sobre inducción, que **se basa en la naturaleza jerárquica del conocimiento y en que los conceptos son clasificaciones abiertas.** Su teoría se desarrolla a partir de la teoría de conceptos de Rand.

La jerarquía se aplica de igual modo a las generalizaciones que a los conceptos. De tal manera que, para entender la inducción, no se puede analizar en una etapa casual o aleatoria de la jerarquía. Así como es imposible entender la formación de conceptos de *nivel superior* ignorando su jerarquía, así es imposible entender la inducción examinando una generalización de *nivel superior,* como "el agua hierve a los 100°C" aisladamente, ya que ésta no se forma de la percepción directa.

Las generalizaciones más avanzadas dependen de generalizaciones menos avanzadas, de tal manera que los casos que deben examinarse primero son aquellos que están en la base de la jerarquía. La base consiste en generalizaciones de *primer nivel,* aquellas que son primarias, que no tienen generalizaciones previas. Peikoff pone como ejemplos: "El fuego quema el papel", "empujar una pelota la hace rodar", "beber agua calma la sed".

Los hechos de los que se formulan las generalizaciones de *primer nivel,* son evidentes, es decir, directamente perceptibles. Los conceptos que se usan para formular esos hechos son conceptos validados por la percepción directa y por lo tanto, son inerrables. No se puede errar al formar conceptos como 'azul', 'suave', 'encima', etc. Todo caso de generalización de *primer nivel* como "el fuego quema el papel", "empujar una pelota la hace rodar", "beber agua calma la sed", son identificaciones de conexiones causales.

De hecho, toda inducción, a cualquier nivel, es una identificación de conexiones causales. Toda inducción identifica relaciones de causa y efecto, desde la causalidad que opera en los casos más simples, que pueden percibirse directamente, como ver y sentir el efecto de empujar una pelota; o ver el papel quemándose; o sentir que el agua calma la sed; hasta la causalidad más compleja que sólo puede identificarse en base a conceptos abstractos.

La inducción que identifica conexiones causales de *primer nivel*, percibidas directamente, no son como las más complejas, por ejemplo como que "un incremento en la oferta hace decrecer los precios". Esta última identifica una conexión causal, pero una que no es directamente perceptible, como la conexión causal identificada en la afirmación "el fuego quema el papel."

El proceso inductivo se da a partir del descubrimiento de que existen conexiones causales en la realidad, y su objeto es determinar entre qué elementos se dan esas conexiones. Hay conexiones causales que percibimos directamente, como cuando tenemos hambre y esta nos produce dolor de estómago, y al ingerir algún alimento saciamos esa hambre y eliminamos el dolor estomacal. Descubrimos la relación entre el alimento y la eliminación del hambre, porque si nos chupamos el dedo no saciamos el hambre, si jugamos tampoco, si pintamos menos. Por eliminación de otras actividades, concluimos que es ingiriendo alimentos que podemos saciar nuestra hambre. Descubrimos la relación entre el alimento y la eliminación del hambre, y además verificamos, que cada vez que comemos, saciamos nuestra hambre, es decir que concuerdan ambos elementos en dicho fenómeno.

Lo mismo sucede cuando tenemos sed, descubrimos la relación causal entre ciertos líquidos, como por ejemplo el agua y la eliminación de la sed. Igualmente descubrimos la relación entre nuestra conexión con el mundo y nuestros sentidos. Si cerramos los ojos dejamos de ver el mundo, y al abrirlos volvemos a percibirlo. Si nos tapamos los oídos, dejamos de oír el mundo y volvemos a percibir los sonidos al destaparlos.

Si nos tapamos la nariz, dejamos de percibir olores, los que volvemos a percibir al destaparla. Así mismo percibimos la relación causal entre nuestra voluntad y algunos de nuestros movimientos, por ejemplo al levantar el brazo, al escribir o al lanzar una pelota.

Luego abstraemos de estas percepciones, por medio de la omisión de medidas de las conexiones causales particulares, la relación causal entre entidades y la relación causal entre la acción y la identidad. Así llegamos a la conceptualización de que una cosa o persona produce un cambio en otra, y que este cambió depende de la identidad del agente y del paciente.

Para hacer una inducción válida, uno debe conocer la causalidad que opera, ya sea que la perciba directamente o que llegue a ella conceptualmente. Para generalizar de "este *S* hace *P*" a "todo *S* hace *P*", uno debe saber que este *S* hace *P* porque es *S*, y no por otro factor. Uno debe comprender que ser *S* implica poder hacer *P*.

Los conceptos son clasificaciones abiertas

La segunda parte de la teoría de Peikoff es la explicación del mecanismo de generalizar, es decir, de cómo la mente pasa de "esto hizo tal cosa" a "todo esto hace tal cosa". Lo que permite esa generalización es la naturaleza abierta de los conceptos, que posibilita la aplicación de estos a nuevos concretos, siendo esa la esencia de lo que es generalizar. Las generalizaciones de primer nivel son, al igual que toda proposición, contextuales.

La validez de la inferencia depende de que la conclusión sea lógica y verdadera o no, es decir, que identifique un hecho de la realidad sin contradicción alguna con el conocimiento relevante.

La prueba de su verdad es su conformidad con la realidad. Parte de lo observado y su prueba se reduce a lo observado.

Se basa en las leyes axiomáticas:

a. Ley de Identidad:

A es A

b. Ley de No contradicción:

A no es A y no-A

c. Ley del Tercio excluso:

X es A o no-A

d. Ley de Causalidad,

$$A \text{ es } A \rightarrow \mathbf{A^n}$$

La ley de Causalidad, A es A → A^n, quiere decir que A sólo hace lo que ser A permite y su efecto es A^n cuando se da la suma total de condiciones necesarias y suficientes para que el consecuente siga al antecedente tomando en cuenta que tanto antecedente como consecuente interactúan según sus atributos.

Estas leyes por ser axiomáticas, no se pueden negar sin tener que aceptarlas: Al tratar de negar la ley de Identidad debe aceptarse que lo que se expresa quiere decir exactamente lo que se intenta decir, esto es, que A es A. Al tratar de negar la ley de No-Contradicción debe aceptarse que lo que se expresa quiere decir eso y no lo contrario. Al tratar de negar la ley de Causalidad debe aceptarse la existencia de una causa eficiente de la negación, (quien profiere), y por lo tanto ya se aceptó la validez de dicho axioma.

Las cinco reglas de la inferencia inductiva

1. En toda etapa, es esencial formar conceptos válidos, porque sólo los conceptos válidos permiten una inducción válida.
2. La inducción empieza con lo evidente, con generalizaciones de *primer nivel,* que sirven de base a generalizaciones de *nivel superior* y a las que éstas últimas se deben reducir.
3. La inducción requiere el descubrimiento contextual de conexiones causales, usando el método de Diferencia y Concordancia de Mill.
4. La inducción, en cada etapa posterior al primer nivel, requiere la integración con otro conocimiento, y en los niveles superiores requiere el descubrimiento de principios que integren las nociones fundamentales de una diversidad de campos.
5. En las ciencias físicas, después de la etapa inicial, los pasos antes mencionados dependen y deben hacerse sólo por la matemática.

La estructura del razonamiento inductivo es:

Observación + aplicación de la totalidad del marco conceptual → generalización

Para que la generalización sea válida, esta no debe contradecir ni la observación, ni un marco conceptual válido.

Expresado en símbolos:

$$\{[(g \rightarrow g^n) \land MC=\{A, B, C, D, E, F, \ldots Z\}] \rightarrow G\} \leftrightarrow MC=\{A, B, C, D, E, G(g \rightarrow g^n), \ldots Z\}$$

Por ejemplo: Veo que la pelota cae, que hay una fuerza (gravedad) que la hala hacia la tierra. Luego supongo que todo objeto cae porque se ve sujeto a la atracción de la fuerza de gravedad. Trato de integrar esta generalización con mi marco conceptual, es decir con toda la estructura cognitiva que poseo. Pero observo que los globos llenos de helio no caen, sino por el contrario, suben. ¿Será entonces que no se puede generalizar que todo cuerpo cae? Examino este nuevo dato en relación a mi marco conceptual, a todo el resto de mi conocimiento. He visto que hay cosas que no se hunden en el agua; flotan. Hay dos fuerzas que se equilibran aquí: la cosa que se ve atraída por la gravedad y la masa de agua que contrarresta esa fuerza. Entonces el globo flota porque el helio pesa menos que el aire. Pero para flotar sé que deben existir dos fuerzas en equilibrio: una es la de la masa del aire, y la otra es la de la gravedad. Luego todo objeto cae porque se ve sujeto a la atracción de la fuerza de gravedad.

La diferencia entre la deducción y la inducción, consiste en que en la primera la conclusión del silogismo es necesaria porque de lo contrario se niega un producto específico de la facultad conceptual (alguna premisa), mientras que en la segunda la conclusión de la generalización es necesaria porque de lo contrario se niega el sistema conceptual completo. Si la conclusión es inválida, es, en ambos casos un *'non sequitur'*.

La inducción es la aplicación lógica del contexto y la jerarquía al tema en cuestión, y como dice Rand:

"Ninguna proposición que forma el hombre es verdadera si no puede integrarse sin contradicción con la suma total de su conocimiento."

Deducción

Es la aplicación de lo general a lo particular. La deducción es el acto mental que a partir de la relación de dos términos con un tercero, inferimos (entendemos y afirmamos) su relación entre ellos. Los tres términos involucrados y los tres juicios que los unen se expresan en tres proposiciones. Cuando estas proposiciones se arreglan en un orden secuencial y lo expresamos verbalmente tenemos el silogismo.

La forma del silogismo evidencia la secuencia o conexión entre antecedente y consecuente, por ejemplo:

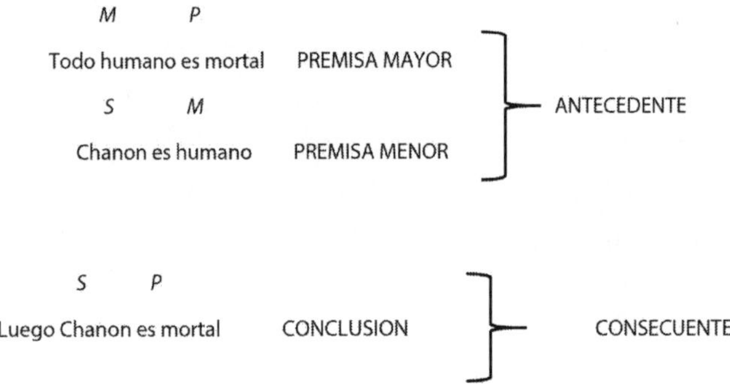

Los tres términos son: el término sujeto *S;* el término medio o conector *M;* y el término predicado *P.*

"Todo humano es mortal" es la generalización que se aplica al hecho singular "Chanon es humano", para concluir que ella es mortal. El silogismo con sus dos premisas y tres términos, es la unidad más pequeña de la deducción; es el "átomo" de la deducción.

Todo proceso, más complejo –categóricos: entimema polisilogismo, epiquerema, sorites, oblicuo y dilema; e hipotéticos: condicional, disyuntivo y conjuntivo –de razonamiento deductivo se reduce a una cadena de silogismos.

Casi todo razonamiento diario es deductivo. Este es el proceso que uno usa cuando pasa de "está lloviendo" a "debo llevar paraguas", que está usando la premisa, omitida por sobreentenderse: "Cuando llueve, debo llevar paraguas". Como la deducción es la aplicación de conocimiento general que uno ya posee, la conclusión estaba *implícita* en la generalización usada.

El propósito de la deducción es hacer que la conexión *implícita* se vuelva *explícita* y así traerla a nuestro enfoque consciente, para que nos demos cuenta conscientemente de esta. Por ejemplo, ¿amamantan los ratones a sus crías? ¿Lo ha visto usted? Como sabemos que todo mamífero amamanta a sus crías, y los ratones son mamíferos, deducimos que los ratones amamantan a sus crías. La deducción trae a nuestra mente consciente las implicaciones de lo que uno ya sabe. La deducción hace explícito lo implícito.

Entonces, toda 'verdad' es objetiva, pues lo que expresa es como es el mundo real, independientemente de nuestros gustos, creencias o deseos. Es la mente la que debe adecuarse a la realidad y no al revés. Toda 'verdad' es indivisible, pues no admite grados. Una proposición es verdadera o falsa, pero no más o menos verdadera, o más o menos falsa. Toda 'verdad' es absoluta, pues corresponde a la identificación de un hecho de la realidad que se da en un contexto especifico. Si se descontextualiza la proposición, entonces se trataría de otra proposición distinta y por lo tanto de otra relación diferente. La verdad es una identificación conceptual de la realidad. La realidad no es ni verdadera ni falsa, simplemente es. Toda 'verdad' es absoluta, porque toda proposición verdadera lo es para toda cultura, para todo hombre, - describe objetivamente un estado de cosas. Por tanto, toda proposición en tal dominio es absolutamente cierta o absolutamente falsa: ninguna es verdad para alguien o para alguna cultura o era, mientras es falsa para otras. Toda 'verdad' es inmutable, pues no existe evolución en la verdad. A pesar de los años una proposición no es ahora verdadera y después será falsa o a la inversa.

El pensamiento correcto debe ser verdadero y válido. Sus premisas deben ser verdaderas y el razonamiento debe ser bien estructurado, de acuerdo a las leyes de la lógica, para que la conclusión no sea contradictoria con los hechos de la realidad.

La lógica es el método de funcionar conceptualmente basado en la realidad. Para ser lógico, un proceso debe fundamentar y derivar su contenido de la observación de la realidad. La lógica se fundamenta en el hecho básico de la realidad que conocemos como la Ley de Identidad y sus corolarios: la Ley de No Contradicción, la Ley del Tercio Excluso y la Ley de Causalidad. La lógica consiste en integrar y/o diferenciar en base a la identidad de lo observado, es decir, de acuerdo a sus características observadas y sus relaciones de medidas. La lógica requiere obedecer la identidad de los medios cognitivos del humano, es decir, reconocer que el conocimiento se forma en un contexto mediante una progresión jerárquica a partir de datos observados. La lógica requiere aceptar el principio de economía de unidades, reconociendo el límite que tiene el humano para tener y manejar un número dado de unidades en su enfoque consciente.

La lógica es el método de razonamiento fundamentado en la observación, en la no contradicción, y en la economía de unidades.

Prueba

La validación, el proceso de asegurarse de que una idea o conclusión es correcta, constituye en establecer que ésta es conocimiento. Algunas ideas se pueden validar por percepción directa; otras requieren un proceso de validación de múltiples pasos: la prueba.

El estado epistémico de una idea depende de la evidencia que la soporta y de la validez lógica del razonamiento basado en esa evidencia. Si alguien afirma una idea cuya base en la realidad no es obvia, lo primero a hacer es preguntar: "¿Por qué afirma usted tal cosa; donde está su evidencia?"

Para validar las propias conclusiones o proposiciones, el primer paso lógico es preguntarse: "¿Cómo llegué a esta conclusión, cuáles fueron los pasos?"

Para probar una idea, uno tiene que ligarla hacia atrás hasta el hecho percibido. Hay que hacer una especie de ingeniería reversa, es decir aplicar un conjunto de técnicas que permitan regresar por la genética de la idea. El término Objetivista para este proceso de regresión en la jerarquía contextual para probar una idea es: *reducción.*

Existen dos direcciones diferentes a lo largo de la misma estructura lógica y jerárquica:

1. **La derivación se mueve de lo perceptualmente dado hacia lo más abstracto.**
2. **La prueba se mueve de regreso hacia lo perceptualmente dado.**

La derivación se mueve, en el razonamiento, de aquello que está más cercano a la percepción hacia aquello que está más alejado. La reducción es el mismo proceso, sólo que en reversa, moviéndose de regreso por la misma estructura jerárquica, terminando en la evidencia perceptual. La derivación parte de la percepción; la reducción es regresar a la percepción. Ambas, la derivación como la reducción o prueba se aplican tanto a la inducción como a la deducción. En la deducción, por ejemplo, tomamos conocimiento previamente adquirido y lo aplicamos a un nuevo caso: Chanon es mujer. Las mujeres son animales. Luego, Chanon es animal.

La conclusión es más abstracta, es decir, se aleja más de la percepción que la primera premisa. Uno adquiere un conocimiento más amplio de Chanon al aplicarle la generalización previa: las mujeres son animales. La prueba va en el sentido contrario para comprobar la validez de la conclusión: ¿Es Chanon animal? ¿Qué es un animal? Es un ser vivo con consciencia y locomoción, como los caballos, los chimpancés, a diferencia de las plantas. Chanon es mujer y como toda mujer es consciente y se mueve por todos lados, por lo que Chanon es animal. Q.E.D.

El proceso consiste en reducir "animal" de regreso a lo perceptible –ser vivo, consciente y que se mueve de un lugar a otro –para ver si se puede aplicar a Chanon. La premisa general "las mujeres son animales" es una conclusión a la que se llega por inducción.

Otro ejemplo es el de demostrar o probar que la Tierra es de forma esférica. Señalamos primero que el horizonte se amplía conforme el observador se eleva sobre la superficie de la Tierra; que la sombra, que arroja ésta sobre la Luna durante un eclipse de Luna, es redonda. El argumento que afirma que la Tierra es redonda porque su sombra es redonda, se basa en el hecho, conocido por la experiencia, de que todo cuerpo esférico proyecta una sombra redonda, e inversamente, que los cuerpos de forma esférica tienen sombras redondas, independientemente de su posición. La experiencia proporciona la generalización inductiva. Ahora la deducción es:

"Todo cuerpo que en sus diferentes posiciones proyecta una sombra redonda, tiene la forma de una esfera." "La Tierra, que durante los eclipses de Luna ocupa posiciones diferentes en relación con esta, siempre proyecta una sombra redonda sobre ella". "Por tanto, la Tierra tiene la forma de una esfera".

La reducción nos conduce, examinando la cadena de pasos deductivos hasta llegar a los axiomas o proposiciones previamente establecidas perceptualmente: *"Todo cuerpo que en sus diferentes posiciones proyecta una sombra redonda, tiene la forma de una esfera."* QED.

Otro ejemplo: tomemos varios números impares arbitrarios, elevémoslos al cuadrado y restemos el número uno de cada cuadrado.

$$7^2\text{-}1 = 48;\ 11^2\text{-}1 = 120;\ 9^2\text{-}1 = 80;\ 15^2\text{-}1 = 224;\ 21^2\text{-}1 = 440$$

Cuando vemos los números resultantes observamos que cada uno de ellos es divisible entre 8. Podemos entonces, establecer tentativamente que: "El cuadrado de cualquier número impar, disminuido en uno, da un número que es un múltiplo de 8."

Para demostrarlo hay que encontrar un argumento que sirva para todo número impar arbitrario.

Cualquier número impar puede expresarse en la forma $2n$-1, donde n es un entero. Entonces el cuadrado de un número impar, disminuido en uno, está dado por la expresión $(2n-1)^2-1$. De ahí deriva que:

$$(2n-1)^2-1= 4n^2-4n+1-1= 4n^2-4n = 4n\ (n-1)$$

La expresión resultante $4n\ (n-1)$ es un múltiplo de 8 para todo número natural n, porque el factor 4 indica que éste es un múltiplo de 4, y como n y n-1 son enteros consecutivos, uno de ellos debe ser par, lo que indica, sin duda alguna, que el producto contiene otro factor 2. Por tanto el número $4n(n-1)$ siempre es un múltiplo de 8. QED.

Se valida una idea al revisar por medio de la reducción que la demostración, que es una cadena de deducciones a través de las cuales se deduce la veracidad de la proposición que debe probarse, sea formalmente correcta, y que los axiomas y proposiciones previamente establecidas de los que partió son verdaderos. La validación completa de una idea, es decir, la justificación para aceptarla como una captación de los hechos, requiere que se pruebe por reducción a la realidad perceptual, y que se integre sin contradicción con el resto de nuestro conocimiento. Se ha probado completamente una conclusión, sólo cuando se ha relacionado, paso a paso, de regreso a los datos perceptuales, que es el quehacer de la reducción, y ha sido corroborada para asegurar su consistencia con el resto de nuestro conocimiento, que es el quehacer de la integración.

Como dice Peikoff, entre estos dos procesos, el hombre consigue un "*chequeo doble*" sobre la validez de sus conclusiones. [OPAR, 116]

El conocimiento conceptual nuevo se deriva y valida haciendo conexiones lógicas con conocimiento antecedente. Por lo tanto, se concluye el principio implícito: **Ningún conocimiento nuevo contradice el conocimiento anterior.**

El conocimiento conceptual nuevo puede contradecir creencias anteriores que siempre fueron equivocadas, pero no contradice el conocimiento antiguo. El conocimiento es la captación mental de los hechos de la realidad. Y como en la realidad no existen las contradicciones, la nueva captación de hechos no puede contradecir captaciones previas de hechos. Por tanto, el conocimiento no es una acumulación de datos absolutos fuera de contexto, como pretenden los escépticos cuando atacan el conocimiento. Toda conclusión existe y depende de un contexto que es el conocimiento antecedente que se usó para establecerla. Citando a Peikoff:

> *"El hombre es un ser de conocimiento limitado –y por tanto, debe identificar el contexto cognitivo de sus conclusiones. En toda situación donde exista razón para sospechar que una variedad de factores son relevantes para la verdad, y que sólo algunos de ellos son conocidos al momento, debe reconocer este hecho. El preámbulo explícito o implícito de su conclusión debe ser: "En base a la evidencia disponible, es decir, dentro del contexto de los factores descubiertos hasta ahora, la siguiente es la conclusión apropiada a inferir". Después, el individuo debe continuar observando e identificando; si nueva información lo garantizara, debiera calificar su conclusión consecuentemente."* [OPAR 172]
>
> Y, *"Si un hombre sigue esta política, encontrará que su conocimiento en determinada etapa no se ve contradicho por descubrimientos posteriores. Encontrará que los descubrimientos expanden su comprensión; que aprende más sobre las condiciones de las que dependen sus conclusiones; que se mueve de generalizaciones de observaciones relativamente primitivas a formulaciones más detalladas y avanzadas. También encontrará que el proceso está libre de traumas epistemológicos. Las conclusiones aumentan y enriquecen su conocimiento anterior; no chocan con él ni lo anulan."* [OPAR 172 – 173]

El conocimiento es un producto mental, y si uno lo forma empleando el método correcto –la lógica, en el material correcto –conocimiento previo, el resultado puede afirmarse que realmente es conocimiento. La necesidad de la demostración y la prueba es consecuencia de una de las leyes de la lógica: *la Ley de la Razón Suficiente.*

La Ley de la Razón Suficiente requiere que toda aseveración que se haga debe estar bien fundada, debe presentarse con argumentos lo suficientemente fuertes que apoyen su veracidad, o sea, su concordancia con los hechos de la realidad. Tales argumentos deben basarse en referencias a la verificación a través de la observación y experimentos, y en el razonamiento correcto basado en deducciones sistemáticas. Como el humano no es infalible ni omnisciente, necesita de estándares epistémicos que reconozcan este hecho. El propósito del estándar es servir de guía de cómo proceder dentro de lo que es posible. Los estándares epistémicos racionales le permiten a uno distinguir entre un error – "los cisnes son rosados", y una verdad que necesita calificación – "los cisnes son blancos, excepto en Australia". Al hacer esta distinción es útil considerar las causas de error. Hay tres formas de errar cognitivamente, es decir, de creer que uno ha conseguido tener conocimiento de algo cuando de hecho se ha errado.

Estas formas son:

1. Razonamiento ilógico.
2. Premisas falsas.
3. Información incompleta

Razonamiento ilógico:
Cuando uno se distancia del razonamiento lógico, la conclusión a la que uno llega no sigue de la evidencia y premisas usadas. Normalmente sucede en cadenas de inferencia largas, o en cálculos complejos, o en el razonamiento de pasos múltiples diarios para tomar decisiones. La posibilidad de error es mayor en la inducción, por requerir una integración a mayor escala.

Premisas falsas:
Cuando uno usa equivocaciones o falsedades como "datos" en el proceso de inferencia no puede uno captar ningún hecho. La verdad no se puede construir fundamentada en el error. Uno no puede darse cuenta de la realidad al enredar en el razonamiento elementos de lo irreal. Como toda idea que se usa como premisa es producto de un proceso conceptual anterior, su verdad o falsedad no es primaria. Y a la vez, los conceptos combinados en las premisas se formaron previamente en un proceso de formación conceptual. Y éste empieza en la percepción, que es inerrable. Por tanto, la verdad o falsedad de una conclusión depende

del proceso de formación de conceptos que ha conducido a ésta. Así que los errores producto de premisas falsas se reducen a la primera causa de error: un procesamiento ilógico.

Información incompleta:

Aunque es poco usual, hay casos en que, a pesar de un razonamiento lógico impecable, uno llega a conclusiones falsas porque los datos fueron insuficientes y por tanto engañosos por parecerse a otras cosas conocidas. El error más simple ocurre al interpretar mal lo percibido, por ejemplo, creer que la joven de la derecha está vestida, cuando en realidad a su cuerpo desnudo le han pintado un vestido, o que las montañas distantes son azules.

Los estándares de cognición deben restringirse a lo que es posible dentro del contexto de la información disponible al individuo. Los estándares no pueden requerir omnisciencia, lo que es imposible. Por tanto, las conclusiones que resultan de procesar lógicamente el material que es conocimiento actual, califican como conocimiento. Un método cognitivo es *correcto* si se adapta a los requerimientos del éxito cognitivo, si forma conocimiento; el hecho de que no imposibilite fallar no descalifica al método, sólo a cierto procedimiento en particular que condujo al error. De hecho, el descubrimiento de un error, aun si éste es fundamental, es un avance cognitivo. Uno sabe más después de descubrir el error que antes. El determinar la causa de un error, resolverlo, y estar atento para que no vuelva a ocurrir, haciendo más difícil que ocurra en el futuro, fortalece la posición cognitiva de uno. El descubrir un error es siempre una ganancia en conocimiento, y en ese aspecto debe ser bienvenido. En tanto más aprende uno de la realidad, el contexto del conocimiento crece.

Certeza

Hay casos que un dato de conocimiento se adquiere y valida por la acumulación de evidencia en el transcurso del tiempo. Por ejemplo en un juicio por asesinato, la presentación de evidencia puede tomar meses, para que se dé un veredicto objetivo sólo al final. En tales casos se da un *encontrar continuo de evidencias* que hace necesario conceptos tales como: "posible", "probable", y "certeza".

El estándar al medir la evidencia, se establece por el fin, que es la prueba. La posición en la escala de medición se establece por cuan cerca es la evidencia de ser prueba. Por eso la unidad de evidencia es fraccional en relación al grupo total de evidencia que se requiera para establecer una prueba. Hay certeza sobre una idea cuando la evidencia sobre ella es contundente, el conocimiento de ella es seguro. Uno ha adquirido e integrado toda la evidencia necesaria para probarla, y las ideas contrarias no tienen evidencia que las soporte. Por ejemplo, cuando se afirma que el acusado es inocente, porque definitivamente, a la hora del crimen, se encontraba a 100 kilómetros de donde éste se cometió. La evidencia es contundente y por tanto constituye prueba.

Una idea es posible cuando la evidencia en su favor es pequeña en comparación a lo que constituiría prueba, y hay alguna evidencia de ideas contrarias. Por ejemplo cuando decimos: "Es posible que llueva hoy, pues el cielo está nublado."

Una idea es probable cuando la evidencia en su favor es bastante en comparación a lo que constituiría prueba, pero hay al menos una evidencia contraria que califica de posible. Por ejemplo cuando decimos: "Es probable que llueva hoy, pues el cielo está nublado y hay truenos."

La "certeza" y el "conocimiento" son conceptos relacionados pero claramente distinguibles. El "conocimiento" se diferencia de la "ignorancia". La "certeza" se diferencia de estados que son menos ciertos: "lo posible" y lo "probable". La "certeza" se refiere al estado cognitivo de una idea, por lo que es un concepto puramente epistémico. El "conocimiento" tiene, tanto, un componente metafísico, como uno epistemológico. Para conocer algo, éste tiene que ser un hecho y uno tiene que haber captado mentalmente el hecho. El "hecho" es un término puramente metafísico: los hechos existen aunque no se conozcan. La certeza es contextual. La evidencia contundente es aquella que es suficiente dentro un contexto dado de conocimiento, no dentro de un estándar imposible de omnisciencia. La actitud correcta con respecto a la evidencia se resume en la Ley de Racionalidad:

Para llegar a conclusiones, considere toda la evidencia y sólo la evidencia.

Lo arbitrario

Una afirmación *arbitraria* es aquella para la cual no hay evidencia, ni perceptual, ni conceptual. No se fundamenta ni en observación directa, ni en ningún intento de inferencia lógica de ésta. Cognitivamente hablando *nada se ha dicho,* pues repudia toda regla de la cognición. Por ejemplo la afirmación: "Su destino está determinado por Acuario y Capricornio." ¿Dónde está la evidencia? O, "Hay una convención de duendes en Plutón discutiendo la *Crítica a la Razón Pura* de Kant." O, "Hay un selenita invisible leyendo este libro junto a usted."

La arbitrariedad es ininteligible. No sabemos qué significa; no sabemos que serviría de evidencia a favor o en contra. Recordemos que la Ley de Racionalidad afirma que:

Para llegar a conclusiones, considere toda la evidencia y sólo la evidencia. Esta ley no sólo demanda que uno justifique sus conclusiones, sino que uno justifique sus actos cognitivos, es decir, que justifique el usar su tiempo en considerar una afirmación. Por tanto, es irracional el considerar aquello para lo que no existe evidencia. Luego, las ideas arbitrarias no se deben considerar, ni tan siquiera como hipótesis, ni como "tal vez", ni como "supongamos que". Los pronunciamientos arbitrarios no son proposiciones, sino falsas proposiciones: palabras con la forma de una proposición, pero sin significado cognitivo. Uno no necesita una razón para no considerar algo un hecho, ni para considerar algo como hipótesis. Lo contrario es lo cierto:

La obligación de probar le corresponde a quien afirma tener conocimiento.

Por ejemplo, Kant, en su *Crítica a la Razón Pura,* en el segundo párrafo de su introducción dice:

> *"pero aunque todo nuestro conocimiento empieza con la experiencia, no se sigue de ahí que todo surja de la experiencia. Porque* ***podría ser*** *que aún nuestro conocimiento empírico esté hecho de lo que recibimos de nuestras impresiones y de lo que suple nuestra facultad cognitiva."*

¿*"Podría ser"*? ¿Basado en qué evidencia? El primer paso para juzgar la validez de una idea es identificar su fuente: ¿se basa en hechos o en fantasías? Si la idea se basa en evidencia, uno puede comprobar la interpretación fundamentada en esa evidencia; pero si se asevera arbitrariamente, viniendo de "¿qué si?" o "puede muy bien ser", no ofrece evidencia que considerar.

El conocimiento conceptual se fundamenta en la lógica dentro de determinado contexto, no en la omnisciencia. Un humano no lo sabe todo, pero sabe lo que sabe. El concepto de "certeza" designa conocimiento desde una perspectiva particular: designa algunos aspectos complejos de conocimiento considerados en contraste con evidencias transitorias que les preceden. Una conclusión es "cierta" cuando la evidencia en su favor es contundente, es decir, cuando ha sido validada por la lógica.

Objetividad

La objetividad es la actitud de construir nuestro conocimiento, no en base a sentimientos o deseos, sino en base a la evidencia y por el método del razonamiento lógico. La aplicación deliberada del razonamiento lógico a la interpretación de la evidencia da como resultado un producto mental cuya característica es ser objetivo. El conocimiento objetivo como proceso deliberado y guiado por la lógica es fundamentalmente distinto a aquellos que no lo son. La objetividad se basa primero, en el reconocimiento de la primacía de la existencia, es decir, de que la existencia existe con independencia de la consciencia, y que la consciencia es darse cuenta de aquello que existe. Segundo, en el reconocimiento de la Ley de No Contradicción, corolario de la Ley de Identidad, es decir, que las cosas son lo que son y que las contradicciones no existen en la realidad, y por tanto, el método para adquirir conocimiento de ésta es la identificación no contradictoria, o sea, el razonamiento lógico. Tercero, en el reconocimiento de que la adquisición de conocimiento es un proceso volitivo, es decir, que el humano puede elegir regular sus actividades cognitivas, aplicando su conocimiento de la lógica para guiarse y para verificar sus conclusiones. **Sólo si uno sabe y aplica conscientemente la lógica, puede uno garantizar que tiene conocimiento y no una mera creencia.** Y sólo gracias a esta referencia lógica es que puede uno tener un estándar de certeza.

La objetividad garantiza, mediante la aplicación deliberada del razonamiento lógico a la interpretación de la evidencia, que el resultado es un producto mental que si es verdadero es en efecto conocimiento. Requiere poder distinguir entre el razonamiento válido y el razonamiento falaz, entre que constituye evidencia, y que tipo o cantidad de razones constituyen prueba.

Ser objetivo es poder distanciarse de nuestro proceso mental, y verlo como si fuera una actividad externa, convirtiéndolo así, tanto en cuanto a método y forma, en el objeto de nuestro examen.

Un proceso de razonamiento objetivo es aquel que se observa, inspecciona, examina y juzga tal como se hace con los objetos de nuestro conocimiento perceptual. En el nivel perceptual uno convierte una cosa, digamos un auto rojo, en objeto de nuestra percepción al fijar nuestra mirada en él; en el nivel conceptual, uno convierte un proceso de razonamiento en un objeto de juicio al fijar nuestra atención en él. Adoptando este proceso de introspección, distanciándose del propio proceso de razonamiento, uno puede someter a éste último a un examen crítico, juzgando su validez según los cánones de la lógica. A menos que uno use lógica para evaluar críticamente el razonamiento propio, no puede uno evitar ser absorbido por el contenido del razonamiento, en cuyo caso no se alcanza la objetividad. Al reflexionar en el razonamiento, uno se convierte en juez del mismo y no en su defensor. Uno establece cierta distancia entre uno y el razonamiento, una separación que facilita evitar factores distorsionantes, como un punto de vista demasiado estrecho, o mecanismos de defensa psicológicos como la racionalización.

Así como para ser "científico", se requiere conocimiento explícito del método científico, así, para ser "objetivo" se requiere tener conocimiento explícito de lógica. En cambio, ser "racional" sólo requiere el ejercicio de la facultad de la razón, algo que todo humano hace al conceptualizar, identificar e inferir. Alcanzar la objetividad es más que sólo razonar, incluso más que razonar bien; la objetividad llega cuando uno aplica conscientemente las reglas lógicas para guiar y evaluar el propio proceso cognitivo. Eso es un fenómeno de alto grado que requiere un conocimiento explícito de lógica. Para determinar, en razonamientos de cualquier grado de complejidad, que es lo que uno sabe y que es lo que uno simplemente cree o asume, uno debe evaluar su razonamiento según los estándares y métodos lógicos. La metodología lógica se vuelve, con la educación apropiada, segunda naturaleza. Pero para ser objetivo, uno debe poder, si es necesario, establecerlas razones para sus conclusiones, el significado de sus términos, y lo que hace que su razonamiento sea válido y completo.

Peikoff define "Objetividad" como:

> *"La adherencia voluntaria a la realidad por el método de la lógica."* [OPAR, 116]

Y explica que es ser "Objetivo" de la siguiente manera:

> *"Ser "objetivo" en las actividades conceptuales es adherirse voluntariamente a la realidad por medio de seguir ciertas reglas de método, un método basado en hechos y apropiado a la forma de cognición del hombre."* [OPAR, 117]

Ser objetivo pues, es examinar la evidencia sin prejuicios, considerar los hechos, y no poner ninguna consideración por encima de la verdad. Lo contrario es ser subjetivo, que consiste en derivar las conclusiones de deseos, esperanzas, miedos, o de cualquier cosa que nos pase por la mente. Por eso, el medio para asegurarnos que nuestro procedimiento se basa en la realidad, es la lógica. Esto quiere decir, desde el punto de vista Objetivista, aplicar reglas lógicas derivadas de la naturaleza de la facultad conceptual humana.

En todo momento y asunto, uno enfrenta la alternativa de hacer el esfuerzo de embarcarse en procesar lógicamente los hechos observados, integrando nuestras ideas en el contexto total y comprobando si hay o no contradicciones –o en dejarse llevar por la autoridad, pretensiones, impulsos, suposiciones, conjeturas, o fe. El proceso objetivo tiene como fin llegar a conclusiones verdaderas, y normalmente ese es el resultado. Pero el ser objetivo no garantiza que nuestra conclusión sea verdadera. La verdad, como el conocimiento, tiene tanto un componente metafísico como uno epistemológico. Una conclusión verdadera debe establecer un hecho y reflejar conocimiento de ese hecho. "Verdad" y "conocimiento" son términos que indican que se ha alcanzado el éxito cognitivo. "Objetivo" en cambio, indica la naturaleza del proceso y la cualidad de su producto, ya sea que haya sido exitoso o no en conocer un hecho. La objetividad, como la certeza, es compatible con el error; no obstante, la objetividad es la mejor protección contra cualquier error. La objetividad consiste en un proceso metódico, deliberado y honesto de búsqueda de la verdad, a diferencia de entregar el control de la mente a los impulsos emocionales y a asociaciones aleatorias, o a evadir los hechos.

Un producto mental, tal como una conclusión o teoría, tiene la condición de "objetiva" cuando se ha alcanzado por, y comprobado por, un proceso objetivo, un proceso de someter deliberadamente el razonamiento a las reglas de la lógica.

Principios

El conocimiento no es un fin en sí mismo, sino que un medio para la acción exitosa en el mundo. Un principio es una generalización fundamental. La fundamentalidad es un tipo de orden jerárquico. Se refiere a secuencias causales. La fundamentalidad es de secuencias causales que tienen una estructura ramificada de causalidad, desde un tronco a divisiones mayores, a grandes miembros, a miembros menores, etc.

Relación de lo fundamental con sus derivados:

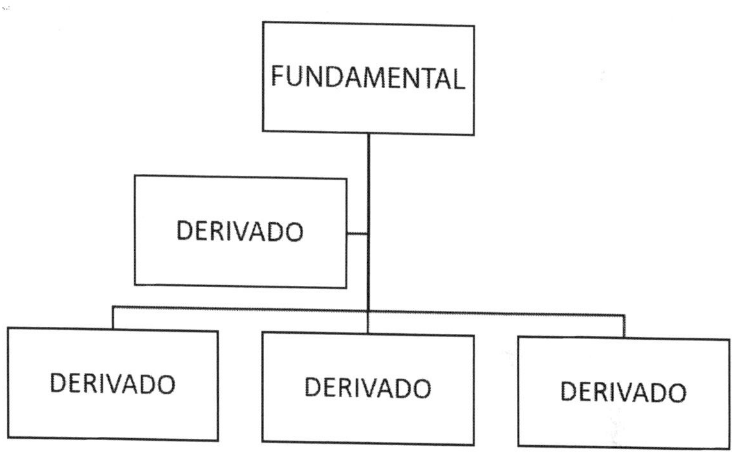

Un elemento fundamental es un factor causal del que dependen una serie ramificada de efectos de múltiples niveles. La dependencia es causal: lo fundamental es una condición necesaria –*sine qua non* –de los efectos derivados. Conocer los factores fundamentales es fuente de inmenso poder cognitivo, resultado de la *economía de unidades* que provee este conocimiento. Como el factor fundamental causa y se expresa en todo en el dominio, es lo que hay que tener en mente cuando uno trata lo que sea en ese dominio. Por ejemplo, en la milicia, toda acción de cada soldado tiene el propósito de llevar a cabo la orden fundamental del comandante en jefe. Cada decisión militar se debe juzgar por su potencial contribución a conseguir el fin fundamental.

El organizar el conocimiento propio en base a factores fundamentales permite una condensación –de todo el "árbol" de fenómenos. Esto, no sólo añade claridad, sino que también permite automatizar el conocimiento. La automatización es esencial para construir nuevo conocimiento sobre el viejo. Al rastrear las conexiones de las distintas ramas hacia el tronco y viceversa, uno puede automatizar toda la estructura de árbol, como un tema y sus variaciones. El valor cognitivo real viene de la generalización de un tipo de causas y un tipo de ramificaciones de efectos, como por ejemplo: "Toda estrella es el factor básico que controla las órbitas de sus planetas." Cuando dichas generalizaciones llegan a un cierto nivel de alcance, califican como principios.

Un "principio" es una generalización fundamental que sirve como estándar de juicio en un dominio dado.

Necesitamos estándares que guíen nuestro razonamiento, incluso aquel dedicado a decidir *qué* hacer existencialmente. Por ejemplo el principio de racionalidad y el de honestidad guían, o debieran guiar, la conducta de cada hombre. O el principio de gravedad guía el pensamiento del físico. El principio, al identificar una causa fundamental, nos informa de requerimientos que son absolutos: no se puede tener efectos sin sus causas. Lo mismo aplica a principios que guían la cognición en lugar de la conducta. En matemáticas, la ley conmutativa ($a + b = b + a$) es un principio.

Los principios son una necesidad psico-epistemológica, pues proveen una visión de consecuencias a largo plazo y de largo alcance, que economiza unidades. Y como los principios operan en fundamentales, integran y condensan todos los derivados, es decir, toda consecuencia, implicación y variante. Uno necesita principios porque éstos proveen una visión general, un mapa cognitivo que señala el tipo de consecuencias que siguen al elegir de una manera u otra. Los principios identifican relaciones de causa y efecto.

Como los principios son generalizaciones, son producto de un proceso inductivo. Y como los principios son generalizaciones de alto nivel, se forman a partir de generalizaciones de un nivel menos abstracto y no del nivel cognitivo cero. Al formar un principio, uno pesca un tipo general de causa radical, es decir, la causa que es raíz de los derivados, que es el factor que explica la totalidad del árbol de derivados, como por ejemplo, el principio de identidad, A es A, que es la base y explica las reglas de la deducción válida, de la inducción válida, y de la definición válida. Uno capta un principio por medio de un proceso de abstracción, igual que uno capta conceptos en el proceso de formación de éstos. Y la abstracción no es substracción, sino que interrelación.

Los principios, habiéndose formado por diferenciaciones y similitudes, eliminan la necesidad de re-investigar continuamente el mismo asunto.

En ese sentido, el principio es un atajo valioso. Pero, además, los concretos difieren en su complejidad, y los principios permiten que los casos simples y claros iluminen los oscuros y difíciles. Es de casos simples como "no puede llover y no llover al mismo tiempo" que uno establece el principio de no contradicción, el cual se aplica luego a casos más complejos, como al "derecho a educación", donde uno verifica si hay o no inconsistencias no obvias, como el intento de establecer "el derecho a violar el derecho de otro".

Como todo conocimiento conceptual, los principios son contextuales. El contexto de un principio es el conocimiento del que se deriva y las condiciones en que se aplica. Por ejemplo, el contexto de los principios morales son las acciones de seres volitivos. El de los derechos son las interrelaciones de seres volitivos asociados políticamente. Pero dentro de su contexto apropiado, todo principio es absoluto. Esto se deriva de la naturaleza de un principio, y es que la ley de causalidad no tiene excepciones. Por tanto no se puede violar un principio impunemente.

El error de george boole

El cuadrado de oposiciones nos indica las siguientes relaciones entre proposiciones:

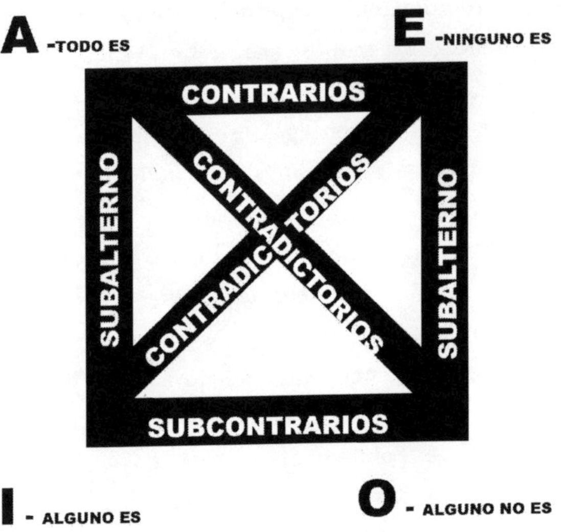

Una proposición I obtiene validez de su correspondiente proposición A por ser su subalterna. De "toda araña es un ser de ocho patas", inferimos válidamente que "alguna araña es un ser de ocho patas". Y de forma similar, decimos que una proposición O obtiene su validez de su correspondiente proposición E. Pero si las proposiciones I y O tienen importación existencial, entonces, como se derivan de las universales A y E, entonces las proposiciones A y E deben también tener importación existencial.

El problema según Boole surge aquí, cuando la clase universal está vacía. Por ejemplo, la proposición A "Todo habitante de Marte es rubio" y su correspondiente proposición O "Algún habitante de Marte no es rubio" son contradictorias. Si tuvieran *importación existencial* –es decir, que debemos interpretarlas como que afirman *que hay* habitantes en Marte - entonces ambas proposiciones son falsas si no hay habitantes en Marte, como sabemos es el caso.

¡Y si ambas pudieran ser falsas, entonces no podrían ser contradictorias!

En algunos aspectos la interpretación Aristotélica no se modifica. *Las proposiciones* I *y* O *continúan teniendo importación existencial en la interpretación Booleana.* Así la proposición "Algún *S* es *P*" es falsa si la clase de *S* está vacía, y la proposición "algún *S* no es *P*" es igualmente falsa si la clase *S* está vacía.

También sigue siendo verdad en esta interpretación que *las proposiciones universales* A *y* E, *son contradictorias de las proposiciones particulares* O *e* I. "Todo hombre es mortal" contradice la proposición "Algún hombre no es mortal", y la proposición "Ningún dios es mortal" contradice la proposición "Algún dios es mortal".

En *la interpretación Booleana, las proposiciones universales se interpretan como no teniendo importación existencial.* Aún, cuando la clase S está vacía, la proposición "Todo *S* es *P*" puede ser verdadera, al igual que la proposición "Ningún *S* es *P*". Por ejemplo, "Todo unicornio tiene cuernos" y "Ningún unicornio tiene alas", pueden ser ambas, verdaderas, aunque no haya unicornios. Pero si no hay unicornios, la proposición I "Algunos unicornios tienen cuernos" es falsa, al igual que la proposición O "Algunos unicornios no tienen alas".

El error aquí consiste en tratar lo arbitrario como si no lo fuera. Lo arbitrario no es ni verdadero ni falso. En este caso, tanto la proposición universal A o E, como la proposición particular I u O, es arbitraria. Recordemos que una afirmación *arbitraria* es aquella para la cual no hay evidencia, ni perceptual, ni conceptual. No se fundamenta ni en observación directa, ni en ningún intento de inferencia lógica de ésta. Cognitivamente hablando *nada se ha dicho*, pues repudia toda regla de la cognición.

El error de la dicotomía analítico – sintética

"Los juicios sintéticos. A diferencia de los juicios analíticos, los sintéticos son aquellos cuyo predicado no forma parte del sujeto o no se encuentra contenido necesariamente en el concepto sujeto. Aquí el predicado surge a partir de una síntesis o reunión de conceptos diferentes o ajenos al sujeto, de ahí su nombre. Por ejemplo, si decimos: "El cielo está nublado", se trata de un juicio sintético, ya que la idea de "nublado" no está contenida, en forma necesaria, en el sujeto "cielo". Ello significa

que en este momento el cielo puede, en efecto, estar nublado; pero en otro momento la situación podría cambiar. En otras palabras: la idea de "nublado" no es inherente a la idea de "cielo", no le pertenece de manera necesaria (es meramente contingente). Lógica. Gustavo Escobar. Mc Graw Hill

"Los juicios analíticos. Son aquellos cuyo *predicado* –o sea los contenidos o notas significativas que lo componen –se encuentra contenido en el concepto sujeto. En este tipo de juicos el predicado no hace sino *analizar* el conjunto de notas o características que se refieren al sujeto, de ahí su nombre.

Dicho de esta manera, en los juicios analíticos el predicado es una parte o desdoblamiento del sujeto. Por ejemplo, es el caso del juicio: "El triángulo es una figura de tres lados", donde se observa que el *predicado* "figura de tres lados", ya está, de antemano, contenido o implícito en el *sujeto* "triángulo". Por el hecho de repetir lo que ya forma parte del sujeto, a este tipo de juicios se les ha caracterizado como *juicios tautológicos."* Lógica. Gustavo Escobar. Mc Graw Hill

Los *juicios analíticos* son *verdades lógicas,* según Kant, porque pueden conocerse sin observación sensorial, sólo por análisis del sujeto y son universales por convención; y los *juicios sintéticos* son *verdades empíricas,* porque añaden al concepto-sujeto hechos que son contingentes, los que pueden ser distintos mañana.

"El humano es animal racional", es un juicio analítico y una verdad lógica universal, que sin embargo no nos dice nada sobre la realidad, afirma Kant. "El humano es animal bípedo", en cambio, dice Kant, es un juicio sintético y una verdad empírica contingente, por lo que puede no ser verdad mañana.

El error básico de la dicotomía analítico-sintética reside en una mala comprensión de lo que es un concepto. Un concepto se basa en la observación de similitudes (menor diferencia) y diferencias. De tal forma, que tanto "el humano es animal racional", como "el humano es animal bípedo", como "el humano necesita agua", son hechos aprehendidos por observación de las cosas en el mundo –en el primer y segundo caso observando humanos, otros animales y plantas; en el tercer caso, observando lo que sucede cuando al humano se le priva del agua.

La dicotomía analítico-sintética trata a los conceptos como si su contenido estuviera limitado sólo a aquellas características usadas para definirlos. Pero la función cognitiva del concepto es precisamente la de servir como un archivo abierto, es decir, como un archivo donde se puede seguir guardando nuevos hechos aprehendidos por observación, en el momento en que se aprenden, y luego aplicarlos en proposiciones. La dicotomía analítico-sintética cierra el archivo inmediatamente después de que lo inicia, de tal manera que una nueva identificación conceptual se maneja como estipulación (verdad por definición) o como conjetura sobre asuntos contingentes. Un concepto se refiere a ciertos existentes, los que tienen las características que tienen. Toda característica de las unidades, toda información en el archivo conceptual, incluyendo la característica usada para formar el concepto, se aprehenden, directa o indirectamente, por observación perceptual.

Ninguna característica se aprehende o se valida por análisis del concepto. La observación de la realidad es la única forma de adquirir conocimiento. Todas esas "verdades analíticas" como "los solteros no están casados", o "A es A", o "el humano es animal racional" se basan en la percepción. No hay ninguna otra forma de conocimiento.

Capítulo 3

Ética

¿Por qué ser moral?

La moral es un código de valores que sirven para guiar las elecciones y acciones humanas, elecciones y acciones que determinan el propósito y el curso de la vida propia. Si la moral prescribe cómo debe una persona vivir su vida, la pregunta meta-ética: ¿Por qué ser moral?, plantea otras preguntas: ¿Debo rechazar las cosas de este mundo y concentrarme en lo espiritual para evitar sufrir? ¿Debo flagelarme y castigarme, y sufrir para alcanzar la salvación? ¿Debo buscar la utilidad en las cosas de este mundo? ¿Debo abrazar este mundo y buscar la felicidad aquí? ¿Por qué vivir de una forma o de otra? ¿Cuál es la forma correcta de vivir? **¿Cuál es el mérito de ser como Steve Jobs o ser como la madre Teresa? ¿Cuál es el fin al que debería dirigirse una guía normativa? ¿O, puede ser que no exista justificación para ser moral? ¿Es bueno intercambiar bienes o lo bueno es simplemente tomarlos? ¿Es bueno cooperar pacíficamente intercambiando valor por valor o lo bueno es tomar lo que uno quiera usando la fuerza,** por medio de la conquista armada? ¿Es bueno aceptar nuestra animalidad o por el contrario, lo bueno es rechazarla, ocultarla? ¿En este punto, quién tiene razón: Nietzsche o Mahoma o Agustín? ¿Es la vergüenza a exponer el cuerpo desnudo intuitiva, imperativa, o útil? ¿A qué estamos obligados moralmente? ¿Cuál comportamiento es moral y cuál inmoral? ¿Es el de las mujeres occidentales que en la playa de Saint Tropez van topless con tangas diminutas, o el de las mujeres musulmanas que se bañan con el burqa puesto? ¿Es el de contraer matrimonio, entre dos adultos por consentimiento propio, o entre un adulto y una niña de nueve años entregada por sus padres, sin su consentimiento? **¿Es el respetar la decisión de la mujer a vivir como quiera, o por el contrario, el tirarle ácido a la cara para castigarla por semejante atrevimiento? ¿Es correcto protestar contra la obligación moral? ¿Es correcto desconocer la autoridad moral? ¿Debe uno aceptar una moral?**

Según John Hospers la pregunta está mal concebida. En "Why Be Moral", *Readings in Ethical Theory,* dice: "Debemos ser morales, simplemente porque es lo correcto." "No sólo estamos preguntando '¿Por qué deberíamos hacer acciones correctas?' y dando la respuesta tautológica 'Porque son correctas'. Estamos preguntando, '¿Por qué deberíamos hacer esto en lugar de otras acciones que podríamos haber hecho?' y la respuesta es, 'Porque es la acción correcta'".

Sin embargo, Hospers no explora el por qué debería una persona reconocer la autoridad de determinado sistema moral. ¿Por qué deben considerarse algunas acciones como correctas? ¿Qué las hace correctas? Normalmente, si una persona 'debe' hacer algo, es para conseguir algún objetivo. Uno debe entrenar con dedicación si quiere llegar a ser campeón en un deporte dado. Uno debe lavarse los dientes si quiere evitar caries. Uno debe usar buenas pinturas si quiere que su obra de arte sea estable y no destiña. Uno debe investigar los hechos si quiere que sus noticias sean verídicas. Si la esfera de la moral es diferente, de tal modo que sus razones no estén ligadas a propósitos, debemos tener una explicación de su estado especial. Es imperativo pues, responder a ¿por qué ser moral?

Intuicionismo

La respuesta que ofrece el Intuicionismo, del cual es padre el Obispo y filósofo del siglo XVIII Joseph Butler, es que los humanos poseen conocimiento directo de lo bueno y lo malo. El sentido de obligación para hacer lo correcto es absolutamente inmediato y no derivado. La misma respuesta ofrece, David Hume, Adam Smith, William David Ross y Harold Arthur Prichard.

Según Butler, este conocimiento inmediato de lo bueno y lo malo se localiza en una facultad particular: la conciencia. Así como tenemos ojos para ver y oídos para oír, tenemos conciencia para distinguir lo bueno de lo malo, dice. La conciencia es un "principio superior de reflexión", una facultad que examina, aprueba o desaprueba, las diversas repercusiones de nuestra mente y actos. Sabemos, dice, que tenemos esta facultad, simplemente por observación de nuestra propia experiencia y la ajena.

Prichard sostiene que nuestra apreciación de la moralidad de una acción es inmediata. Nuestro sentido de lo correcto de una acción no es una conclusión de nuestra apreciación de su bondad o de ninguna otra cosa. La convicción de que ciertos actos son obligaciones, son inmediatos.

El intuicionismo sostiene que como la obligación moral es evidente, la razón de por qué ser moral es también evidente. La conciencia nos dicta lo que es correcto, lo que es bueno, cómo debemos actuar. Las convicciones morales de gente reflexiva y bien educada son los datos de la ética.

¿A qué exactamente se refieren los intuicionistas con intuición? En sentido estricto, la intuición es la visión directa de un existente que se muestra de un modo inmediato y concreto, es decir, sin intervención de otros conocimientos. Pero las verdades morales no son evidentes, no se perciben directamente, como lo prueban las posiciones antagónicas de europeos e islámicos. No son evidentes como es el rojo, o lo seco, o lo frio.

El intuicionista piensa que su conciencia le muestra la autoridad de sus intuiciones. ¿Pero cuál es la diferencia entre conciencia y consciencia? Pues conciencia es aquella autoridad interior que manifiesta al humano de manera enteramente personal y forzosamente perceptible lo que debe hacer o dejar de hacer. Y consciencia, con "s", es la facultad de percibir y conocer la realidad. En los seres humanos es racional, es decir, capaz de conceptualizar. Por tanto el humano puede reflexionar sobre sus acciones, sobre asuntos morales, sobre que debe uno hacer y que no, censurándose o no, aprobando la propia acción o no, o la de otros.

Pero la habilidad de razonar o reflexionar sobre asuntos morales, carece por completo de las características que lo intuicionistas le atribuyen a dicha facultad. Ciertamente no es universal. Cuando se emplea dicha facultad, no siempre se hace razonando bien. Y las personas no llegan a las mismas respuestas o convicciones. Ni tampoco adquirimos conocimiento moral, de verdades morales obvias, simplemente abriendo nuestros "ojos morales".

La habilidad de pensar sobre asuntos morales no opera automáticamente, depende de la voluntad de cada persona. El que razone bien o no, depende del principio que emplee y la información que considere. La lógica de sus conclusiones depende de las inferencias que haga y la objetividad con que las haga. Un error en cualquier paso de la cadena de inferencias invalida las conclusiones. Además no nacemos con ideas innatas de verdades morales, pues si las tuviéramos, habría más uniformidad en las opiniones morales de la gente. Evidente se refiere a nuestra forma de darnos cuenta de algo, de conocer algo. Lo evidente es lo que se puede conocer directamente, sin referencia a otra cosa, hechos, información o conocimiento. Lo evidente es lo que se presenta disponible a los sentidos.

¿Es cierto que las verdades morales son evidentes? Veamos algunos ejemplos: Es malo engañar; es malo ser polígamo; es malo andar desnudo; es malo no obedecer al marido; es malo abortar; es malo matar; es malo ser desleal; es malo ser orgulloso; es malo ser humilde; es malo ser infiel; es malo ser deshonesto. ¿Son las anteriores verdades evidentes? Lo único obvio de estas afirmaciones es que no son aceptadas por todos. Lo que los intuicionistas afirman que es evidente no es evidente para todos. Los intuicionistas podrían tratar de defender su postura alegando que la mitad de la población mundial, sufre de una conciencia defectuosa que deteriora la habilidad de apreciar lo evidente. Pero este argumento es francamente inverosímil, y destruye el argumento de que todos sabemos lo que es correcto y lo que no. Y si no todos sabemos lo que es correcto y lo que no, entonces se cae el argumento de la conciencia.

Tenemos pues, muchas razones para rechazar la teoría de los intuicionistas, que es una forma de subjetivismo emocional y afirmar con certeza que: Las verdades morales no son evidentes.

Los intuicionistas no pueden explicar la diferencia entre "lo sé por intuición" de "lo creo" o "lo siento". Por lo tanto las razones que los intuicionistas dan de por qué una persona debe ser moral son totalmente arbitrarias.

Contractualismo

La respuesta que ofrece el Contractualismo, del cual es padre el filósofo del siglo XVII, Thomas Hobbes, es que una acción, o práctica, o ley, o estructura social, es moralmente permisible, si los principios en los que se basa, son resultado de un acuerdo entre los miembros de la sociedad. La responsabilidad moral resulta de las acciones deliberadas que se ajusten o no a los principios acordados en el contrato social. Uno debe ser moral, porque uno acordó, por medio de un contrato, explícito o tácito, ser moral.

Según los contractualistas, la gente se restringe voluntariamente porque esperan obtener un mejor resultado que de no hacerlo. En el modelo de Hobbes, los individuos cambian su libertad por seguridad, y así poder prosperar, lo que sería imposible en una sociedad amoral. Según ellos, hace sentido ponerse de acuerdo en restringirse en algunas libertades para aumentar el propio bienestar. Lo que motiva a la gente a acordar y cumplir los incisos del contrato inicial es el interés propio.

David Guthier, el contractualista contemporáneo dice en su libro *Morals by Agreement*, que la moral por acuerdo es una racional contractual para distinguir lo que uno puede o no hacer. Los principios morales se incluyen como acuerdos entre personas racionales. Guthier considera que una moral basada en un contrato, restringe el interés propio de una persona en formas que a la larga le son verdaderamente más ventajosas. Rechaza la intuición como base moral, y considera que para ser racional hay que ser moral.

El Contractualismo es atractivo para muchos, pues parece ser de sentido común, que si una persona acepta hacer algo, es totalmente justo exigir que cumpla su palabra. El consenso es garantía suficiente para la obligación. "Usted dijo que lo haría, entonces usted debe hacerlo", es una regla tan básica de las relaciones humanas, que parece ser un buen principio. Comparado con el intuicionismo, es en extremo simple, sin "verdades morales evidentes" que uno deba descifrar. La moral contractual no impone obligaciones no aceptadas –una persona sólo se obliga a lo que ha aceptado hacer. Los contractualistas alegan, además, que es un sistema moral realista, pues acepta a las personas como realmente son. Reconoce que la gente tiene una amplia diversidad de valores, fines, gustos y deseos, y funciona bien con toda esta pluralidad de intereses al permitir a cada individuo buscar conseguir sus diferentes ideales, en tanto no viole las reglas morales acordadas. Es decir, que uno puede hacer lo que quiera siempre y cuando no viole lo acordado. El Contractualismo construye una moral, como una serie de reglas básicas de conducta, necesarias para mantener el orden requerido para que las personas puedan buscar sus propios fines.

Además, insisten los contactualistas, que su sistema es realista pues también reconocen que la naturaleza humana es egoísta, es decir, que el hombre ve por su interés propio. Acepta que el gran motivador de las acciones humanas es el interés propio. Uno debe ser moral, es decir, cumplir con el contrato, porque así conseguirá uno lo que quiere. La base para la moral está en la motivación del interés propio, que identifica que es mejor vivir bajo reglas morales que en un mundo amoral de libertad para hacer cualquier cosa.

Pero entonces, no hay límites a las reglas que puedan adoptarse en el contrato. Cualquier código moral es válido, en tanto la gente esté de acuerdo, de tal manera que lo que se acuerda obliga.

Si no hay consideraciones extra contractuales que rijan las reglas que puedan adoptarse, no hay manera de condenar las atrocidades que un grupo de gente pueda acordar. Entonces, si uno está de acuerdo con reprimir a la mujer y obligarla a vestir el burqa, esta moral es correcta. O si uno acuerda el matrimonio entre adultos y niñas, esto es correcto. O si uno acuerda que las mujeres son animales domésticos, y que hay que pegarles para que obedezcan, esto también es correcto. Y tirarle ácido a la cara de la mujer desobediente, desde luego que es correcto si así lo acordamos. Y si acordamos bañarnos públicamente desnudos en la playa, como hacen los nudistas, también es correcto.

Una objeción relacionada se enfoca en qué precisamente es lo que genera la obligación. ¿Por qué obliga el contrato? ¿Es el hecho de que la persona dio su palabra? O ¿es el hecho de que al hacer el contrato moral, uno específicamente promete que uno se obliga a hacer algo? ¿Qué pasa si alguien se arrepiente y retira su palabra? ¿Acaso no es suficiente retirar su palabra, es decir, su consentimiento, para que una persona se excuse de una obligación que se generó en un contrato? Eso debilitaría y o aplastaría la autoridad moral. El contractualista debe demostrar por qué el acuerdo es suficiente para adquirir una obligación moral pero no para desligarse.

¿Y qué obliga a cumplir la palabra empeñada? Deberíamos suponer una obligación pre-contractual. Entonces el contrato no es la respuesta a "¿por qué ser moral?" Se necesita una razón extra contractual que obligue a cumplir la palabra, y esto es reconocer que el contrato no es la fuente fundamental de la obligación moral. Además, para que la gente acepte el contrato, debe considerar que éste es justo. ¿De dónde viene la autoridad moral que establece que algo es justo?

Además el Contractualismo no tiene forma de obligar a aquellos que no firmaron el contrato. Sólo alcanza a los firmantes. Por lo mismo no ofrece ninguna base para criticar a aquellos que no estuvieron de acuerdo ni respetan los términos del contrato.

Otro problema que tiene el Contactualismo es que sólo da un aspecto social de la moral, al tratar con obligaciones entre personas. Omite por completo la conducta referente al agente, a cuidarse a sí mismo.

A lo sumo el Contractualismo sería un fundamento incompleto para algunos elementos morales.

No obstante, los contractualistas contestan a las críticas diciendo que los términos del contrato moral evitarían el relativismo, porque estos sirven para permitir que una persona alcance sus propios intereses y ese es el camino más razonable. El problema es que citar el interés propio o la razón como fundamento de la obligación moral es distanciarse de Contractualismo. Fortalecer el Contractualismo usando elementos extra-contractuales que establezcan la obligación de cumplimiento, muestra que el acuerdo mutuo no es el fundamento último de la obligación moral. El Contractualismo no puede originar la obligación moral siendo verdaderamente contractualista. Si la razón o el interés propio explican la obligación, el contrato es un instrumento incompleto para generar las obligaciones, e insuficiente para ser la base de la moral, y por lo tanto, es irrelevante e innecesario.

A lo que objetan la mayoría que critican el Contractualismo, es al egoísmo o interés propio como generador de obligaciones. Consideran que el Contractualismo no es una teoría moral si la gente acuerda restringirse en ciertas acciones porque le conviene, porque promueve su propio interés, porque le ayuda a alcanzar sus fines. Le falta al Contractualismo el carácter distintivo moral del "deber". Es sólo una estrategia para servir al interés propio. Además, si el interés propio es lo que motiva a aceptar el contrato, también motivará a violarlo o rechazarlo cuando interfiera con el interés de uno. Por lo tanto no se puede basar la moralidad en el interés propio, dicen.

De hecho esta conclusión, que comparte el Contractualismo es errada. Consideran quienes así piensan que se puede servir mejor el propio interés violando lo moral. La moral sólo se concibe como una restricción al interés propio. Por tanto, la moral se visualiza como la segunda mejor opción para promover el interés propio. Si esta concepción de la moral fuera correcta, y la moral representa un mal necesario, la lógica del beneficiario gratuito es impecable. La moralidad, por tanto, debería eludirse cada vez que sea posible.

Hobbes responde al problema del beneficiario gratuito afirmando que una persona no puede estar segura que le será beneficioso desobedecer las reglas. Puede ser que cumplir con las reglas sea de su interés, porque uno no sabe cómo pueden cambiar los acontecimientos. Lo que es más, dice, uno necesita aliados. Particularmente, en nuestra natural condición antagonista de guerra, ningún hombre puede esperar que su propia fuerza o ingenio lo libre de la destrucción, sin la ayuda de aliados. Así que al quebrar el contrato, una persona se aislaría, tontamente, de otros, cuya amistad y ayuda necesita. Así que la mejor estrategia es la cooperación consistente. Según los contactualistas, el beneficiario gratuito se equivoca al creer que es de su interés hacer trampa, cuando de hecho no es así.

La objeción de los contractualistas al beneficiario gratuito, no consiste en que éste no pueda servir mejor sus intereses apartándose de las reglas morales por la naturaleza de los intereses o de las acciones inmorales, sino que en base a que sacrificar los beneficios que derivaría de ser inmoral es una mejor apuesta. El Contractualismo no invoca un estándar de bienestar objetivo que no se conseguiría siendo inmoral. Tampoco sostiene que sólo la adherencia disciplinada a un código particular de acción puede aumentar el bienestar personal. Lo que dice es que es mejor sacrificar algo del interés propio para conseguir la seguridad que da la fuerza grupal. El argumento de Hobbes, de que una persona no debería arriesgarse a alienar aliados potenciales haciendo trampa, implica que hay intereses que podrían servirse mejor violando las reglas, es decir, cuando pueda hacer lo que quiera. De hecho, esta mentalidad sugiere que si uno no es descubierto, es mejor violar las reglas. El escenario ideal, entonces, es aquel en el que la violación de la moral pueda hacerse sin ser detectado.

El Contractualismo no puede establecer qué se desvía del interés de las personas, pues no pueden establecer objetivamente lo que es de interés para cada quien. Una teoría subjetiva de intereses no sirve para criticar ninguna decisión de desviarse del contrato. ¿Qué es de interés personal? ¿Acaso ser reprimida y llevar burqa en la playa? O, ¿flagelarse y mutilarse? O, ¿andar desnuda en la playa? O ¿entrenarse para fortalecer el cuerpo? El interés objetivo no depende de cada quién, no es asunto arbitrario ni de gustos. El interés objetivo depende de una explicación de lo que es de interés, y de estándares apropiados para medirlo. Ahora la objetividad del interés debilita el argumento Contractualista, pues el papel del contrato sería menor, al apelar al egoísmo como base de la obligación moral.

Pero la falla más importante y fundamental del Contractualismo reside en su falta de fundamento paras establecer las raíces de la moralidad. Su acercamiento a la autoridad moral es muy superficial, porque es muy social, basado en las actitudes y acciones de los otros. Según el Contractualismo, el problema fundamental a salvar por la moral son los otros. Es la amenaza de los intereses de los otros la que nos lleva a hacer las paces y establecer reglas de moralidad. Y es la perspectiva de que otros descubran las transgresiones lo que conduce a adherirse estrictamente al contrato. En ausencia de otra gente, el concepto de moralidad, no surgiría. La sociedad es la que define la moral para el Contractualismo; lo que un grupo de personas desean, determina las prescripciones morales. El Contractualismo, al asumir que lo que la gente acuerda hacer es la base de la obligación moral, falla en reconocer una necesidad más primitiva y natural de actuar de cierta manera y no de otra. Al suponer que la moralidad es cuestión de un arreglo opcional y contingente, que depende sólo de los deseos de un grupo de individuos, falla en identificar lo que verdaderamente está en juego cuando actuamos. Esta indiferencia se hace patente en la poca atención que presta el Contractualismo al contenido de un código moral. Una vez, un grupo de personas decidan ciertas restricciones de acuerdo a sus deseos, cualquiera que sea el arreglo, éste servirá. Sus deseos son el único árbitro de lo que requiere la moral. El Contractualismo implica que si la gente no acuerda un código de conducta, uno no tendría razón para ser moral.

Hobbes considera que la vida amoral es fea, brutal y corta. Una vida así es desagradable. Es molesto tener que dejar con llave las puertas y tener que armarse cuando uno viaja. No nos gusta vivir de ese modo. Un contrato es un intento de asegurar una existencia más agradable y confortable. Sin embargo este argumento no representa lo que todo humano necesita, lo que requiere la vida misma.

Cualquier código moral construido en base a los deseos de un grupo es tan caprichoso como el gusto popular. Al ser tan inconstante, el Contractualismo falla en proveer un código moral que llene la función de la moral.

Racionalismo

La respuesta del Racionalismo, del cual el pensador paradigmático es el filósofo del siglo XVIII, Immanuel Kant, es que debemos ser morales porque lo requiere la racionalidad. La moral y la razón van de la mano. Hacer lo que es correcto es hacer lo que es racional. Kant dice en su *Fundamentos de la Metafísica de la Moral,* que "todo concepto moral tiene su base y origen enteramente en la razón a priori." Las leyes morales, nos dice, son para todo ser racional como tal. Las obligaciones morales aplican sólo a agentes racionales.

Sin embargo, la razón, según Kant, no nos sirve al crear prosperidad, para gozar la vida y cultivar la felicidad, sino que:

> *"Pues como la razón no es bastante apta para dirigir seguramente a la voluntad, en lo que se refiere a los objetos de ésta y a la satisfacción de nuestras necesidades -que en parte la razón misma multiplica-, a cuyo fin nos hubiera conducido mucho mejor un instinto natural ingénito; como, sin embargo, por otra parte, nos ha sido concedida la razón como facultad práctica, es decir, como una facultad que debe tener influjo sobre la voluntad, resulta que el destino verdadero de la razón tiene que ser el de producir una voluntad buena, no en tal o cual respecto, como medio, sino buena en sí misma, cosa para lo cual era la razón necesaria absolutamente, si es así que la naturaleza en la distribución de las disposiciones ha procedido por doquiera con un sentido de finalidad."* [Kant. Fundamentos]

El concepto central kantiano del deber expresa que hay ciertas cosas que una persona simplemente debe hacer. Las debe hacer en cuanto ser racional. Dicho de otro modo, es nuestra racionalidad la que nos obliga:

> *"Para desenvolver el concepto de una voluntad digna de ser estimada por sí misma, de una voluntad buena sin ningún propósito ulterior, tal como ya se encuentra en el sano entendimiento natural, sin que necesite ser enseñado, sino, más bien explicado, para desenvolver ese concepto que se halla siempre en la cúspide de toda la estimación que hacemos de condición de todo lo demás, vamos a considerar el concepto del deber, que contiene el de una voluntad buena, si bien bajo ciertas restricciones y obstáculos subjetivos, los cuales, sin embargo, lejos de ocultarlo y hacerlo incognoscible, más bien por contraste lo hacen resaltar y aparecer con mayor claridad. Prescindo aquí de todas aquellas acciones conocidas ya como contrarias al deber, aunque en este o aquel sentido puedan ser útiles; en efecto, en ellas ni siquiera se plantea la cuestión de si pueden suceder por deber, puesto que ocurren en contra de éste. También dejaré a un lado las acciones que, siendo realmente conformes al deber, no son de aquellas hacia las cuales el hombre siente inclinación inmediatamente; pero, sin embargo, las lleva a cabo porque otra inclinación le empuja a ello. En efecto; en estos casos puede distinguirse muy fácilmente si la acción conforme al deber ha sucedido por deber o por una intención egoísta."* [Kant. Fundamentos]
>
> Y continúa: "*Por ejemplo: es, desde luego, conforme al deber que el mercader no cobre más caro a un comprador inexperto; y en los sitios donde hay mucho comercio, el comerciante avisado y prudente no lo hace, en efecto, sino que mantiene un precio fijo para todos en general, de suerte que un niño puede comprar en su casa tan bien como otro cualquiera. Así, pues, uno es servido honradamente. Mas esto no es ni mucho menos suficiente para creer que el mercader haya obrado así por deber, por principios de honradez: su provecho lo exigía; mas no es posible admitir además que el comerciante tenga una inclinación inmediata hacia los compradores, de suerte que por amor a ellos, por decirlo así, no haga diferencias a ninguno en el precio. Así, pues, la acción no ha sucedido ni por deber ni por inclinación inmediata, sino simplemente con una intención egoísta..*" [Kant. Fundamentos]

Según Kant, la ley moral se da en todos los seres racionales y volitivos a manera de un imperativo, es decir, en una necesidad de actuar por mera razón, en un deber. Este imperativo es categórico porque manda incondicionalmente. Presenta una acción como objetivamente necesaria por sí misma. En cambio todos los demás imperativos son *hipotéticos*, por resultar del enlace entre fin y medio.

Es propio del *imperativo categórico* el ser meramente formal: no se refiere al objeto (materia) de la acción, sino a la forma solamente. La autoridad del *imperativo categórico* kantiano se supone válida y confiable, no porque los deseos o preferencias del agente anticipan las consecuencias de distintos cursos de acción, sino porque la razón sanciona la acción de uso universal. El *imperativo categórico* es una obligación incondicional. La prueba de cualquier acción es si la razón puede sancionar su aplicación universal. Si la máxima o principio o regla de conducta no puede convertirse en ley universal, ésta debe rechazarse. Como dice Kant:

> *"debe rechazarse, no porque causa alguna desventaja para mí o aún a otros, sino porque no puede ser un principio en una posible promulgación de ley universal, y la razón exige de mi inmediato respeto para tal legislación... La renuncia a todo interés es la marca específica del imperativo categórico, que lo distingue de lo hipotético."* [Kant. Fundamentos]

Kant presenta el imperativo categórico en tres fórmulas:

1. La fórmula de la universalidad de la ley.
2. La fórmula de la humanidad como un fin en sí misma.
3. La fórmula de la voluntad general legisladora.

La primera fórmula, de la universalidad de la ley, dice: «Obra de tal manera que la máxima de tu voluntad pueda a la vez ser en todo tiempo principio de una legislación universal.» La máxima del agente es su "principio subjetivo de acción humana", lo que considera su razón para actuar. Para establecer la universalidad de la máxima hay que cumplir con 5 pasos:

1. Encontrar la máxima del agente. Por ejemplo: "Voy a mentir porque me beneficia." Mentir es la acción; la motivación es satisfacer el deseo de beneficio propio. Juntos forman la máxima.
2. Imaginar un mundo posible en donde todos se comportaran según la máxima del agente del mundo real. Sin excepción alguna, ni uno mismo. Esto es para atar a los demás al mismo principio requerido para uno mismo.
3. Decidir si surgen contradicciones o irracionalidades en el mundo posible como consecuencia de seguir la máxima.
4. Si surgen contradicciones o irracionalidades en el mundo posible como consecuencia de seguir la máxima, actuar en base a esa máxima en el mundo real no es permitido.
5. Si no surgen contradicciones o irracionalidades en el mundo posible como consecuencia de seguir la máxima, actuar en base a esa máxima en el mundo real es permitido y a veces requerido.

La segunda fórmula, de la humanidad como un fin en sí misma, sostiene que el ser racional, es por su naturaleza un fin y por tanto un fin en sí mismo, debe servir en cada máxima como condición que restringe los fines relativos y arbitrarios. El principio dicta que uno actúe con referencia a todo ser racional (ya sea uno mismo u otro), de tal manera que sea un fin en sí mismo en la máxima, lo que quiere decir, que el ser racional es la base de toda máxima de acción, y nunca debe ser tratado como un medio, sino como un fin en sí mismo.

La tercera fórmula, de autonomía o de la voluntad general legisladora, es una síntesis de las dos primeras y la base para la determinación completa de todas las máximas. Dice: «Actúa de tal manera como si tus máximas debieran servir al mismo tiempo como la ley universal de todos los seres racionales»

La máxima del ejemplo: "Voy a mentir porque me beneficia", viola la fórmula de la humanidad como un fin en sí misma, pues al mentir o engañar al otro, lo uso como un medio para conseguir mis fines, negándole el trato que se merece como ser racional. Si todo el mundo se comportara según esa máxima ("voy a mentir porque me beneficia"), todos se tratarían como medios para conseguir sus respectivos fines, negándose el trato como seres racionales, por cuanto esta conducta sería a todas luces irracional. Por tanto, dicha máxima ("voy a mentir porque me beneficia"), no es apta para ser ley universal, por lo que viola también la primera y tercera fórmulas, y en consecuencia actuar en base a esa máxima en el mundo real no es permitido.

Según Kant, el acto sólo tiene valor moral si se hace motivado por el sentido de obligación; si es motivado por un interés personal, entonces carece de valor moral. La consecuencia final no es lo importante de la acción, sino la intención:

> *"La buena voluntad no es buena por lo que efectúe o realice, no es buena por su adecuación para alcanzar algún fin que nos hayamos propuesto; es buena sólo por el querer, es decir, es buena en sí misma. Considerada por sí misma, es, sin comparación, muchísimo más valiosa que todo lo que por medio de ella pudiéramos verificar en provecho o gracia de alguna inclinación y, si se quiere, de la suma de todas las inclinaciones. Aun cuando, por particulares enconos del azar o por la mezquindad de una naturaleza madrastra, le faltase por completo a esa voluntad la facultad de sacar adelante su propósito; si, a pesar de sus mayores esfuerzos, no pudiera llevar a cabo nada y sólo quedase la buena voluntad -no desde luego como un mero deseo, sino como el acopio de todos los medios que están en nuestro poder-, sería esa buena voluntad como una joya brillante por sí misma, como algo que en sí mismo poseo su pleno valor. La utilidad o la esterilidad no pueden ni añadir ni quitar nada a ese valor. Serían, por decirlo así, como la montura, para poderla tener más a la mano en el comercio vulgar o llamar la atención de los poco versados-, que los peritos no necesitan de tales reclamos para determinar su valor."* [Kant. Fundamentos]

La frase de Kant, *Fiat justitia, pereat mundus,* (hágase justicia aunque el mundo perezca), ilustra la naturaleza anti-utilitarista de su moral, en donde resalta que existe una diferencia entre preferencias y valores.

Kant dice:

> *Todo tiene ya sea un precio o una dignidad. Lo que sea que tiene precio puede remplazarse por otra cosa como su equivalente; por otro lado, lo que sea que está por encima de todo precio, y por tanto no admite equivalente, tiene dignidad. Pero aquello que constituye la condición bajo la cual algo puede ser un fin en sí mismo no tiene un mero valor relativo, es decir, un precio, sino que un valor intrínseco, es decir, dignidad."* [Kant. Fundamentos]

Según Kant, el acto moral es su propia recompensa. *"No es necesario que mientras viva deba vivir feliz; pero es necesario que en tanto viva deba vivir honorablemente."* [Kant. Fundamentos] Nuestra felicidad es secundaria porque la racionalidad es nuestro interés prioritario. La moralidad, dice Kant, es un fin objetivo, un fin de la razón pura, porque la naturaleza racional existe como un fin en sí misma. De ahí la oposición de Kant al suicidio, ya que destruiría la moral en el sujeto de la moralidad. Sería un acto, según él, no honorable.

Según Alan Gerwith, uno de los más importantes racionalistas del siglo XX, cualquier agente, debe actuar según el "Principio de Consistencia Genérica", es decir, de acuerdo con su, y el de todo otro agente, derecho genérico a la libertad y bienestar. Este "Principio de Consistencia Genérica" se deriva lógicamente de la naturaleza y estructura de la acción humana. La razón lleva a reconocer el PCG, cuyo precepto manda que todo agente debe actuar de acuerdo con los derechos genéricos de sus receptores como de sí mismo. Cuando un agente viola el "Principio de Consistencia Genérica", su acción es irracional.

La respuesta del Racionalismo a la pregunta: ¿Por qué ser moral?, es entonces, porque lo moral es lo racional, y como criaturas racionales debemos actuar racionalmente.

Esta respuesta, si uno puede demostrar que las demandas morales coinciden con las racionales, parece ser la explicación más satisfactoria de las bases de la moralidad. Si la racionalidad exige moralidad, el respeto por la razón dicta igual respeto por la moralidad. A diferencia del Contractualismo, el Racionalismo establece una genuina obligación integral a actuar racionalmente. No es cuestión de deseos, de acuerdos, sino que uno está atado por la moralidad, quiéralo o no. Para el Racionalismo, las obligaciones morales son hechos inescapables, son lo dado, no son optativas. Ser inmoral es ser irracional, y nadie puede tener una buena razón para ser irracional. Como el racionalismo basa las raíces de la moralidad en nuestra facultad racional, la moral demanda que se aplique a todos por igual. La obligación no reside en la contingencia de los distintos fines de individuos particulares. Todos están obligados por igual, no sólo aquellos que temen el infierno o el ostracismo social. La obligación moral fundamentada en la razón obliga a todo el mundo, aún a aquel que pretende ser inmoral, a diferencia del Contractualismo, que sólo obliga al que acordó.

El Racionalismo es neutral, pues como la obligación moral se fundamenta en la razón, está desprovista de prejuicios. La razón es imparcial y no se pliega a las agendas de nadie. El carácter incondicional de la ley moral, establece la base para una crítica a los principios inauténticos de la moralidad.

Ahora, el defecto del racionalismo es que se basa en una concepción distorsionada de la razón.

Primero, ¿cómo puede formular el racionalismo, prescripciones normativas? Una moral que sirva a su propósito debe ofrecer dirección para guiar a la gente hacia o alejarla de, cierto tipo de acciones. Si la razón es "pura" en el sentido que sugieren los racionalistas, aparte de que la acción debe ser ley universal y general para todos, tratándolos como personas según el "Principio de Consistencia Genérica", no tiene bases para generar ninguna dirección. ¿Es moral trabajar para mejorar mi bienandanza? ¿Es moral ejercitarme para mejorar mi salud? Según Kant, esas acciones no serían morales pues tienen fin contingente de acuerdo a mis intereses personales. Carecen de la marca de todo imperativo categórico: la renuncia a todo interés personal, todo interés egoísta. ¿Pero no exigiría la razón que atendiera a mi salud para que no disminuya o mengüe la moral en el sujeto de la moralidad? Kant nos responde:

> *"En cambio, conservar cada cual su vida es un deber, y además todos tenemos una inmediata inclinación a hacerlo así. Mas, por eso mismo, el cuidado angustioso que la mayor parte de los hombres pone en ello no tiene un valor interior, y la máxima que rige ese cuidado carece de un contenido moral. Conservan su vida conformemente al deber, sí; pero no por deber. En cambio, cuando las adversidades y una pena sin consuelo han arrebatado a un hombre todo el gusto por la vida, si este infeliz, con ánimo entero y sintiendo más indignación que apocamiento o desaliento, y aun deseando la muerte, conserva su vida, sin amarla, sólo por deber y no por inclinación o miedo, entonces su máxima sí tiene un contenido moral... aunque la universal tendencia a la felicidad, no determine su voluntad, aunque la salud no entre para él tan necesariamente en los términos de su apreciación, queda, sin embargo, aquí, como en todos los demás casos, una ley, a saber: la de procurar cada cual su propia felicidad, no por inclinación, sino por deber, y sólo entonces tiene su conducta un verdadero valor moral.."* [Kant. Fundamentos]

Entonces, esas acciones sólo serían morales si se hacen por obedecer el imperativo categórico, que es un fin en sí, de mantenerse vivo, en la mejor condición posible, y uno las hace a pesar de lo mucho que le desagradan. Ahora, he aquí un problema, ¿cómo no tener interés en mantenerse con vida? ¿No es moral actuar para mantenerse con vida a menos que uno quiera suicidarse?

Y ¿Qué hay de la filantropía? ¿Qué hay del amor? ¿Es moral procurar la bienandanza del ser amado, de aquellos a quienes uno valora? No, dice Kant, no es moral si uno los ama por inclinación a hacerlo. El amor debe ser por deber. Incluso debe uno amar a su enemigo. ¿Por qué debe uno amar a su enemigo? Nuevamente Kant nos ilustra el punto:

> *"Así hay que entender, sin duda alguna, los pasajes de la Escritura en donde se ordena que amemos al prójimo, incluso al enemigo. En efecto, el amor, como inclinación, no puede ser mandado; pero hacer el bien por deber, aun cuando ninguna inclinación empuje a ello y hasta se oponga una aversión natural e invencible, es amor práctico y no patológico, amor que tiene su asiento en la voluntad y no en una tendencia de la sensación, que se funda en principios de*

la acción y no en tierna compasión, y éste es el único que puede ser ordenado." [Kant. Fundamentos]

La racionalidad, como vimos en el capítulo de epistemología, es un procedimiento de descubrir relaciones lógicas entre existentes, por lo que requiere de cierto material –observaciones, hechos, datos, información, premisas. La debilidad del Racionalismo está en su tendencia a interpretar la razón, sólo como exigencia de universalidad formal, sin entrar en la racionalidad del contenido.

La acción es siempre conducta deliberada, sigue un propósito. Esta acción puede ser mal razonada, no razonada o bien razonada. Por ejemplo una persona estudia filosofía para saber sobré ética. Una persona consulta un mapa para orientarse y llegar mejor a su destino. El mundo nos presenta hechos, pero no razones para actuar. Los hechos sólo se convierten en razones relativas al propósito de la persona. Las razones para actuar son hechos que atañen en alcanzar los fines de una persona. Indican si un curso de acción conducen o no a conseguir determinado fin. Una razón para actuar, muestra una cadena de hechos hacia el objetivo. No se puede establecer la racionalidad de una acción en tanto no se sepa que intenta conseguir. Es hasta que una persona identifica su propósito, que puede saber qué información es relevante y cual no, que conexiones buscar, que tipo de inferencias hacer, que peso asignar a distintos hechos. ¿Qué se necesita para una acción bien razonada? Mucha información.

¿Y cómo se justifica un curso de acción y no otro? Cuando razonando bien se establece una razón contundente para hacer algo. Y ¿cómo se establece esa razón contundente, que no deja lugar a discusión? Nuevamente, con mucha información, información que le sirva al agente para tomar la mejor decisión en relación a su propósito. La racionalidad de la acción de una persona es una función de su relación con todos sus fines, así como con los medios disponibles para alcanzar dichos fines. No podemos saber, por ejemplo, si patrocinar determinada empresa hasta saber que pretende conseguir el agente, de que recursos dispone (tiempo, personal, equipo, experiencia) y que alternativas hay. Un agente racional debe velar por su fin más amplio, su mayor bien, su vida como un todo, en lugar de sólo algún estrecho aspecto de ese fin. Una acción completamente racional, no se dirige sólo a un fin, sino a un fin último. Por eso, la justificación para la acción consiste en adherirse a las prioridades personales. Un bien mayor no debe sufrir por causa de bienes menores.

Sería irracional, por ejemplo, irse de parranda, beber hasta la borrachera la noche anterior a tomar el examen privado para conseguir el título de ingeniero. Es tonto actuar de esa manera, para conseguir un fin arruinando otro fin más importante. Sería irracional apostar el dinero que uno ha ahorrado por diez años para poner su propio negocio, en un juego. ¿Pero qué pasa si el fin de una persona no es racional? ¿No requiere la justificación que el fin sea racional? No todos los fines son racionales. Flagelarse para agradar a un Dios, no parece ser racional. Tampoco lo es enterar la cabeza en el suelo. Tal vez, si un joven que desea aplicar a una beca para ser miembro del equipo de halterofilia de la universidad, debería revisar sus aptitudes atléticas primero. O tal vez si alguien quiere comprar un auto, debería ver si ya no tiene deudas y si puede pagarlo.

Uno justifica una acción en relación a alguna otra cosa. Por ejemplo, una empresa puede justificar el pago de bonos para incentivar un tipo particular de trabajo. Ahora el hecho de que la gente pueda escoger sus fines, y de que los fines son indispensables para la acción racional, no quiere decir que la racionalidad sea compatible con cualquier fin. Todo fin elegido tiene consecuencias de las que no puede escapar el agente. Esta es la base, el cimiento, sancionador de la razón. Además los fines no son siempre mutuamente compatibles. Distintos fines compiten entre sí. El agente debe elegir uno, y éste mina a las otras opciones. Esto se llama costo de oportunidad. Si una persona elige morirse de hambre, comiendo muy poco con tal verse delgada, puede poner en peligro su vida. Si tiene una infección en el ojo y no la trata por perseguir otro fin, puede quedar ciega. Si ingiere ciertas drogas puede disminuir su habilidad de pensar y dañar su cerebro.

En última instancia es la realidad quien gobierna sobre las opciones que uno tiene. Las elecciones sobre qué fin perseguir no altera la naturaleza del universo en que uno actúa. La habilidad de elegir fines no conlleva la habilidad de rehacer la realidad conforme nuestra voluntad. Los hechos determinan que pasos son necesarios para alcanzar un fin, sea este llegar a la Luna, construir un puente, vivir una vida saludable, etc. Y son los hechos los que determinan las consecuencias de las acciones.

Si una persona realmente quiere algo, debe identificar de modo realista los medios para conseguirlo. Debe identificar que sus acciones no entorpezcan o imposibiliten conseguir sus fines. Debe identificar que el fin perseguido no sacrifique sus fines más importantes. Debe identificar la realidad, que puede mostrarle que hay fines que no se pueden conseguir y otros que sí. Y como la razón es la facultad que identifica la realidad, es ésta, la realidad la que establece el estándar de racionalidad. Al final, la única "razón" para obedecer la razón, es que para conseguir uno sus fines, uno tiene que ajustarse a la realidad, es decir, guiar uno sus juicios y actos basado en como son las cosas.

Si quiero vivir, por ejemplo, tengo que comer; para comer tengo que producir comida o encontrar trabajo o producir un producto que pueda intercambiar con otros para luego obtener comida. Nadie puede proponerse como fin vivir a base de una dieta de cartón. Se muere. La realidad tiene la última palabra. Y si quiere vivir bajo el agua, como un pez, y procede a hacerlo, se muere. Su acción no es racional porque simplemente no es posible hacerla. Así como un pez no puede vivir fuera del agua, una persona no puede vivir fuera de la realidad, tratando de contravenir su naturaleza o la de su entorno.

La forma de establecer si un fin es racional, es ver la realidad y preguntar: ¿Es este fin alcanzable, viable, factible, posible? ¿Qué se necesita para alcanzarlo? ¿Lo que requiere, mina otros fines más vitales? Para establecer la racionalidad de los fines, una persona debe considerar, si es un objetivo factible, cómo se puede llevar a cabo, y cuánto cuesta. Si el fin es imposible de alcanzar o conseguir, es un fin irracional. Si el fin sólo puede alcanzarse o conseguirse poniendo en riesgo o en peligro o comprometiendo otros fines más vitales, es un fin irracional. Si el fin es anti económico, es irracional. En pocas palabras, si el fin riñe con la realidad, es irracional.

La razón para ser racional es la realidad. Es ésta la que establece el estándar de racionalidad. La razón es la facultad que identifica la realidad y su raíz es la ley de identidad: el hecho de que las cosas actúan de acuerdo a lo que son, de acuerdo a su naturaleza, y que quien quiera alcanzar un fin, debe tomar en cuenta la naturaleza de los existentes relevantes.

El Racionalismo falla entonces, debido a que su concepción distorsionada de la razón, destruye la razón. De hecho, como supone una razón pura, sin componentes empíricos, y no corrupta por fines, es incapaz de proponer una razón para ser racional. Pues, ¿para qué ser racional? ¿Sólo para serlo? Los racionalistas proponen una moral sin sentido, al insistir que la moralidad es un fin en sí misma, y abogan por el deber por el deber. Una moral sin sentido no puede explicar por qué debe uno ser moral.

Misticismo

La respuesta que ofrece el Misticismo, es que una acción, es moralmente permisible, si es mandato de Dios. La religión sostiene que hay un Dios que exige fe y obediencia. Éste es el creador de la existencia y es todo poderoso (omnipotente), todo sapiente (omnisciente), todo bondad, fuente de toda verdad y hacedor de las leyes morales. El principio moral básico de la religión es: no ponerse uno, los valores personales, los propios intereses y la propia voluntad, por encima de los de Dios. Más bien, uno debe vivir para glorificarlo a Él, obedecer sus mandatos, y cumplir sus altos propósitos. Hacer otra cosa, como actuar en base a los intereses propios o egoístas, como si la vida propia fuera un fin en sí misma, es "pecar". Así nos ilustra Tomás de Kempis:

> *"Cosa muy valiosa es estar sujetos, vivir sometidos a un superior y no disponer de sí mismos. Es más seguro obedecer que mandar"... "Viniste a servir, no*

a mandar. Persuádete que fuiste llamado a sufrir y a trabajar, no a pasar la vida en ocio y en habladurías… La gracia, por el contrario, se dedica a la propia mortificación, lucha contra la sensualidad, admite estar sometida, acepta ser vencida y no desea gozar de la propia libertad, prefiere vivir bajo disciplina, y no quiere prevalecer sobre los demás, desea vivir, estar y mantenerse sujeta a Dios y por su amor está dispuesta a someterse con humildad a toda criatura humana." [Tomás de Kempis. La Imitación de Cristo]

"No le tengas ningún aprecio al mundo entero y prefieras ocuparte más en Dios que en todas las cosas exteriores, porque no puedes dedicarte a mí y al mismo tiempo a intereses transitorios.

…El que desea caminar conmigo sin trabas debe mortificar todos sus afectos malos y deteriorados y no apegarse a ninguna criatura con amor desordenado." [Tomás de Kempis. La Imitación de Cristo]

"Recuerda que el amor propio te hace más daño que ninguna otra cosa del mundo… Hijo, abandona a tu persona y me encontrarás a mí. Vive libre de preferencias y desprendido de todo y ganarás siempre, porque se te dará una gracia más abundante apenas hayas renunciado a ti mismo para no volverte a encontrar." [Tomás de Kempis. *La Imitación de Cristo*]

"En verdad los méritos no se miden por las muchas visiones o revelaciones que uno tenga, porque esté muy versado en las Escrituras o goce de elevada dignidad, sino que consiste en estar fundado en la verdadera humildad y lleno de la divina caridad, en buscar siempre única y enteramente la honra de Dios, en juzgarse a sí mismo por nada y despreciarse de verdad y en desear ser más humillado y menospreciado que repleto de honores." [Tomás de Kempis. *La Imitación de Cristo*]

"Enójate contra ti y no permitas que resida en ti ninguna hinchazón de orgullo; hazte tan pequeño y sumiso que todos puedan caminar por encima de ti, pisándote como el lodo de las calles. … Quiero que, en adhesión a mi voluntad, aprendas la abdicación total de tu ser, sin objeciones y sin quejas." [Tomás de Kempis. *La Imitación de Cristo*]

El reverendo John Stott *dice: "La orden de Dios es que lo pongamos a Él primero, a los otros después, y a uno mismo de último. Es pecado revertir ese orden."* [*Basic Christianity*]

De acuerdo a la religión, ser moral consiste, no en buscar los propios valores, sino que sacrificarse al servicio de Dios.

El rabino Abraham Heshel nos dice que: *"La esencia y grandeza del hombre no reside en su habilidad para complacer su ego, satisfacer sus necesidades, sino que en su habilidad para estar por encima de su ego, ignorar sus propias necesidades; en sacrificar su propio interés en bien de Dios."*

Y el teólogo Walter Kaiser afirma que *"Dios tiene derecho de exigir sacrificios humanos."* [*Hard Sayings of the Bible*]

Si a uno le parece exagerada y ofensiva dicha afirmación, pues si Dios nos ama, ¿cómo podría exigir que nos sacrifiquemos?, el Dr. Stott responde que:

> *"El auto sacrificio es a lo que la Biblia se refiere por 'amor'".* [*Basic Christiahnity*]

Un ejemplo bíblico de lo que significa el sacrificio y la obediencia en la práctica lo podemos ver en el caso de Abraham y su hijo Isaac:

> *"Y le dijo Dios: «Anda, toma a tu hijo, a tu unigénito, a quien tanto amas, a Isaac, y ve a la tierra de Moriah, y ofrécemelo allí en holocausto sobre uno de los montes que yo te indicaré»."* [Génesis 22]

Otro ejemplo lo podemos ver en el caso de Lot y sus hijas:

> *"Llamaron a Lot a la puerta y le dijeron: « ¿Dónde están los hombres que han venido a tu casa esta noche? Sácanoslos para que los conozcamos». Salió Lot a la puerta y cerrándola tras sí les dijo: «Por favor, hermanos míos, no hagáis semejante maldad. Mirad, dos hijas tengo que no han conocido varón; os las sacaré para que hagáis con ellas como bien os parezca; pero a esos hombres no les hagáis nada, pues para eso se han acogido a la sombra de mi techo»."* [Génesis 19]

Otro ejemplo más lo encontramos en Levítico 27:

> *"Nada de aquello que se consagra a Yavé con anatema, sea hombre o animal o campo de su propiedad, podrá ser vendido ni rescatado; cuanto se consagra*

a Yavé con anatema es cosa santísima. Nada consagrado con anatema podrá ser rescatado, habrá de ser muerto." [Levítico 27]

Otro más lo encontramos en Jueces 11: *"Jefté hizo voto a Yavé, diciendo:*

> *«Si pones en mis manos a los hijos de Ammón, el que, al volver yo en paz de la expedición contra los hijos de Ammón, salga de las puertas de mi casa a mi encuentro, será para Yavé, pues se lo ofreceré en holocausto». Avanzó Jefté contra los hijos de Ammón y se los dio Yavé en sus manos, batiéndolos desde Aroer hasta según se va a Menit, veinte ciudades, y hasta Abel Queramin. Fue una gran derrota, y los hijos de Ammón quedaron humillados ante los hijos de Israel."* [Jueces 11]
>
> *"Al volver Jefté a Masfa, salió a recibirle su hija con tímpanos y danzas. Era su hija única, no tenía más hijos ni hijas. Al verla rasgó él sus vestiduras y dijo: «¡Ah, hija mía, me has abatido del todo y tú misma te has abatido al mismo tiempo! He abierto mi boca a Yavé sobre ti y no puedo volverme atrás». Ella le dijo: «Padre mío, si has abierto tu boca a Yavé, haz conmigo lo que de tu boca salió, pues te ha vengado Yavé de tus enemigos, los hijos de Ammón»."* [Jueces 11]

¿Fue la elección de Jafté, de Lot o de Abraham, moral? ¿Deberían haber hecho lo que hicieron? San Agustín afirma sobre la acción de Abraham:

> *"La obediencia de Abraham es correctamente considerada como magnífica precisamente porque matar a su hijo es una orden tan difícil de obedecer..."* [*La Ciudad de Dios*]

El comentario de San Agustín, por indignante sea, es la única postura que puede sostener un religioso, porque la alternativa es desafiar la supuesta autoridad de Dios, y eso es lo que en principio no se puede hacer.

René Descartes afirma que:

> *"Sobre todo debemos sometemos a la autoridad Divina antes que a nuestro propio juicio, aun cuando la luz de la razón parezca sugerir, con suma claridad y evidencia, algo opuesto."*

De acuerdo a la religión, la voluntad de Dios, no importando cuan objetable, es por definición buena; mientras que por otro lado, el juicio humano, no importando cuan racional, es por definición malo. Así nos lo reafirma Tomás de Kempis:

> *"Hijo, cuídate y no discutas acerca de las cosas del cielo y de los ocultos juicios de Dios,... Estas cosas están más allá de toda humana posibilidad y no existe razonamiento ni hay ninguna reflexión suficiente para penetrar los juicios de Dios... Mis juicios deben ser temidos y no discutidos, porque son incomprensibles al entendimiento humano."* [Tomás de Kempis. *La Imitación de Cristo*]

El Obispo Robert Cecil Mortimer explica que: *"La distinción real entre bien y mal es independiente de lo que pensemos. Está enraizada en la naturaleza y voluntad de Dios... Cuando la conciencia del hombre le dice que una cosa es correcta, que es de hecho lo que Dios quiere, su conciencia es verdadera y su juicio correcto; cuando la conciencia del hombre le dice que una cosa es correcta cuando, de hecho es, contraria a la voluntad de Dios, su conciencia es falsa y le dice a él una mentira."* [Robert C. Mortimer. *Christian Ethics*]

Así que si Dios quiere que un padre mate a su hijo, sin importar lo que éste piense, debe hacerlo. Pero uno puede preguntar: "¿Acaso no son los sacrificios humanos malos en principio? El teólogo Walter Kaiser afirma que:

> *"Los sacrificios humanos no se pueden condenar en principio. La verdad es que Dios es el dueño de toda vida y tiene el derecho de dar o quitar como quiera. Rechazar el derecho legítimo de Dios a solicitar la vida bajo cualquier condición sería quitar su soberanía y cuestionar su justicia... "* [*Hard Sayings of the Bible*]

El Obispo Robert Cecil Mortimer secunda esa opinión y nos dice que:

> *"Dios tiene derecho a la exigencia absoluta de nuestra obediencia. Nosotros no existimos por derecho propio, sólo como Sus creaturas, quienes debemos por tanto hacer y ser lo que Él quiera. Nosotros no poseemos nada en el*

mundo, absolutamente, ni siquiera nuestros propios cuerpos; tenemos cosas en resguardo para Dios, quien las creó, y estamos sujetos, por tanto, a usarlas sólo como Él tenga la intención de que sean usadas."[Robert C. Mortimer. *Christian Ethics*]

Esta creencia la vemos reflejada también en la Biblia:

> *"Mientras estaban refocilándose, los hombres de la ciudad, gente perversa, aporrearon fuertemente la puerta, diciendo al anciano, dueño de la casa: «Sácanos al hombre que ha entrado en tu casa para que le conozcamos». El dueño de casa salió a ellos y les dijo: «No, hermanos míos; no hagáis tal maldad, os lo pido; pues que este hombre ha entrado a mi casa, no cometáis semejante crimen. Aquí están mi hija, que es virgen, y la concubina de él; yo os las sacaré fuera para que abuséis de ellas y hagáis con ellas como bien os parezca; pero a este hombre no le hagáis semejante infamia». Aquellos hombres no quisieron escucharle, y entonces el levita cogió a su concubina y la sacó fuera. La conocieron y estuvieron abusando de ella toda la noche, hasta la mañana, dejándola al romper la aurora. Al venir la mañana, cayó la mujer a la entrada de la casa donde estaba su señor, y allí quedó hasta que fue de día. Su marido se levantó de mañana y abrió la puerta de la casa para salir y continuar su camino, y vio que la mujer, su concubina, estaba tendida a la entrada de la casa con las manos sobre el umbral."* [Jueces 19]

Basados en la premisa de que Dios es el creador de todas las cosas y fuente de toda verdad, y que por lo tanto resuelve el problema de cual conducta es la moral, siendo Su autoridad moral absoluta, para ser bueno el camino es obvio: simplemente obedecer los mandatos de Dios, sean los que sean. Y esto incluye también como vestir y como debe ser la apariencia personal:

"No os raparéis en redondo la cabeza ni raeréis los lados de vuestra barba" [Levítico 19: 27]

"No vestirá la mujer traje de hombre, ni el hombre vestirá ropa de mujer; porque abominación es a Jehová tu Dios cualquiera que hace esto." [Deuteronomio 22:5]

"Asimismo que las mujeres se atavíen de ropa decorosa, con pudor y modestia; no con peinado ostentoso, ni oro, ni perlas, ni vestidos costosos, sino con buenas obras, como corresponde a mujeres que profesan piedad." [I Timoteo 2:9-10]

Y di a las mujeres creyentes que deben reducir su visión y esconder sus partes privadas, y que no deben mostrar su belleza y adornos, excepto lo que sea visible por sí mismo, que deben colocar sus velos sobre su pecho y no mostrar su belleza, excepto a sus maridos ..." [Santo Corán 24:30-31]

Pero parece que Dios ordena distintas cosas a distintos pueblos, porque a los santones hinduistas les ordena andar desnudos. Entonces, ¿cuál comportamiento es moral y cuál inmoral? ¿El mandato de dios es ocultar o descubrir?

También tiene Dios algo que decir sobre los esclavos:

"44 Así tu esclavo como tu esclava que tuvieres, serán de las gentes que están en vuestro alrededor; de ellos podréis comprar esclavos y esclavas.

45 También podréis comprar de los hijos de los forasteros que viven entre vosotros, y de las familias de ellos nacidos en vuestra tierra, que están con vosotros, los cuales podréis tener por posesión.

46 Y los podréis dejar en herencia para vuestros hijos después de vosotros, como posesión hereditaria; para siempre os serviréis de ellos; pero en vuestros hermanos los hijos de Israel no os enseñorearéis cada uno sobre su hermano con dureza." [Levítico, 25: 44-46]

El imán salafista Abi-Ishaq al-Huwayni es uno de los predicadores estrella de la cadena egipcia Al-Nas TV, creada en 2006 por un millonario saudí. ¿Cuál es su propuesta para sacar a Egipto del estancamiento económico? Relanzar la yihad para capturar esclavos y apoderarse de bienes (el famoso tributo).

"Nos encontramos en la era de la yihad. La hora de la yihad ha llegado, y el yihad en el camino de Alá es un placer. Es un verdadero placer. Los compañeros del profeta se emulaban los unos a los otros practicando la yihad. ¿La

pobreza que nos castiga acaso no es debida a nuestro abandono de la yihad? Pero si lleváramos dos o tres operaciones de yihad cada año, muchas personas en todo el mundo se harían musulmanes. Combatiríamos a los que rechazan el proselitismo o quisieran ponernos obstáculos, los haríamos prisioneros, confiscaríamos sus bienes, sus hijos y sus mujeres. Todo eso represente mucho dinero. El mujahidin volvería de la yihad con los bolsillos llenos. Volvería con tres o cuatro esclavos, tres o cuatro mujeres y tres o cuatro hijos. Multiplicad 300 dirhams o 300 dinares por cabeza, y tendréis un excelente beneficio. Si este mujahidin fuera a Occidente y concluyera una transacción comercial, no ganaría mucho dinero. Cada vez que encontrara dificultades financieras, podría vender un prisionero y atenuar sus dificultades. Vendería el prisionero como se vende cualquier producto en un almacén". XI. 2012

http://www.alertadigital.com/2012/11/30/un-iman-salafista-propone-capturar-esclavos-y-apoderarse-de-bienes-para-sacar-a-egipto-del-estancamiento-economico/

Y qué ordena Dios hacer con las mujeres sospechosas de practicar la brujería, o que no obedezca a su padre, o que decida vivir como le plazca:

> *Si la hija de un sacerdote se prostituye, será quemada viva."* [Levítico 21:9]
>
> *"A los hechiceros no los dejaréis con vida."* [Éxodo 22:17]
>
> *"El que no obedezca al sacerdote ni al juez morirá."* [Deuteronomio 17:12]
>
> *"Todo hombre o mujer que llame a los espíritus o practique la adivinación morirá apedreado"* [Levítico 20:27]

Y ¿Por qué la moralidad exige de uno, el auto-sacrificio? ¿Por qué es esa, la conducta moral? ¿Por qué el auto-sacrificio es la acción correcta? ¿Por qué es la autoflagelación agradable a Dios? ¿Por qué es la mortificación moral?

Hay cientos de religiones, y cada una afirma ser la verdadera; cada una niega la validez de las otras religiones. Cada una asevera basarse en la "verdadera" palabra de Dios; y cada una dice que Dios dijo algo diferente de lo que las otras dicen que dijo. ¿Por qué no puede alguna religión convencer a las otras de su "verdad" divina? Porque ninguna puede mostrar evidencia racional que soporte alguna de sus aserciones. Y dado el método por el que las religiones llegan a la "verdad", ninguna puede tampoco, justificar demandar tal evidencia de las otras. Y es que la religión se basa explícitamente, no en la razón que requiere evidencia y lógica, sino que en la fe, que es la aceptación de ideas en ausencia de evidencia y contrarias a la lógica.

Las religiones tampoco pueden justificar demandar el auto sacrificio, el sufrimiento, la mortificación, la renuncia al interés propio, a los sueños, a renunciar a la propia felicidad –pues los sueños quedan por siempre irrealizados. La justificación requiere objetividad, es decir, evidencia y razonamiento lógico, no fe. No pueden ni siquiera mostrar evidencia de la existencia de Dios, ya sea de uno o de varios. Y si no puede hacer esto, ¿cómo justificar el auto sacrificio, el sufrimiento para servir a Dios? Y si el creyente, abandona hipócritamente su convicción y obligación de renunciar a sí mismo, y persigue sus sueños, también va a sufrir, ya sea de culpa y miedo al castigo divino, o de represión sicológica, o de ambas cosas.

Si la conducta moral es cuestión de auto sacrificio en bien de otros y sufrimiento, entonces es un impedimento a la vida y a la felicidad. Resulta entonces, que ser "bueno" no es bueno para uno. Entonces no es práctico ser moral.

Los místicos no pueden justificar las razones que dan de por qué una persona debe ser moral, al haber abandonado la razón y la objetividad. Sus mandatos basados en la fe son totalmente arbitrarios.

Utilitarismo

La respuesta que ofrece el Utilitarismo, del cual es padre el filósofo del siglo XVIII, Jeremy Bentham, es que una acción, o práctica, o ley, o estructura social, es moralmente permisible, si es útil a los miembros de la sociedad.

Para aplicar el principio de Utilidad, nos dice, se debe cumplir con tres condiciones:

1. Primero, debemos asignar a la palabra Utilidad una connotación precisa.
2. Segundo, debemos afirmar la soberanía suprema e indivisible de este principio descartando cualquier otro.
3. Tercero, debemos descubrir algún cálculo o proceso de "aritmética moral" por medio del cual podamos llegar a resultados uniformes.

El fin de todo hombre, determinado por su naturaleza, es buscar el placer y evitar el dolor. Por lo tanto, el Principio de Utilidad consiste en tomar como punto de partida, en todo proceso de razonamiento ordenado, el cálculo o estimación comparativa de dolores y placeres, y en no permitir ningún otro incentivo. Uno es se adhiere al Principio de Utilidad cuando uno mide su aprobación o desaprobación de cualquier acción, pública o privada, por su tendencia a producir dolores y placeres. El adherente al Utilitarismo considera la virtud como buena por la razón del placer que produce su práctica; y estima el vicio como malo, sólo por razón del dolor que causa su práctica. El bien moral es bueno sólo por el hecho de su tendencia asegurar beneficios físicos; el mal moral es malo sólo por el hecho de su tendencia a inducir daño físico. El legislador, por tanto tiene, como único fin, difundir placer y evitar dolor.

El *valor* de un placer, considerado en sí mismo y en relación a un individuo, depende de cuatro circunstancias:

1. Su intensidad
2. Su duración
3. Su certeza
4. Su proximidad

El *valor* de un dolor depende de las mismas consideraciones.

Sin embargo no es suficiente establecer los *valores* de placeres y dolores, como si fueran aislados e independientes, pues tienen como consecuencias otros placeres o dolores. Así que para estimar la tendencia de cualquier acción que causa dolor o placer, se debe tener en cuenta otras dos circunstancias:

5. Su fecundidad o productividad.
6. Su pureza.

Un *placer productivo* es aquel que es probable que sea seguido por otros placeres del mismo tipo. Un *placer puro* es uno que no es probable que produzca dolor, así como un *dolor puro* es uno que no es probable que produzca placer. Cuando se hace el cálculo en relación al número de individuos, hay otra circunstancia que se debe tomar en cuenta:

7. Su extensión.

La extensión es el número de personas que probablemente serán afectadas por este placer o dolor particular, según sea el caso.

Otro destacado utilitarista es John Stuart Mill, quien en su libro *Essay on Liberty* aplicacia el *principio de la mayor felicidad*. En éste, en lugar de argumentar que la libertad es un derecho, trató de demostrar que el mayor bien para el mayor número se promueve dejando que los ciudadanos critiquen a su gobierno, que veneren a quien quieran, que elijan su propio modo de vida, y que piensen y actúen como elijan. El principio que rige aquí es la auto protección, cuyo único fin es garantizar a la humanidad, individual o colectivamente, el no interferir con la libertad de acción de cualquiera de su número. El individuo es soberano sobre sí mismo, sobre su propio cuerpo y mente.

La utilidad, nos dice, es la última apelación en toda cuestión ética; pero debe ser utilidad en el sentido más amplio, fundamentado en los intereses permanentes del hombre como ser progresivo. Mill defiende la libertad, sobre todo la libertad de pensamiento, no fundamentado en consideraciones abstractas del derecho, o en los imperativos categóricos de Kant, sino que en un cálculo de consecuencias. El hombre debe tener libertad de pensamiento de sentir lo que desee, libertad absoluta de opinión y sentimiento en todo asunto; libertad de gustos y fines; de hacer el plan de la propia vida de acuerdo al propio carácter; de hacer lo que quiera, sin impedimento de sus semejantes, en tanto que lo que se haga no los dañe, aun cuando consideren que su conducta es tonta, perversa, o equivocada.

Mill se dio cuenta de que no basta proteger la libertad de pensamiento, de los gobiernos arbitrarios y tiránicos. También ve el peligro de las democracias parlamentarias, por la tendencia de las mayorías a pasar leyes que puedan violar los derechos de las minorías y también, indirectamente pero no menos dañino, por la presión de la opinión pública al conformismo.

La libertad es valiosa para Mill, principalmente por ser el único sistema social en que se puede alcanzar la "individualidad" y el "desarrollo espiritual". Para él, la "individualidad" es la misma cosa que el desarrollo, y es sólo el cultivo de la individualidad lo que produce, o puede producir, seres humanos bien desarrollados.

La crítica que se le hace al Utilitarismo es que el placer o la felicidad no es algo medible. Los valores se pueden ordenar ordinalmente, nunca cardinalmente. Además el principio de distribución de mayor felicidad a la mayoría, puede desembocar en el sacrificio de la minoría.

Los Utilitaristas no pueden explicar por qué algo debe ser de mayor valor para todos, por qué la libertad es mejor que la obediencia, ni que constituye daño a los demás, por lo que las razones que los Utilitaristas dan de por qué una persona debe ser moral son totalmente arbitrarias.

Objetivismo

Ayn Rand, quien define la moral como un código de valores que sirven de guía para las elecciones y acciones humanas, elecciones y acciones que determinan el propósito y el curso de su vida, explica que la primera pregunta no es: ¿qué código particular de valores debiera aceptar el hombre?, sino que: ¿por qué necesita el hombre un código de valores?

¿Es el concepto de *valor*, de bueno o malo, una invención arbitraria del hombre? ¿Es una invención sin relación con, ni derivada de, los hechos de la realidad? O, ¿se basan en una condición inalterable de la existencia humana? ¿Hay algún hecho de la realidad que demande que el hombre guíe su conducta basado en un conjunto de principios? ¿Es la ética cosa de caprichos, deseos, emociones personales, edictos sociales, y revelaciones místicas, o es de razón? ¿Es la ética un lujo subjetivo o una necesidad objetiva? ¿Qué son valores? ¿Por qué los necesita el hombre?

"Un *valor* es aquello que uno actúa para conseguir tener y/o conservar." [Ayn Rand, VE]

El concepto de valor no es primario; presupone la respuesta a la pregunta: ¿de valor para quién y para qué? Presupone una entidad capaz de actuar para conseguir fines ante diversas opciones. Si no hay opciones, no puede haber fines ni valores. Una piedra, por ejemplo, al no poder actuar, no tiene valores.

¿Qué tipo de entidad es el humano, y si el ser lo que es, determina su necesidad de tener valores? El humano es un ser vivo y como toda entidad viva, desde el más simple animal unicelular hasta el humano mismo, tiene una estructura característica, cuyas partes componentes funcionan de tal manera que preservan la integridad de dicha estructura, manteniendo, por lo tanto, la vida del organismo. Como vimos en la metafísica Objetivista, para toda entidad viva, la acción es una necesidad de supervivencia. La vida es movimiento, es un proceso de acción auto sustentante que el organismo debe efectuar constantemente para mantenerse en existencia. El principio es igualmente evidente en la simple conversión energética de la planta y en las complejas acciones de metas a largo plazo del humano. La actividad que debe efectuar un organismo es a la vez interna, como en el proceso de del metabolismo, y externa, como en el proceso de conseguir alimento. El patrón de la conducta de auto preservación, como vimos anteriormente, es en esencia el siguiente: Un organismo se mantiene a sí mismo tomando material que existe en su medio ambiente, transformando o reorganizándolo, y así convirtiéndolo en el medio de su supervivencia. Por eso mismo, la existencia de la vida es condicional. Un organismo siempre tiene que afrontar la posibilidad de morir. Su supervivencia depende de la realización de ciertas condiciones. Debe generar el funcionamiento biológico apropiado. Y lo que es apropiado está determinado por la naturaleza del organismo particular. Diferentes especies sobreviven de modo distinto. Un organismo se mantiene a sí mismo ejercitando sus capacidades para satisfacer sus necesidades. Las acciones posibles y características de una especie dada, se entienden en términos de sus necesidades y capacidades específicas. Éstas constituyen el contexto básico de su comportamiento. Necesidad y capacidad, en su sentido metafísico fundamental, es decir, determinado por la naturaleza de la entidad, se refiere a lo innato y universal en la especie, no a lo que se adquiere y a lo que es peculiar del individuo. Las necesidades de un organismo son aquellas cosas que requiere el organismo, por su naturaleza, para su vivir y bienandanza, es decir, para continuar eficazmente su proceso de vida. Las capacidades del organismo son sus potencialidades inherentes para actuar.

Las necesidades y capacidades del organismo vivo en términos biológicos son las de la entidad como entidad física; en términos psicológicos son las necesidades y capacidades del organismo vivo como entidad consciente. Cuando no se satisface la necesidad física y/o psicológica, se pone en peligro al organismo. Se produce dolor, debilitamiento, destrucción.

Es la existencia de necesidades la que crea el requerimiento de la acción, es decir de orientar el comportamiento a conseguir metas o fines. Sin embargo, aunque el humano nace con necesidades, no nace con el conocimiento de esas necesidades ni de como satisfacerlas. Algunas de sus necesidades más simples vegetativas, de mantenimiento del cuerpo, se satisfacen automáticamente, dado el medio ambiente físico apropiado, por el funcionamiento de sus órganos internos –como la necesidad de oxígeno, que se satisface por el sistema respiratorio. El rango más amplio de sus necesidades más complejas –esas que requieren la acción integral de la totalidad de su ser en relación con el mundo externo –no se satisfacen automáticamente. El humano no obtiene comida, cobijo, o vestido, por instinto. Para sembrar, cultivar y cosechar comida, para construir una casa, para hacer un vestido, el humano requiere consciencia, elección, discriminación, juicio. Toda acción deliberada apunta a conseguir un valor. Las cosas que satisfacen necesidades se vuelven objetos a conseguir mediante una acción sólo cuando han sido elegidos como valores. Valor y acción se implican y necesitan mutuamente: es la naturaleza del valor que sea necesario una acción para obtenerlo o mantenerlo; y es la naturaleza de la acción intencionada, conscientemente iniciada, que su motivo y propósito sea conseguir y/o mantener un valor. Los valores no son innatos. Como el humano no tiene conocimiento innato de lo que es verdadero o falso, tampoco puede tener conocimiento innato sobre lo que está a favor o en contra de él, lo que lo beneficia o daña, lo que debe perseguir o evitar.

Una necesidad insatisfecha, entonces, causa inquietud, molestia, dolor, incitando al humano a buscar acciones biológicas adecuadas, como protegerse de las inclemencias del tiempo, pero no se puede evadir la necesidad de aprender cuales son las acciones apropiadas. Su cuerpo sólo le da al humano señales de dolor o placer, pero no le indica sus causas, no le indica como aliviar el primero o conseguir el segundo. Eso lo tiene que aprender usando su mente. El humano tiene que descubrir cuales acciones requiere su vida, pues no tiene ningún "instinto de auto preservación". Ningún instinto le hizo hacer al humano puentes, telescopios, cirugías, rascacielos.

Evidentemente, el auto-sacrificio es conducta inmoral, porque destruye al agente, contradiciendo el principio de la acción humana – actuar para conseguir tener y/o conservar un valor. El sacrificio obliga al agente a rendir un valor mayor a cambio de un no valor. Si el acto moral busca preservar la vida del agente, el sacrifico busca destruirla.

La supresión de libertad, atenta contra la vida del agente, al impedirle actuar de acuerdo a su mejor juicio.

Rand lo resume de la manera siguiente:

> *"Hay sólo una alternativa fundamental en el Universo: existencia o no existencia, y le pertenece a una sola clase de entidades: los organismos vivos. La*

> *existencia de la materia inanimada es incondicional; la existencia de la vida no lo es; depende de un curso de acción.*
>
> *La materia es indestructible, puede cambiar sus formas, pero no puede dejar de existir. Sólo un organismo vivo enfrenta la constante alternativa: la cuestión de la vida o la muerte. La vida es un proceso de acción autosustentable y autogenerada. Si un organismo fracasa en esta acción, muere; sus elementos químicos perduran, pero su vida termina. Sólo el concepto de 'vida' hace posible el concepto de 'valor'. Sólo para un ser vivo es que las cosas pueden ser 'buenas o malas'."* [AS]

La razón de por qué ser moral, es porque si el humano valora su vida, la naturaleza de su existencia le obliga a actuar para conseguir aquellos valores que fomentan su vida, y a evitar aquello que la destruye.

Ética objetivista

Nuevamente, la primera pregunta de Rand es: ¿Necesita el humano valores?

Vimos que las necesidades del organismo vivo determinan que necesita valorar aquello que fomenta su vida. El propósito del organismo vivo, entonces, es mantenerse con vida. Para el humano, esto significa vivir una buena vida, una vida placentera, de bienandanza, una vida feliz. Esto es lo que determina que es bueno y que es malo para el organismo. Bueno es lo que favorece la vida del organismo. Malo es lo que desfavorece o perjudica la vida del organismo.

Recordemos que un valor es aquello que uno actúa para tener y/o conservar por considerar que sirve para satisfacer los propios fines. Valuar es una actividad deliberativa racional o irracional (*por qué*) ínter conexa entre el sujeto (*para quien*), el objeto y sus atributos (*lo que es y lo que puede hacer*), y el propósito (*para qué*). Como depende de estas cuatro variables, la valoración siempre será personal y contextual. El valor que uno otorga a una cosa representa una reflexión sobre cierto estado de cosas y su relación entre los propósitos o deseos de la persona que considera y los atributos del objeto en cuestión. El que el juicio de quien valora pueda ser verdadero o no, depende en que haya identificado bien o no la realidad. Razonar, es la actividad mental que consiste en identificar e integrar el material proveído por los sentidos del hombre, es una actividad que el hombre debe hacer por elección. Pensar bien no es una función automática y el hombre es libre de pensar o no. El método que utiliza para razonar correctamente, para identificar, es la aplicación de los principios de la lógica, siendo esta, la ciencia que estudia los principios generales del pensamiento sobre las cosas, siendo estos principios la Ley de Identidad, la Ley de Contradicción y la Ley del Tercio Excluso.

Valor es aquello que alguien actúa para tener y/o conservar por su utilidad identificada o supuesta para satisfacer sus fines. Valor y bueno no son lo mismo. El valor es la cosa elegida o querida según un criterio de valor, mientras que el bien para cada ser vivo es lo que asegura su existencia. Lo malo es lo que perjudica al ser y/o destruye su existencia. La confusión se da debido a que la existencia del ser vivo está condicionada a valorar y por lo tanto perseguir aquello que beneficie su vida y en repudiar aquello que la amenace. El descubrir cuáles son aquellos valores que benefician su vida requiere del individuo una valoración racional. Para desearla, tiene que identificar la capacidad circunstancial de la cosa considerada para beneficiar su vida. Un error podría ser fatal. Las sensaciones de placer y tranquilidad son la consecuencia de elegir adecuadamente y conseguir o conservar lo elegido. Las sensaciones de dolor y tribulación son la consecuencia de una elección errónea y de haber conseguido lo elegido. De ahí la importancia de descubrir y practicar aquellas acciones cuyas consecuencias nos brinden una vida placentera.

La razón es un atributo del individuo. No hay tal cosa como una mente colectiva o un cerebro colectivo. El pensamiento es un proceso que debe ser iniciado y dirigido paso a paso por la elección de un solo hombre, el pensador. Solamente el pensador, como individuo puede percibir, abstraer, definir y conectar. Sólo él puede descubrir y valorar lo que le es de provecho y actuar para conseguirlo. Aquello que valora porque fomenta su vida es un valor objetivo. Los valores objetivos son aquellos que son moralmente buenos, como un aspecto de la realidad en relación al hombre.

Una buena acción es aquella cuyas consecuencias benefician la vida del agente, y una mala acción es aquella cuyas consecuencias la perjudican. La repetición de una misma acción forma el hábito. La conducta habitual le hace más eficiente y por lo tanto le facilita al individuo alcanzar aquellas cosas que son el propósito de sus acciones. **La virtud es el hábito de obrar bien, es decir, es la acción habitual que le permite al agente conseguir y/o conservar los valores que benefician su vida.** El vicio es el hábito de obrar mal, es decir, es la acción habitual que le permite al agente conseguir y/o conservar aquello que perjudica y destruye su vida.

Si el individuo valora su vida, entonces debe poder identificar aquellas cosas que lo benefician, por lo que le es necesario razonar correcta y eficientemente. **Luego su virtud principal y de donde se originan todas sus demás virtudes es la racionalidad.**

De ésta se derivan la honestidad, que es el rechazo a lo irreal, no fingir que las cosas son distintas de cómo son; la independencia, que es el hábito de estar orientado hacia la realidad y no hacia lo que dicen otros hombres, de formar uno sus propios juicios y de vivir del trabajo propio; la integridad, que es lealtad a principios racionales y por lo tanto no sacrificar las propias convicciones; la justicia, que es la virtud de juzgar objetivamente el carácter y la conducta de un individuo, y actuar de acuerdo a dicho juicio, dándole aquello que se merece.

Para vivir, el humano necesita de bienes materiales, bienes que no se encuentran en la naturaleza. La riqueza no es natural, sino que artificial. Es obra del hombre, es el resultado de actos deliberados del ser humano. La riqueza hay que crearla, producirla. Las casas, los vestidos, las hamburguesas, los libros, los televisores de plasma, las computadoras, los teléfonos celulares, etc., no crecen en los árboles. Uno no puede simplemente ir al árbol de computadoras y arrancar la personal que uno desea. **Por lo tanto el hábito de aplicar la racionalidad a la adaptación de la naturaleza para uso humano,**

de crear bienes demandados, valores materiales, ya sean bienes o servicios, es decir, de crear riqueza, es la virtud cardinal de la productividad.

De ésta se derivan la creatividad, que es es el hábito de buscar soluciones nuevas, de explorar nuevas posibilidades, de visualizar nuevos modelos, y así producir nuevas ideas, formas de hacer o cosas con el propósito de mejorar las condiciones iniciales, de inventar; la laboriosidad, que es el hábito de ocuparse siempre en algo útil y no perder el tiempo; la ambición, que es aplicar la virtud de la racionalidad al proceso de conseguir lo mejor para uno, empleando lo mejor de uno, para mejorar uno su calidad de vida creando valores materiales; la determinación, que es el hábito de resolver lo que se debe hacer y hacerlo; y la benevolencia, que es la buena voluntad hacia los otros por mérito, es la aplicación de la virtud de la racionalidad a conseguir los valores que se derivan de la vida con otras personas en sociedad, al tratarlas como socios de negocios potenciales, reconociendo su humanidad, independencia, e individualidad, y la armonía entre sus intereses y los propios.

Pero para vivir, el humano debe primero querer vivir. Debe estar convencido de que merece vivir y de que es apto para vivir. Pero como uno no nace con las habilidades que necesita para tener éxito en sus proyectos de vida, debe trabajar para convertirse en el humano que considera debe ser. **El hábito de adquirir y crear los valores de carácter que lo hacen a uno merecedor de florecer, por sentirse digno de vivir y tenerse uno gran estima, de no permitirse ser menos que excelente, exigirse ser lleno de virtudes, perfeccionarse y no cometer actos vergonzosos; nunca aceptar una culpa inmerecida y si se merece alguna, nunca dejar sin corregir los agravios y errores cometidos, de desear ser lo que uno mismo aprueba en otros hombres, y sobre todo de no permitir ser tratado como menos que persona, no aceptar el papel de animal de sacrificio, ni el de esclavo u objeto, es la virtud cardinal del orgullo.**

De éste se derivan la perseverancia, que es el hábito de la persistencia y dedicación en el proceso de buscar conseguir un fin; la responsabilidad, que es el hábito de honrar la obligación elegida; la confiabilidad, que es el hábito de proyectar hacia los demás la seguridad de que uno honrará la obligación asumida, lo que les permite a los demás contar con uno; la honradez, que es el hábito de no defraudar, de aplicar la racionalidad, la honestidad y la justicia a evitar perjuicios a terceros de modo deliberado; la sinceridad, que es el hábito de no fingir con lo que se dice algo que no se piensa, en no contradecir lo que se dice con los actos; la limpieza, que es el hábito de mejorar la salud, conservarla y prevenir enfermedades e infecciones, y favorecer la convivencia en sociedad; y el fortalecimiento, que es el hábito de ejercitar el cuerpo para hacerlo fuerte, vigoroso y saludable.

Las tres virtudes cardinales, la racionalidad, la productividad y el orgullo, son los hábitos que consiguen y conservan tres meta- valores fundamentales del hombre: la razón, el propósito y la autoestima. La razón es un valor objetivo porque es el instrumento para identificar lo que es ventajoso y lo que es desventajoso para uno. El propósito es un valor objetivo porque es el fin primordial que sirve de referencia para establecer la importancia que una persona le asigna a otras cosas, permitiéndole priorizar distintas metas. Y la autoestima es un valor objetivo porque es la suma integrada de auto confianza y auto respeto, la convicción de que uno es competente para vivir y que merece vivir.

El valor último que alcanza y conserva la vida virtuosa es el florecimiento o vida feliz. Florecer es prosperar, es vivir en buena condición, es funcionar en forma que uno mejora su perspectiva de supervivencia. Por "felicidad", Rand se refiere al componente emotivo del florecimiento. El florecimiento es la actividad que una persona hace, y el sentimiento que da esa actividad promotora de vida es la felicidad.

Es evidente en este punto, que el beneficiario de la acción moral es el agente mismo. Por eso la ética Objetivista es la ética del egoísmo racional. Pero el término egoísmo tiene en la mente popular una connotación negativa. El "egoísmo" es, según la Real Academia de la Lengua Española, el "inmoderado y excesivo amor a sí mismo, que hace atender desmedidamente al propio interés, sin cuidarse del de los demás."

Sin embargo la lengua no contempla una palabra para el "justo amor a sí mismo, que haga atender correctamente al propio interés". ¿Por qué? Y ¿cómo establecer los calificativos? ¿Cuánto amor es inmoderado? ¿Cuánto amor es excesivo? ¿Se puede amar excesivamente a los hijos? ¿A los padres? ¿A otro? ¿O solamente es inmoderado cuando es amor propio? ¿Es lo mismo, actuar sin cuidarse del interés de los demás que actuar lesionando el interés de los demás? ¿Es buscar la propia felicidad atender desmedidamente al propio interés, si ésta no implica lesionar los intereses legítimos de otros? ¿Acaso no es la acción prudente, que consiste en discernir y distinguir lo que es bueno o malo, para buscar lo primero y evitar lo segundo, una acción que busca el propio interés? ¿Acaso no recomienda la madre al hijo cuando este sale de juerga, que se cuide, que tenga cuidado, que no haga tonterías, es decir, que vele por su propio interés?

La connotación negativa que se le ha dado a esta palabra nos impide identificar la conducta éticamente correcta que recomendaba Aristóteles, quien diferencia entre egoísmo racional y egoísmo irracional:

> *"Por lo tanto el hombre bueno debe ser un amante de sí mismo (porque se beneficiará a sí mismo y a sus compañeros haciendo actos nobles), pero el hombre perverso no debería, porque se dañará a sí mismo y a sus vecinos, al seguir, como hace, sus malas pasiones. Porque lo que hace el hombre perverso riñe con lo que debería hacer, pero lo que el hombre bueno debe hacer, lo hace; porque la razón en cada uno de los que la tienen elige lo que es mejor para sí mismos, y el hombre bueno obedece a su razón."* Aristóteles. *Ética a Nicómaco,* 1169ª.

De hecho el "egoísmo irracional" no es egoísmo, es estupidez, pues el agente en lugar de buscar aquello que le es de provecho a corto y largo plazo, busca, como un animal irracional, sólo lo que considera le será de provecho a corto plazo, sin advertir las consecuencias de sus acciones a largo plazo como ilustra el caso de Bernie Madoff, por ejemplo. El "egoísmo irracional" es la pretensión de egoísmo del estúpido.

El egoísmo ético es la tesis de que una persona debería actuar para promover su interés propio. El egoísmo como norma de conducta es imperativo aún si una persona viviera aislada y sola en una isla desierta, porque la necesidad de ser egoísta no reside en la otra gente, sino que en la naturaleza propia. El egoísmo es la actitud recetada para quien quiera vivir. El hecho de que es la vida la que hace necesario perseguir valores, significa que la persona si quiere vivir debe actuar moralmente para conseguir aquellos valores que lo mantendrán vivo. Esa es la base de la obligación moral. Como tal, la moral es totalmente egoísta.

Es evidente entonces, que la conducta virtuosa es práctica, pues conduce a una vida feliz, luego la moral egoísta racional es práctica, la objetividad es práctica, atender a la causalidad es práctico. Y la felicidad, nos dice Rand, es el estado de consciencia que se deriva de alcanzar uno sus valores.

Florecimiento

El fin propio de la moral es el florecimiento. Florecer es prosperar, es vivir en buena condición, es funcionar en forma que uno mejora su perspectiva de supervivencia. La naturaleza de la vida misma nos muestra lo que significa florecer al mostrar las características que representan una buena vida.

Un signo obvio de buena vida es la salud, visible tanto en plantas, como en animales, que se manifiesta en el crecimiento, del tamaño, de hojas, flores o frutas en las plantas; de músculos en los animales. La apariencia también testifica que tan bien está un organismo. En la planta: ¿son sus hojas fuertes o frágiles, delgadas y quebradizas o gruesas y fuertes? ¿Es el caballo brioso o famélico? ¿Es el joven un alfeñique o un fornido atleta?

Una vida es buena y una persona florece cuando la serie de acciones que constituyen su vida se desarrollan de acuerdo a un curso que promueve su vida. Florecer se refiere a una vida biológica que tiene un carácter particular: está marcada por el tipo de actividad y crecimiento que avivan y fomentan la supervivencia. Florecer representa enfrentar bien las demandas de la vida. El florecimiento se ve impulsado por el fortalecimiento de las capacidades de una persona para actuar según requiera la vida. Florecer es algo que la persona hace, y no algo que tiene.

Como florecer es una función de cómo una persona dirige su vida, el florecimiento es resultado de las acciones propias de la persona. Exactamente, florecer es esas acciones, más bien, que el resultado de estas. Al actuar según lo demanda la vida, una persona consigue la recompensa de florecer, es decir, de seguir viviendo, de extender el proceso de involucrarse en esas actividades que hacen la vida buena. De hecho, vivir bien, constituye florecer. Y como florecer es vivir bien, y como la vida que vive cada persona es la suya, sólo ella *puede* vivirla bien.

El florecimiento debe ser auto generado. El que una persona florezca o no depende esencialmente de ella. Inevitablemente, es una función de cómo un individuo vive su vida. El florecimiento es comparable a como concebía Aristóteles la *"eudamonía"*: "La *eudamonía* es necesariamente el resultado del esfuerzo personal". No es algo que otra persona pueda darle a uno.

Vivir es florecer. Pensar que debemos escoger entre la vida y el florecimiento como el fin último de la moral es aceptar una falsa alternativa. "Vida" y "florecimiento" son dos perspectivas del mismo fenómeno. "Florecimiento" es cierta característica de la vida y no un objetivo separado. Una persona necesita florecer; el florecimiento no es un adorno opcional, sino que una necesidad.

Rand lo ilustra así:

> *"El mantenimiento de la vida y la búsqueda de la felicidad no son dos asuntos separados. Tener uno su vida como valor último, y la felicidad de uno como propósito último son dos aspectos del mismo logro. Existencialmente, la actividad de buscar fines racionales es la actividad de mantener uno su vida; psicológicamente, su resultado, recompensa y concomitante como un estado emocional de felicidad."* [VS]

Por "felicidad", Rand se refiere al componente emotivo del florecimiento. El florecimiento es la actividad que una persona hace, y el sentimiento que da esa actividad promotora de vida es la felicidad.

Como los valores objetivos, es decir, valores que fomentan la vida, se consiguen mediante acciones promotoras de vida, por medio de acciones acordes a un código moral basado en la vida, el camino a la felicidad o el sentimiento que da el florecimiento, y el camino a la vida, son uno y el mismo, porque, como afirma Rand: "la felicidad es el estado de consciencia que viene de conseguir uno sus valores."

Si el sentimiento del florecimiento es la satisfacción que uno experimenta de conseguir los valores que promueven la propia vida, entonces, una persona no se ve en la necesidad de elegir entre caminos alternativos: uno que lleva a la conservación de la vida, y otro que conduce a la felicidad. Más bien, el buscar vivir es buscar florecer, y la vida que uno busca y que establece la norma del valor y de la moralidad es una vida floreciente, una vida en su forma ideal, en su punto máximo. La distinción entre calidad y cantidad de vida es una dicotomía falsa. La idea de que el florecimiento se trata de la calidad de vida, con deseos y no con necesidades es un error. ¿Pero de qué se diferencia de la calidad de vida? En realidad la calidad no se puede separar de la cantidad, ni tratar separadamente, como si existieran independientemente. De lo que se trata cuando hablamos de calidad y cantidad de vida, es una cuestión de perspectiva del mismo fenómeno: la vida de una persona.

Una persona no puede tener calidad de vida sin tener alguna cantidad, ni cantidad sin alguna calidad, sea esta deseable o indeseable. Lo que la gente considera calidad versus cantidad de vida, en realidad es sobre una diferencia de grado en la calidad de vida, y no en una ruptura de la calidad. Por lo mismo no existe tal cosa como florecer como opuesto a vivir, o algo que sustituye vivir. Tampoco es el florecer algo que está añadido por encima a la vida. Más bien, "florecer" es la condición que idealmente tiene una vida. Lo que fomenta la vida establece los términos de lo que constituye una cualitativamente buena vida.

La otra distinción que puede distorsionar nuestra comprensión de la relación entre vida y florecimiento es la que se da entre necesidad y deseo. Las personas normalmente conciben la necesidad como esencial y el deseo como opcional, adornos que son gratos pero innecesarios, cosas sin las que uno puede vivir. Pan y techo, son cosas esenciales que todos deben tener; caviar y una casa de playa no. Muchas comodidades, conveniencias y placeres a los que estamos acostumbrados, parecen caer en la clase de deseos innecesarios. Cosas como la música, las películas, los deportes, las fiestas, los regalos de navidad, o ropa de calidad, casas más espaciosas, comida más exótica, etc., parecen prescindibles. Así que si la vida depende de las cosas que necesitamos, y el florecimiento, de las cosas que deseamos, estas imponen prescripciones morales diferentes. Pero para satisfacer las necesidades más básicas de comida, cobijo, vestido, una persona necesita otras cosas, como el tiempo, conocimiento y habilidades para producir comida, cobijo, vestido o el dinero para conseguirlos. Necesita un trabajo para ganar el dinero; educación y entrenamiento para conseguir el trabajo; esfuerzo y disciplina para adquirir las habilidades relevantes; y practicarlas suficientemente para conservar su trabajo. Estas son necesidades también. La salud es una condición necesaria para satisfacer estas necesidades, y a la vez, es otra necesidad. Una enfermedad mental puede obstaculizar e impedir la satisfacción de otras necesidades, así que la salud mental, también es otra necesidad. Como vemos, hay diferentes tipos de necesidades. Algunas son primarias y otras derivadas. También hay necesidades externas e internas. Necesitamos oxígeno y comida, así como el buen funcionamiento de nuestros órganos. La persona también tiene necesidades espirituales, es decir, psicológicas, necesidades que conciernen a su mente. Estas necesidades cubren cosas como arte, amigos, esperanza, inspiración, un sentido de propósito y dirección y creer en el valor y la eficacia propia. Tales cosas son necesidades, ya que su ausencia debilita la aptitud para sobrevivir. Por ejemplo, la depresión desmotiva el deseo de vivir de la persona. Pero es obvio que las necesidades varían en complejidad. Algunas se pueden satisfacer fácilmente, mientras que otras dependen de pasos coordenados.

También las necesidades difieren en frecuencia. También varían en urgencia, que es un factor de lo que está en juego y del tiempo: de la gravedad de la que está en juego y de la velocidad con que debe satisfacerse. Entre más corto el tiempo y más es lo que está en juego, más urgente es. Lo importante aquí es notar que existen varios tipos y niveles de necesidades que oscurecen la diferenciación entre necesidades y deseos. Al reconocer el rango de necesidades físicas y psicológicas, por ejemplo, ejercicio, descanso, nutrición, sexo, bienes materiales, productividad, relaciones sociales, románticas, artísticas, intelectuales, la necesidad de variedad, así como la de simplicidad, urgencia, frecuencia, etc., demuestra que el término necesidad cubre mucho más y un ámbito más amplio y variado que lo que normalmente suponemos.

Muchas personas consideran superfluas cosas como el correo electrónico, los teléfonos celulares, los automóviles, y los mecanismos de control ambiental. Estas conveniencias, dicen, son lujos de los que podemos prescindir. Muchas personas han vivido por siglos sin ellos. Esto indica que las necesidades se identifican en relación a un contexto de lo que está disponible. Lo que consideramos esencial ha escalado a través de los años. Según el historiador Daniel Boorstin, "la necesidad por lo innecesario es otro nombre para el progreso humano."

Las necesidades son más elásticas de lo que muchas veces suponemos. Por lo tanto la línea divisoria entre necesidades y deseos no es fija de manera tal, que podamos con confianza asignarle un estatus subordinado a los deseos.

El florecimiento es un fenómeno objetivo, a pesar de que diferentes cosas hacen felices a diferentes personas. No obstante, el que una persona piense que está floreciendo no garantiza que en efecto sea así. El que lo sea depende de la relación que sus acciones tengan con la promoción de su vida.

Primero el florecimiento es contextual. Lo que constituye el florecimiento de un individuo depende de sus habilidades particulares, conocimiento y circunstancias. Una persona florece en tanto haga lo mejor que pueda para llevar su vida en una manera que avance, que promueva, que beneficie su propia vida. Pero lo mejor de una persona puede diferir de lo mejor de otra; y lo mejor de esta persona puede diferir de su mejor en otra época, cuando sus habilidades y conocimiento no estaban tan bien desarrollados. Una persona puede florecer antes de llegar a ser tan bueno como pueda llegar a ser.

La función principal de una ética normativa es identificar los meta-valores que son necesarios en la vida de cada quien. Como el impacto total en la vida, de las elecciones particulares que enfrenta una persona, no son evidentes, y como los sentimientos no son instrumentos confiables para guiar nuestras acciones para promover nuestra vida, un código moral le indica a la persona los principios que debe seguir para florecer. Pero esto deja a los individuos considerable discreción en la elección de valores más específicos que sean consonantes con meta-valores.

Florecer es otro nombre para la condición de vivir en la única forma que uno puede vivir, si uno ha de sobrevivir. Florecer es a la vez, el medio para valorar y el fin del valor. Es la razón para ser moral.

Racionalidad

La Racionalidad, el hábito de identificar nuestras experiencias, tanto externas como internas, de ejercitar la mente, de estar en contacto con la realidad, de no evadir, ni tratar de conseguir valores fuera de contexto. Es esencial a la racionalidad el hábito de funcionar en el nivel conceptual de consciencia, es decir, conceptualizando. Sólo el nivel conceptual de conciencia permite prever el futuro, al comprender causa y efecto. Prever el futuro es necesario para actuar a largo plazo, para establecer fines últimos, y elegir nuestros valores, organizados jerárquicamente a partir del fin último.

Esencialmente la racionalidad consiste en identificar la realidad, en basar las convicciones y acciones en los hechos, en como son las cosas, tan bien como pueda uno discernirlos. Es vivir conscientemente. Botar el contexto, usar abstracciones flotantes, hacer afirmaciones arbitrarias, reescribir la realidad, son políticas mentales equivocadas, incompatibles con la práctica de la racionalidad pues consisten en evadir los hechos en lugar de identificarlos. La evasión es una contradicción: negar un hecho es tratarlo como un *no hecho*.

La racionalidad es el hábito de identificar nuestras experiencias, de estar en contacto con la realidad, y exige que se reconozca y acepte la primacía de la existencia como un absoluto.

Honestidad

La honestidad, nos dice Rand, es nunca tratar de falsificar la realidad en ninguna manera. La racionalidad es la virtud básica del Objetivismo. Es la virtud de ejercitar la mente, de estar en contacto con la realidad, de no evadir. Y todas las virtudes específicas son una forma de racionalidad. Pero cada virtud específica debe añadir algo a la definición general, de lo contrario, sería inútil, pues sólo repetiría lo que ya sabemos. Cada una de las virtudes específicas debe especificar o añadir algún aspecto que no resulta obvio de la proposición: Usa tu mente, identifica, no evadas.

¿Qué añade la honestidad a la definición de racionalidad? ¿Si la racionalidad manda no evadir, qué agrega la honestidad que sea diferente a simplemente no evadir? Lo que añade es el encarar la realidad. La deshonestidad es un paso después de la evasión, es no encarar la realidad. La evasión consiste en ignorar algún aspecto de la realidad; la deshonestidad es crear una supuesta realidad que reemplaza la que a uno no le gusta. Si uno sólo evade, uno no mira la realidad, y eso es un defecto. Uno puede andar desenfocado, atontolinado, pero esto no sería necesariamente deshonestidad, meramente sería estar fuera de foco. En ese caso, uno todavía no está construyendo otro hecho para reemplazar el hecho actual. Pero si uno deliberadamente no mira algo que a uno le disgusta, y uno hace o finge algo irreal para reemplazarlo, entonces, la acción es específicamente deshonesta. Como cuando una monja finge que el íncubo la dejó preñada. O como cuando alguien finge que es un veterano militar y que tiene mucha experiencia cuando en realidad no la tiene. En ambos casos está inventando algo; no está simplemente evadiendo, no viendo su pasado, sino que creando uno nuevo.

Específicamente, la honestidad es no falsificar la realidad. La racionalidad consiste en decir que la existencia está allí, existe, trata de captarla. La honestidad consiste en decir que sólo la existencia existe, no trates de fabricar otra, no manufactures lo irreal como substituto.

Todas las virtudes en el Objetivismo, tienen dos aspectos –uno involucra un proceso mental, un proceso de consciencia, y el otro involucra un curso de acción en el mundo físico. Es decir, uno en la mente, y entonces, el curso de acción correspondiente. En el caso de la honestidad, el aspecto mental es: Nunca fingir que las cosas son otra cosa de lo que son, ya sea que uno finja para sí o para otros. Y en relación a la acción: Nunca buscar ganar un valor por medio de tal pretensión.

Si queremos reducir lo que es honestidad a una pequeña frase, se podría decir que es: "no fingir." Esta frase no es una definición, desde luego, sino que un recurso para fijar en nuestra mente lo que es honestidad: No tratar de inventar cuentos sobre la realidad, jamás.

¿Cómo sabemos que nunca hay que fingir? ¿Por qué no fingir a veces? Un elemento importante, sin el cual, la discusión de honestidad es débil, es la necesidad del humano de vivir guiado por principios. Ese es un tópico crucial. Como la vida es un efecto –si uno quiere conseguirla y mantenerla, uno debe actuar, siendo esta acción la causa, es decir, uno debe hacer algo específico, actuar para conseguir tener valores que la promuevan. Y a diferencia de las plantas y demás animales que actúan de acuerdo a su deseo momentáneo, el humano, para llenar los requisitos objetivos necesarios que requiere el florecer, necesita hacerlo basado en principios. ¿Por qué? Porque debe actuar previendo consecuencias a largo plazo. Es decir, que una persona tiene que tomar en cuenta las consecuencias de sus acciones a largo plazo, en relación a la totalidad de su lapso vital, de la duración de su vida, y no únicamente la mera satisfacción inmediata. Actuar a corto plazo sería actuar guiado por impulsos inmediatos y ciegos, o deseos, donde todo lo que uno ve es la satisfacción del deseo, y nada más. A largo plazo significa que uno examina primero las consecuencias –las que uno puede ver o prever –a lo largo de acontecimientos futuros, y entonces uno actúa.

Así, que si uno toma una taza de café, de la cual uno no sabe nada, y la bebe, eso es actuar a corto plazo; uno tiene deseo del café, tiene sed, traga, y eso es todo. Pero si uno analiza primero si tiene o no arsénico, si la cafeína es buena para la presión, si tiene algún valor nutritivo, etc., entonces uno ha tomado en cuenta las consecuencias a largo plazo. Y desde luego, esto se aplica a toda elección a todo nivel, desde el café hasta la elección de carrera.

¿Por qué el humano tiene que actuar a largo plazo? Porque a diferencia de las plantas, no funciona automáticamente. No puede buscar, automáticamente, aquello que requiere su vida. El humano tiene que considerar la potencialidad de sus acciones. Tiene que pensar: "¿Cuáles van a ser las consecuencias a largo plazo de lo que voy a hacer?" Porque, después de todo, es tabula rasa, es decir, no tiene reacciones innatas. Así, que la única manera que tiene de asegurarse de que sus acciones van a promover su vida, es estudiar deliberadamente los resultados de lo que hará. Tiene que elegir, conscientemente, en lugar de actuar por impulso, por el deseo del momento.

¿Ahora, cómo podemos actuar previendo consecuencias a largo plazo? ¿Cómo podemos prever el futuro? ¿Por qué método podemos conocer el futuro? No podemos saberlo por percepción, pues ésta sólo nos informa del presente, y como podemos recordar, sólo recordamos el pasado. Sólo podemos conocer el futuro por medio de conceptos, al tomar todas las percepciones de un cierto tipo y clasificarlas, entendiendo que cada caso de un cierto tipo de acción ayuda a promover la vida, y cada caso de cierto tipo la daña –eso es, al aplicar un concepto a una regla de acción. Y eso es todo lo que es un principio.

El principio, por tanto, no es un lujo de las personas muy morales, sino que la esencia de la manera en que el humano trata con las consecuencias futuras de sus acciones, al saber lo que son, y así, no dejar sus fines a largo plazo al azar. La acción basada en principios, es acción basada en el medio humano de arreglárselas con la realidad, un medio conceptual, entendiéndola para así conseguir sus fines. Y esta es la razón de la necesidad del humano de actuar en base a principios.

Si un pragmático, cuya política es probar en cada caso específico para ver las consecuencias, y que actúa abandonando los principios, toma la taza de café con arsénico, ¿cuándo descubre que el arsénico mata? Cuando ya es tarde. El pragmático va por la vida, literalmente ciego por su método de lidiar con la realidad. Al abandonar los principios, pierde el único medio de visión que se tiene que puede darle antes de actuar, cuáles van a ser las consecuencias. Así que actuar basado en principios, es simplemente el método humano de actuar consistentemente para alcanzar sus metas.

Entonces, tenemos dos raíces del concepto de "principio":

1. Primero, una raíz metafísica: la causa y efecto, pues la vida tiene condiciones definidas que se deben acatar.
2. Segundo, una raíz epistemológica: por ser el humano un ser de consciencia conceptual, no puede saber estas condiciones si no es en forma de principios.

Dado lo que ya establecimos, cuando uno toma un curso de acción, uno siempre debe preguntar: "¿Qué le hace a toda mi vida este curso de acción?" Y no "¿qué hace este curso de acción concreto fuera de contexto?", como si esta acción concreta no tuviese implicaciones. Al violar un principio, uno está botando su guía. ¿En qué situación queda uno entonces? Uno queda reducido a actuar a ciegas, a la satisfacción de deseos a corto plazo, por carecer de principios que lo guíen, lo que es auto destructivo. O, habiendo abandonado el principio como guía, sustituirlo por otro, falso, como por ejemplo, "siempre debo obedecer a la autoridad."

Aunque la violación de un principio sea pequeña y limitada, y el daño específico que se haga sea pequeño, el punto importante es, que uno se hace un daño mayor al reducirse al rango de actuar al corto plazo, en un estado de ceguera por no tener una guía.

El propósito de la ética es discutir cuáles principios deberían servir de guía para la conducta del humano. Así que si alguien piensa que puede violar un principio en un caso particular y hacer lo que le venga en gana, sólo porque le da la gana, esa persona está negando la naturaleza misma de la acción ética, que es acción basada en principios –esas reglas de conducta que nos indican como nuestras acciones van a redundar en nuestro beneficio a largo plazo.

El principio de honestidad es negarse a falsificar la realidad. La persona honesta acepta la realidad y retrata las cosas como sinceramente cree que son. Peikoff explica que si la racionalidad es el compromiso de identificar la realidad, la honestidad es la obversa: el rechazo de lo irreal.

La mayoría de personas suponen que nunca están tentados a considerar lo irreal, a fingir que las cosas son distintas de como son. Sin embargo es común encontrar casos en que la gente hace precisamente eso. Muchas veces la deshonestidad se manifiesta en tratar de estirar la verdad, o de suplementar la realidad con los objetos de sus deseos. Por ejemplo, Terrie Linn McNutt Hall, fumadora, a pesar del conocimiento que tenía de lo que el fumar ocasiona, arruinó su vida. Su mal hábito le ocasionó un cáncer de laringe. Fue sometida a 48 tratamientos de radiación, y cerca de un año de quimioterapia, antes y después de someterse a una laringectomía en 2001. Finalmente murió en el 2013. O, por ejemplo, La persona que se dice a sí mismo que es consciente de que ha llegado al límite de su presupuesto, y sin embargo se auto convence de que aún puede comprarse otra cosa. O, la persona que se dice a sí misma que la pizza y hamburguesas están fuera de su dieta, según le recomendó su médico, pero como se ven tan buenas, seguramente que puede comerlas ahora y volver después a su dieta para reducir su colesterol y bajar de peso. O, la persona que se precia de ser lógico y adherirse a la realidad en todos sus juicios y creencias, excepto cuando se trata de temas religiosos. Aun cuando reconoce que no se puede probar la existencia de Dios, se permite un "algo extra" más allá de lo que la razón le indica que es la realidad.

Aunque parezca raro el tener que tener cuidado de no considerar lo irreal, los intentos de fingir, de estirar la verdad o de suplementar la realidad con fantasías, por ser tan común, lo exige. El énfasis en el rechazo de lo irreal como componente integral de la honestidad es, enfatizar el valor de conocer la realidad y correlativamente, la necesidad de un esfuerzo consciente por conocerla, por descubrir lo que son las cosas.

Como el humano para florecer, tiene que elegir el curso de acción que fomenta su vida, tiene necesidad de conocer el mundo, tan bien como le sea posible, y la honestidad es vital en el proceso de conocerlo.

La honestidad, al consistir en rehusarse a falsificar la realidad, es una renuncia deliberada, por principio, a evadir, distorsionar, tergiversar, falsificar. En esencia, la honestidad es no fingir.

Rand sostiene que fingir, falsificar la realidad es un acto fútil, inútil, porque no crea un universo alternativo en el cual, los deseos del deshonesto de alterar ciertos hechos, milagrosamente se cumplirán. La vida no es una película en progreso, donde cada individuo tiene el poder de autor, capaz de cortar o añadir o alterar, según le venga en gana. Aunque un individuo controla sus propias acciones, dentro de los parámetros establecidos por su naturaleza, no tiene el poder de manipular la realidad por el mero ejercicio de su voluntad. Todo esto es la implicación de la primacía de la existencia.

La virtud de la honestidad, dice Rand, está implícita en la función de la facultad racional. El hombre requiere la observación y razonamiento más implacablemente honesto para llegar a una conclusión tan correcta como le permita su capacidad racional. El hecho básico que demanda la virtud de la honestidad es que lo irreal es irreal y por tanto no tiene valor. Lo que no es así, no es así. Sólo aquello que existe puede tener un efecto florecedor en una persona, sólo lo que es real puede ser valioso para alguien. El problema con la deshonestidad es que el falsificar la realidad no la cambia. No podemos hacer desaparecer las leyes de identidad y de causalidad con desearlo. No podemos hacer desaparecer nuestras necesidades o las consecuencias de nuestras acciones. Una persona que quiere adelgazar no puede erradicar su necesidad de nutrirse, como lo descubre, trágicamente, una anoréxica. Una persona que quiere ser feliz, descubre como lo hace el alcohólico, que el licor no es el camino.

El fingir no puede cambiar nada. Los cambios que el humano puede hacer, sólo los puede hacer respetando la naturaleza de la realidad. Los valores objetivos no se pueden falsificar. Lo que destruye la vida, no va a promoverla sólo porque alguien lo desee. Y usualmente, el motivo para ser deshonesto es tratar de conseguir un valor, pero no se puede falsificar valores objetivos tampoco.

Como la identificación de valores objetivos es una empresa más abstracta que la identificación de muchos hechos, puede parecer más fácil falsificarlos. Si una persona niega la existencia de un edificio que tiene delante, sabemos que debe examinarse los ojos. Pero si niega la existencia de un valor objetivo, no es fácil advertir la fuente de su error. Esto es, porque, los valores son relacionales, y diferentes cosas pueden ser valiosas para diferentes seres humanos, en diferentes modos, y la identificación de algo como valioso, es una conclusión que requiere de varios pasos de razonamiento sobre los efectos e impacto de la cosa en la vida del individuo. La objetividad de los valores significa que los valores que fomentan el florecimiento son hechos. Una cosa será objetivamente valiosa para una persona en tanto promueva su vida. Una persona puede valorar algo que de hecho, no sólo no le haga florecer, sino que le haga marchitarse, en cuyo caso, lo que valora no es un valor objetivo.

Por eso, la honestidad y la deshonestidad son posibles aún si una persona viviera sola, aislada de la sociedad. Allí la necesidad de ser honesta sería más urgente, pues su supervivencia depende de no falsificar la realidad. No obstante, puede fingir que las cosas no son lo que son, y tratar de engañarse a sí misma. Puede fingir no haber aprendido lo que de hecho aprendió, puede fingir que no le importan las cosas que de verdad son importantes para ella. El auto engaño puede ser tentador como un medio para evitar enfrentarse a cosas desagradables.

También puede tergiversar los hechos que le presenta a otros, y tener éxito en conseguir que hagan lo que quiere, alcanzando así su meta inmediata, aparentemente consiguiendo un valor. Por ejemplo, una persona puede engañar a otros haciéndoles pensar que es más culta o calificada, más educada de lo que en realidad es. Puede conseguir, por medio del engaño, que una universidad la contrate, basada en las calificaciones y experiencia que finge tener. Sin embargo, sus mentiras no lo equipan para hacer bien el trabajo en cuestión. Sus mentiras no cambian los hechos sobre su conocimiento o falta de conocimiento, su experiencia o falta de experiencia, su habilidad o falta de habilidad. Y esos hechos son los relevantes para tener y conservar su trabajo, para mantener su vida. Su deshonestidad puede engañar a otros, pero no cambia la realidad, y eventualmente los demás descubren su engaño. La consecuencia para una persona que es deshonesta con otros, es la necesidad de ocultar o encubrir su engaño, con la esperanza de que nadie se vaya a dar cuenta. Se condena a seguir la farsa, constantemente temiendo ser descubierta. Y es que la deshonestidad es imposible de sostener a largo plazo. Si mintió sobre donde obtuvo su título, o su grado académico, tendrá que mentir dando datos correlativos sobre su educación, donde vivió durante esos años, a quien conoció, etc. Pero una persona sólo tiene un pasado, y si falsifica algún hecho, va a requerir de una vasta red de falsificaciones auxiliares para que su ficción sea consistente con otros hechos reales de su pasado y de su presente. Y cada persona nueva que conoce es una amenaza, pues puede desenmascarar su farsa. ¿A quién conoce? ¿Dónde estudió, o dónde estudió su hermano o algún conocido? Aun sus viejos conocidos son una amenaza, pues no sabe con quién han hablado últimamente, y que les contaron. Su vida se vuelve un tormento –siempre a la defensiva, sin saber cuándo todo se derrumbará. Este tren de vida, eventualmente daña su autoestima –su percepción de que es apto para vivir.

Pero el problema más grave con el engañar a otros, es que los "bienes", como "hechos" inventados, no pueden promover la vida de la persona. Fingir que algo tiene una relación favorable hacia mi vida, no hace que en realidad tenga esa relación. Lo irreal es irreal y por tanto no puede tener valor. Es obvio que porque lo irreal es irreal, no puede tener valor objetivo. Los verdaderos valores objetivos mejoran nuestra vida, son buenos para nuestro florecimiento; valores de mentiras no.

El solo hecho de que una persona quiera algo, no significa que el conseguirlo sea bueno para ella, aun siendo una meta respetable, que normalmente sería buena para ella. El que algo sea objetivamente bueno para alguien, depende del impacto que tenga en todas las facetas de su bienandanza a largo plazo. La bienandanza no se puede medir aislada del contexto total. No se puede evaluar un fin como bueno o malo para una persona sin considerar sus medios para conseguir esos fines, y los efectos de esos medios en los otros valores de la persona. El valor de algo para alguien depende del papel que juega en su florecimiento a largo plazo. Y el papel que juega depende, a la vez, en como esa persona lo obtiene. Porque el medio de obtener esa cosa conlleva ramificaciones en su habilidad para conseguir otras. No tiene sentido perseguir una ganancia inmediata por medio de sabotear uno su bienandanza a largo plazo, como cuando alguien, para ganar una competencia deportiva, usa sustancias prohibidas, coronándose campeón, hasta que se descubre su ardid, y entonces le quitan su título y su carrera deportiva se va al traste.

Objetivamente se puede identificar que cierta cosa no es buena para uno, y por tanto, uno no debe valorarlo. Para determinar lo que realmente es valioso para uno se debe atender todo aspecto relevante de la realidad. El valor de la honestidad reside en su practicidad. El conocimiento es poder. Por eso uno oye las noticias, revisa su correo, habla con las personas, lee informes, revistas, periódicos, va al colegio, a la universidad, hace preguntas, etc. El conocimiento obtenido es un valor, pues son datos que sirven para la toma de decisiones, para corregir errores, para actuar. El conocimiento es crucial para la acción auto sustentante, para el florecimiento. La razón del conocimiento es su aplicabilidad a la acción. El punto de buscar el conocimiento y de usarlo es su valor objetivo para guiar la acción racional sustentadora de la vida. De ahí la importancia de tratar de conseguirlo y de no tratar de falsificarlo, pues lo último es auto destructivo.

Ahora la honestidad no es no mentir per se, sino que no falsear el contexto de cada situación. No hay que olvidar el carácter contextual de todo principio moral. El propósito del principio moral es servir de guía para florecer. Por eso, la honestidad demanda no colaborar con aquellos que amenazan con dañarlo a uno, o destruir los valores de uno. Uno hace bien en mentirle a un ladrón, a un secuestrador, a cualquiera de esa calaña. La persona que miente en ese contexto no está tratando de conseguir un valor mediante su mentira. De hecho, lo que hace es actuar racionalmente para proteger un valor que se ve amenazado. Si uno responde con la verdad ante las demandas de alguien que lo amenaza a uno con la fuerza, uno actuaría irracionalmente, fingiendo que el ladrón o criminal tiene derecho a lo que demanda. Lo correcto, en tanto la víctima considere que puede hacerlo sin peligro, es falsear la información relevante para proteger los valores amenazados.

En cambio, las mentiras blancas perjudican a sus supuesto "beneficiario" al proveerle información falsa. Al no decirle la verdad a una persona, el mentiroso la deja sin conocer su verdadera opinión. Y como la víctima del engaño no conoce los verdaderos pensamientos del embustero, actuará basado en premisas equivocadas. Por ejemplo, si por no herir los sentimientos de su amiga, un joven le dice que el pastel de manzana le gusta mucho, cuando en realidad no, sólo la anima a que le dé más para quedar bien con él. La desinformación que da el individuo mendaz, evita a los involucrados conocer sus diferencias, examinar sus méritos y cambiar el curso de sus acciones, de ser necesario, de forma apropiada. La mentira paternalista, en lugar de proteger a una persona de la realidad, verdaderamente la perjudica al ocultarle conocimiento para deliberar sobre sus acciones. La falsedad, usada para proteger los sentimientos de otro, puede resultar insultante para el supuesto beneficiario. El mentiroso lo trata como si fuera un niño que necesita depender de las opiniones de un adulto, para que lo proteja de la verdad devastadora. La mentira le muestra a la víctima que el mentiroso no la respeta. De hecho, el decirle la verdad a una persona es una forma de respeto. La honestidad demanda rehusarse a falsificar la realidad, porque enfrentar la realidad es una condición necesaria para florecer. Las mentiras blancas son un intento de falsear esto.

La honestidad es una virtud profundamente egoísta. La deshonestidad es contraproducente, provoca la propia derrota porque al fingir que los hechos son diferentes de lo que son, desvía a la persona del camino de identificar y buscar estrategias racionales para conseguir y conservar valores objetivos que le hacen florecer. Como la realidad establece las condiciones últimas para la supervivencia de una persona, es la realidad, y no otras creencias o deseos, lo que debe mandar la importancia capital de su lealtad a ella.

La honestidad es rehusarse a falsificar la realidad. Es rehusarse a fingir que las cosas son diferentes de lo que son. Falsear los hechos no los cambia. La honestidad es el único medio práctico de supervivencia como humano.

Honestidad es no fingir.

Independencia

La Independencia de criterio es el hábito de formar uno sus propios juicios y de vivir del trabajo propio.

Es vivir activamente, razonando y responsabilizándose de los pensamientos propios, en lugar de reciclar las opiniones de otros y mantener una pasiva conformidad con las creencias de los demás. Es el hábito de valorar la verdad y de controlar la propia vida. Implica ser flexible para poder responder rápidamente a nuevos cambios de circunstancias sin atarse ciegamente al pasado al estar dispuesto a ver la realidad. Implica valentía para no amedrentarse ante los cambios ni ante espacios inexplorados. Beneficia al agente en que lo pone en control de sí mismo y de su vida.

Es reconocer el hecho de que uno es el responsable de juzgar y que no hay forma de escapar de esa responsabilidad –que no hay un sustituto que pueda pensar los juicios propios, así como no hay quien pueda vivir la vida de uno –que la forma más vil de auto destrucción es subordinar la propia mente a la mente de otro. Consiste la Independencia, en aceptar tener uno la autoridad sobre su propia mente.

Es aceptar el hecho de que, sin importar cuan vasto o modesto sea el conocimiento propio, uno tiene que adquirirlo por sí mismo –que es la propia mente la que tiene que conseguirlo. Que uno sólo puede lidiar con el conocimiento de uno, y que es sólo éste el que uno puede afirmar poseer o pedir a otros que consideren.

La Independencia es aceptar que la mente propia es la única juez de la verdad –y si otros difieren del veredicto de uno, la corte de apelaciones final es la realidad.

La Independencia es aceptar que nada sino la mente de cada uno, individualmente, es la que puede llevar a cabo ese proceso delicado, complejo y crucial de identificación, de entender, que es el pensar. Nada puede dirigir ese proceso sino la voluntad y juicio propios. Pensar es una acción volitiva. Enfocar la mente en el proceso de deliberar es una acción volitiva. Deliberar es aplicar el juicio propio. Y nada puede dirigir el juicio propio sino la integridad moral –que es rehusarse a fingir que las cosas son distintas de como son.

La Independencia es vivir y actuar dentro de los límites del conocimiento propio y seguir aumentando ese conocimiento durante toda la vida. Es aceptar el hecho de que uno no es omnisciente, que uno puede errar al razonar, pero que un error propio es mil veces mejor que diez verdades aceptadas por fe, porque el primero le deja a uno el medio para corregirlo (una mente activa), mientras que el segundo destruye la capacidad propia de distinguir el error de la verdad.

La independencia es la aplicación de la virtud de la racionalidad a la acción de dirigir uno su propia vida. Es hacer el camino propio.

Integridad

La Integridad es reconocer o admitir el hecho de que uno no puede falsear su consciencia, al igual que la honestidad es admitir el hecho de que uno no puede falsear la realidad –que el humano es una entidad indivisible, una unidad integral de dos atributos: de materia y consciencia, y que no se puede permitir una ruptura entre su cuerpo y su mente, entre la acción y el pensamiento, entre su vida y sus convicciones –que, como un juez indiferente a la opinión pública, no puede sacrificar sus convicciones por los deseos de otros, sean estos la totalidad de la humanidad suplicando o amenazándolo –que el coraje y la confianza son necesidades prácticas, que el coraje es la forma práctica de ser verdadero con relación a la existencia, de ser verdadero con la verdad, y la confianza es la forma práctica de ser verdadero con la propia consciencia.

La Integridad no consiste en lealtad hacia los propios caprichos subjetivos, sino que de lealtad hacia principios racionales.

La Integridad es la virtud que tiene que ver con ayudar a aquellos otros que uno valora, que uno quiere, que uno ama. La Integridad es la lealtad hacia las propias convicciones y valores. Es el principio de actuar en concordancia con los propios valores, de expresar, sostener y traducirlos a la realidad práctica. Si un hombre dice amar a una mujer, pero sus acciones le muestran indiferencia o le son dañinas, es su falta de integridad lo que lo hace inmoral.

La integridad es rehusarse a falsificar la consciencia. Es aplicar la virtud de la racionalidad a mantener la unidad entre las acciones y las convicciones propias.

Justicia

Justicia es racionalidad en la evaluación y trato de otros individuos. La Justicia es la aplicación de la virtud de la racionalidad al proceso de evaluar y tratar acorde a esa evaluación, a otros individuos. Rand considera que el ejercicio de la virtud de la Justicia es una necesidad práctica para la vida humana. Ella considera que siempre hay que juzgar a los otros, y sostiene que el perdonar no es una virtud, y que la equidad, lejos de ser un paradigma de justicia es, de hecho, su antítesis.

De hecho, la justicia es la virtud de juzgar objetivamente el carácter y la conducta de un individuo, y actuar de acuerdo a dicho juicio, dándole aquello que se merece.

Un primer elemento de la justicia comprende juzgar ambos aspectos: el carácter y la conducta de una persona. No se trata de juzgar sólo eventos aislados, sino que los mensajes profundos que los incidentes transmiten sobre la persona. El propósito de la evaluación es la identificación de su naturaleza básica, no como humano, sino como individuo. Esta evaluación sirve para proyectar la conducta futura del evaluado. Como las acciones de un individuo dependen de su voluntad, su conducta y carácter, que es el producto integrado de sus acciones a través del tiempo, revelan y muestran en que consiste su naturaleza.

De hecho, la conducta y el carácter van de la mano: es a través de sus actos que una persona forma su carácter, y es su carácter el que a la vez influencia su conducta. Y nos interesa el carácter, porque nos interesa la información que da sobre la conducta. La justicia es en principio, un asunto de evaluar al otro, y en particular, evaluar acciones particulares, así como los principios que las guían, es decir, el carácter.

El juicio en cuestión no atañe únicamente al carácter moral, pues dependiendo del propósito que uno tenga al juzgar, se puede evaluar otros aspectos de la persona, como su inteligencia, su presencia o apariencia física, su habilidad en algo, etc. La gente tiene muchos aspectos que podemos y debemos evaluar, en diferentes circunstancias, ya que es de interés propio racional, para ser justos, el conocer toda esa información.

Un segundo elemento de la justicia es que la evaluación del otro debe ser objetiva. Rand dice:

> *"La Justicia es el reconocimiento del hecho que uno no puede falsificar el carácter de los hombres, así como uno no puede falsificar el carácter de la naturaleza."* [*Atlas Shrugged*, p. 1019]

En este sentido, la Justicia es la muestra de la honestidad y la racionalidad, de las cuales depende, y como todo ejercicio de racionalidad, la justicia exige objetividad.

La persona que ejercita la virtud de la racionalidad, que actúa racionalmente cuando busca sus medios y fines, disciplina su pensar, su razonar, atendiendo todo y sólo lo que la evidencia muestra. Y esto vale igual si se trata de evaluar personas o cualquier otra cosa. La evaluación subjetivista se aparta de este procedimiento, evaluando, por ejemplo, a un candidato político por su presencia, por su simpatía, por el estribillo musical, por el logo de su partido; o a un médico por sus gustos en deportes; o a una secretaria porque le desagradan las películas de terror, etc., se desvía, socava y debilita el punto de la justicia. Uno no puede conocer la verdadera naturaleza de otro si se niega a ver la evidencia relevante o lo que ésta indica.

Un tercer elemento de la Justicia consiste en actuar basado en la evaluación objetiva que uno hace del otro y tratarlo como merece, de acuerdo a su mérito. El mérito es una acción digna de premio o castigo. Esencialmente, tratar a otros como se merecen, significa responder a su conducta buena, positiva, con recompensas, y a su conducta mala, negativa, con castigos. Rand se refiere a estos términos de la siguiente manera:

> *"Una recompensa es un valor dado en reconocimiento de la virtud o logro de una persona; un castigo es un desvalor pagado por un vicio o culpa."* [*Letters of Ayn Rand*. P. 559]

Culpa es una falta que se comete voluntariamente, por lo tanto meritoria de castigo.

Los premios y los castigos pueden ser de muchas maneras, materiales y espirituales. Muestras de premios son otorgar amistad, dinero, recomendación, prerrogativas, elogio, congratulaciones, etc. Muestras de castigos son condena, ostracismo, votar en contra de tal persona o de su elección para determinado puesto, retener bienes, etc. En esencia la justicia consiste en evaluar a otros objetivamente y tratarlos de acuerdo a ese juicio dándoles lo bueno o malo que se merecen.

Aunque Aristóteles nos dice que la Justicia es la virtud política por excelencia, Rand nos hace notar que también tiene un aspecto egoísta, de nuestro interés personal, es decir, que ella enfatiza el aspecto ético de esta virtud. La razón para practicar esta virtud es totalmente egoísta. Como los otros pueden afectar los valores de uno en múltiples formas, buenas o malas, el egoísta racional tiene todas las razones para evaluar objetivamente a los demás y tratarlos de acuerdo a su evaluación. El fingir que las acciones y el carácter de otro son distintos de como son, no cambia en nada la realidad de la naturaleza de sus acciones, ni de su carácter, ni los efectos potenciales que éstos tengan en la vida de una persona. Por lo tanto, la Justicia es un medio vital para proteger y promover los valores de uno. Quienquiera que se interese en su propia felicidad debe preocuparse del efecto probable que tengan las acciones de otros en él. Debe evaluar a otros individuos objetivamente y tratarlos de manera que sirvan a sus valores, apoyando a aquellos que contribuyen a su florecimiento, y oponiéndose o alejándose de aquellos que probablemente dañen su vida.

Si el fin de una persona es su propia felicidad, no puede desligarse de la necesidad de juzgar a otros individuos y de tratarlos como merecen. La alternativa sería traicionar sus propios valores y su felicidad. Las virtudes de los otros contribuyen enormemente a un ambiente del cual podemos beneficiarnos. Entre más virtuosos sean los otros, entre más racionales, honestos y productivos sean, mejores compañeros serán, gente de la que uno puede aprender y con quien puede uno intercambiar valores. Craig Biddle lo dice en su libro *Loving Life*:

> *"Podemos beneficiarnos enormemente de gente productiva, pero no de parásitos. Podemos confiar en gente honesta, pero no en deshonestos. Podemos contar con la gente íntegra, pero no con los hipócritas. Podemos aprender de los pensadores independientes, pero no de los de segunda mano."* [*Loving Life*. Pag. 95]

Tratar a una persona como se lo merece es, según Rand, respetar la causalidad. Una persona para ser meritoria de, o merecer algo, debe hacer algo, pues el mérito no es un estado natural, ni una cualidad con la que uno nace, como piensa Kant. Más bien, el mérito significa un proceso: crear una causa que garantiza un efecto. Tratar a una persona como se merece es permitir que la causalidad siga su curso natural.

La Justicia demanda: rechazo de la equidad, pues la tolerancia y condena indiscriminada son dos variantes de la misma evasión. El tratar de evadir la responsabilidad de emitir juicio moral.

Demanda también el rechazo a aprobar el mal, pues abstenerse de condenar el mal, es convertirse en un accesorio del crimen del malvado.

La Justicia es la aplicación de la virtud de la racionalidad al proceso de evaluar y tratar acorde a esa evaluación, a otros individuos.

Productividad

Productividad, es el hábito de aplicar la racionalidad a la adaptación de la naturaleza para uso humano, de crear bienes demandados, valores materiales, ya sean bienes o servicios, es decir, de crear riqueza. Es crear lucro.

Rand usa el término "valor material" en el sentido de la naturaleza material del producto o servicio en cuestión. O sea que el valor material es físico. Describe el trabajo productivo como *"formar la materia para que se adapte al propósito de uno... y trasladar una idea a una forma física."* El producto del trabajo de una persona debe adquirir existencia física fuera de la mente del agente, como en el caso de quien se especializa en la cognición, que debe adquirir forma en un libro o una conferencia. Un compositor no ha creado valor material en tanto la melodía que ha creado no esté en papel o grabada.

Rand considera la creación de obras de arte, que satisfacen la necesidad de la consciencia humana de ver el mundo de sus valores en forma concreta, como trabajo productivo. Ella enfatiza la naturaleza de lo creado sobre la naturaleza de la necesidad que la creación satisface, aunque esta última, como el valor psicológico del arte, pueda afectar la bienandanza material de una persona. Lo que hace a un "valor material" material, y lo que hace a un "valor material" valioso son dos atributos distintos. El valor de una cosa depende de la relación que tenga con el florecimiento a largo plazo del individuo. La cosa valorada, puede, pero no necesita ser material. Por otro lado, no necesitamos saber nada del valor de una cosa para saber si es material. Lo que se necesita establecer es si la cosa existe como entidad física, es decir, su realidad física y no mental. Si su existencia es física, entonces es material.

La productividad se refiere a un tipo particular de acción generadora de vida: la creación de valores materiales. El consumir valores, puede ser acción promotora o generadora de vida, pero no es lo mismo que crear valores materiales. Sólo esta última es productividad.

El hecho básico que hace de la productividad una virtud, es la circunstancia de que el humano debe crear valores materiales para mantener su vida. Su florecimiento depende de valores materiales, los que no existen en la naturaleza, ni están al alcance de su mano. El humano debe crear los valores, lo que significa que literalmente debe hacer su vida por medio de la acción productiva. La productividad es una virtud porque hace posible la vida humana. Rand lo explica de la siguiente manera:

> *"La productividad es... tu reconocimiento del hecho que elegiste vivir –que el trabajo productivo es el proceso por el cual la consciencia humana controla su existencia, un proceso constante de adquirir conocimiento y de formar la materia para adaptarla al propio propósito, de traducir una idea a forma física, de rehacer la tierra a la imagen de los propios valores..."* [*Atlas Shrugged*, p.1020]

Y describe la virtud de la productividad como *"el reconocimiento del hecho que el trabajo productivo es el proceso por el cual la mente humana sostiene su vida, el proceso que libera al hombre de la necesidad de ajustarse a su contexto, como hacen todos los animales, y le da el poder de ajustar su contexto a sí mismo."* [*Objectivist Ethics.* p29]

La supervivencia del humano depende de que su acción sea guiada por la razón y la producción, y no por el impulso y la apropiación. Los valores que hacen posible la existencia humana deben concebirse y crearse por el hombre. Al igual que la virtud de la independencia, la productividad se trata de que la persona haga su propio caminar en el mundo. Pero mientras la independencia se trata de una orientación particular hacia la realidad, la productividad se enfoca en una necesidad particular: la necesidad de producir valores materiales. La virtud de la productividad dirige al hombre al tipo de pensamiento y acción que es esencial en la creación de valores materiales.

Los humanos no nacen teniendo las habilidades, el conocimiento y la imaginación necesaria para crear valores materiales. Debemos adquirirlos por medio de un proceso volitivo que requiere esfuerzo, disciplina, propósito y virtudes como la independencia. La integridad y la honestidad. La habilidad para crear valores materiales, debe, a la vez, ser creada. La productividad, pues, no sólo se trata de que una persona se alimente y se vista, sino de que se convierta en el tipo de persona que puede proveer todos los valores materiales que requiere su vida. El ejercicio de la virtud de la productividad, sirve no sólo para satisfacer las necesidades de consumo de una persona, sino que además, la equipa para producir más valores materiales y así cuidarse a sí mismo en el futuro.

Aunque la razón para ser productivos reside en nuestra necesidad de crear valores materiales, la recompensa de ser productivos son también los valores mentales o psicológicos que ésta genera. Rand observa que el trabajo productivo necesita de creatividad, que es corolario del pensamiento independiente, y es el hábito de buscar soluciones nuevas, de explorar nuevas posibilidades, de visualizar nuevos modelos, y así producir nuevas ideas, formas de hacer o cosas con el propósito de mejorar las condiciones iniciales. También necesita de ambición, el deseo que lo mueve a uno a actuar con tenacidad para conseguir un valor con el propósito de mejorar, crecer, progresar, florecer; y de determinación, el hábito de resolver lo que se debe hacer y hacerlo. Así mismo, necesita también de laboriosidad, el hábito de ocuparse siempre en algo útil y no perder el tiempo; y de perseverancia, que es firmeza y constancia en la ejecución de los propósitos y en la realización de las cosas frente a los obstáculos. El productor de valores materiales necesita estar comprometido con su propósito, debe ser disciplinado, paciente, responsable, curioso y tener iniciativa, además de honesto e independiente.

La virtud más significativa que exige la productividad es la racionalidad. Como la productividad es un ejercicio de racionalidad, la persona productiva mejora su habilidad de razonar bien. Para tomar decisiones provechosas sobre cómo reducir costos, como desarrollar mejores técnicas de producción, como investigar, o como producir mejor, el productor debe guiarse por la observación de hechos relevantes e inferencias lógicas sobre sus implicaciones. Al ejercitar su racionalidad, así como las otras virtudes que demanda la productividad, el productor se beneficia en formas que exceden su ganancia material, pues adquiere habilidades para enfrentar otros retos, y conseguir un rango mayor de valores, como relaciones personales, logros atléticos, etc.

De esta manera, la productividad también fortalece el sentido de identidad de la persona y su auto-estima. Cuando la persona abraza el trabajo productivo como su propósito central, y le dedica el tiempo y energía que demanda, éste se vuelve parte integral de su propia imagen, estableciendo lo que es importante para ella. Las cosas que le interesarán, como libros, ciertas personas, eventos, noticias, estarán determinadas por el impacto potencial en su trabajo.

En cuanto a la auto-estima, el trabajo productivo le confiere a la persona la confianza en sí mismo y la sensación de valía, el conocimiento de que puede hacerse cargo de sí mismo exitosamente, y de que es competente para manejar su vida. Rand nos dice que la razón para ser productivo es que fomenta la felicidad propia.

Todo tipo de trabajo productivo involucra una combinación de esfuerzo mental y físico: de pensamiento y acción física para traducir el pensamiento en una forma material. Lo único que varía, nos dice Rand, es la proporción de esta combinación en los distintos tipos de trabajo. La productividad impone, pues, demandas intelectuales y existenciales.

El productor debe usar su razón para identificar lo que quiere crear, lo que vale la pena crear, y cómo se debe crear. No se puede crear cosas que serán objetivamente valiosas para nosotros, sin pensar. Aún los trabajos que requieren poco trabajo cerebral para crear valores materiales, como planchar o llenar cajas con mercancía, requieren que la persona piense, que ajuste su curso de acción al enfrentar circunstancias inesperadas.

La mayoría de personas tienen poca dificultad en comprender el enunciado de Francis Bacon: el conocimiento (producto del pensamiento) es poder. Pero lo que no se aprecia suficiente es su conversa: La riqueza (poder económico) es pensamiento (aplicación del conocimiento).

Los bienes materiales tienen su raíz en el conocimiento. Sin embargo, la creación de valores materiales, requiere del ejercicio del trabajo físico para hacerlos realidad, para darles existencia física a los valores materiales. El trabajo, como lo ilustra Rand, es la traducción de una idea a una forma física. Los servicios también son valores materiales. Ya sea que el servicio en cuestión requiera de intensa labor física, como limpiar, cocinar, o intensa labor intelectual, como educar, editar, dar consejo legal o psicológico, el servicio debe proveerse por medios físicos y por tanto altera el mundo físico. La oficina se mantiene limpia gracias al servicio del encargado de limpieza, la comida se puede consumir gracias al cocinero, el profesor comunica sus enseñanzas por medio por un medio físico, el investigador documenta sus descubrimientos, el escritor escribe una novela, etc.

El valor de mercado y el valor objetivo no siempre coinciden. El valor de mercado refleja los deseos y opiniones de las personas sobre el valor de algo, y el valor objetivo refleja el impacto real que la cosa valuada tendría en la vida del valuador. Por tanto, un valor material, de mayor valor objetivo puede no ser remunerado en la misma escala que algo de menor valor objetivo o anti valor objetivo.

El trabajo de una persona es la forma principal que toma su búsqueda de la felicidad. No es simplemente un elemento de la vida buena, sino que el elemento troncal. El propósito central es el fin a largo plazo que constituye el elemento primario que demanda el tiempo, energía y recursos de un hombre. Todo otro fin, por importante que sea, es secundario y debe integrarse al este propósito. El propósito central es el fin primordial que sirve de referencia para establecer la importancia que una persona le asigna a otras cosas, es el parámetro de la jerarquía racional de sus valores, permitiéndole priorizar distintas metas. Sin un propósito central, una persona no podrá saber, ni establecer cuan valioso es algo para ella. Por el contrario, si tiene un propósito central, tendrá razones para las cosas que hace y una base para decidir que vale la pena hacer. Por tanto, un propósito central, le da motivación a la persona a lo largo de distintas facetas de su vida.

Según Rand, el punto de vivir es disfrutar de la propia vida, y el estándar de valor es la vida humana, así que lo que sea que la mejore se debe cultivar. El afán de lucro es la ambiciosa y activa búsqueda de riqueza. La riqueza consiste en valores materiales, los que mejoran la calidad de vida de la persona. Por lo tanto, si el ejercicio de la virtud es para conseguir vivir la mejor vida posible, lo correcto es que una persona busque conseguir valores materiales. Rand nos dice que: *"Tu trabajo es el proceso de conseguir tus valores... y perder tu ambición por valores es perder tu ambición de vivir."* [*Atlas Shrugged*, p. 1020] El lucro es la ganancia derivada de la acción; es la diferencia entre el valor de lo producido y el costo de producirlo. El afán de lucro es, entonces, el afán de producir valor material.

Así como el tiempo es dinero, es decir, que el desperdicio de tiempo es derrochar la oportunidad de hacer dinero o cualquier otro valor material, es igualmente cierto que el dinero es tiempo, como lo explica Rand en el discurso de Francisco D´Anconia sobre el dinero. La riqueza es tiempo liberado de las tareas físicas, cotidianas y básicas de subsistencia. Cuanto mayor sean las reservas de riqueza de una persona, menor labor tiene que invertir en el futuro para alcanzar el mismo nivel de vida que la riqueza puede comprar. De la misma manera, cuando esa riqueza ahorrada se destina a la producción, cuando es capital, permite ampliar el lapso temporal que media entre el inicio del proceso productivo y de la obtención del bien listo para ser empleado o consumido. Cuanto más dinero tiene una persona, más fácilmente puede atender esas necesidades o actividades, y puede, por tanto, dedicar más tiempo a otras actividades deseadas. En consecuencia, el dinero es un instrumento que no sólo es valioso para proveerse de más bienes materiales, sino que amplía el rango de posibles actividades de la persona. El dinero le permite a la persona mejorar su vida en cualesquiera modos, material o mental, que sean más conducentes a su bienandanza total. Le da más tiempo para cultivar amistades, o disfrutar de una presentación de Carmen Monarcha. El afán de lucro, pues, es el afán de una vida feliz.

No hay que confundir el afán de lucro con el afán de expoliación. La primera es esforzarse por producir riqueza, por crear valor; la segunda es apropiarse de la riqueza creada por otros, destruye valor.

La Productividad es la aplicación de la virtud de la racionalidad al proceso de crear valores materiales.

Y sólo la producción de valores materiales puede satisfacer las necesidades materiales y psicológicas de la existencia humana. La productividad demanda las cualidades de carácter y proporciona las recompensas que capacitan al humano para florecer.

Creatividad

La creatividad, que es corolario del pensamiento independiente, es el hábito de buscar soluciones nuevas, de explorar nuevas posibilidades, de visualizar nuevos modelos, y así producir nuevas ideas, formas de hacer o cosas con el propósito de mejorar las condiciones iniciales. Implica independencia y valentía. El beneficio de la creatividad es la mejora de la calidad de vida del agente.

La virtud de la Creatividad requiere de la virtud de Independencia al igual que de libertad, pues la mente creativa no puede funcionar bajo ninguna forma de coerción. La creatividad no se puede frenar, sacrificar o subordinar a cualquier consideración. Demanda total independencia funcional y motivacional.

La Creatividad es la virtud que lleva al humano a discrepar de sus semejantes, que lo lleva a nadar contra la corriente, a andar solo.

El creador es el egoísta en el sentido más absoluto, pues es el que piensa, siente, juzga y actúa.

Además del beneficio que la creatividad tiene en mejorar la calidad de vida del humano, tiene importancia para la salud psicológica del individuo. La creatividad es una de las más importantes descargas de expresión y realización personal, así como importante auto gratificación.

La Creatividad conduce a la salud psicológica, pues desarrolla independencia, integridad, laboriosidad, responsabilidad, honestidad, determinación, perseverancia, vitalidad, entusiasmo, motivación, auto realización, el enfoque, el establecimiento de una meta, el crecimiento cognitivo, y el hábito de actuar.

A continuación vemos una tabla comparativa entre quien practica la virtud de la creatividad y quien no:

EXPECTADOR	CREATIVO
Es un observador	Es un actor
Mata el tiempo	Aprovecha el tiempo
Espera que las cosas le pasen	Está en control de sus actos y hace cosas
Suele aburrirse	Interesado en el mundo
No experimenta desafíos	Busca desafíos
No logra nada distinguido	Crece por logros únicos
Pesimista	Optimista
Progresivamente inflexible	Continúa siendo flexible
Intelectualmente dependiente	Intelectualmente independiente
Padece envejecimiento mental prematuro	Retiene juventud mental
Experimenta lo que es	Experimenta lo que puede ser

La creatividad es la aplicación de la virtud de la racionalidad al proceso de crear nuevos valores materiales.

Laboriosidad

La laboriosidad es el hábito de ocuparse siempre en algo útil y no perder el tiempo. Es aplicar la racionalidad a realizar las tareas productivas con esmero, orden, atendiendo los detalles y tratando de conseguir el mejor resultado posible. La virtud de la laboriosidad consiste en cumplir con todos las obligaciones productivas aceptadas con constancia en las tareas.

Consiste en finalizar las tareas en el orden de llegada e importancia que se haya establecido. En evitar el dejar los trabajos sin concluir. En hacer lo que deba hacerse para conseguir el fin propuesto, independientemente de que gusten o no. En no perder el tiempo, pues éste es dinero, evitando cualquier tipo de distracción dentro del ámbito laboral. En tener todo el material que se necesita utilizar en el orden más adecuado. Por la virtud de la laboriosidad es que, con esfuerzo, el trabajo se convierte en una fuerza transformadora y de progreso. Supone realizar un esfuerzo extra para conseguir un logro adicional y progresar. Es mejorar la eficiencia del tiempo disponible en la creación de valores materiales.

La laboriosidad es la aplicación de la virtud de la racionalidad al proceso de aprovechar el tiempo en crear valores materiales.

Ambición

La ambición es afanarse por el lucro. El lucro es la ganancia o utilidad material derivada de la acción; es la diferencia entre el valor de lo producido y el costo de producirlo. El afán de lucro es, entonces, el afán de producir valor material.

Uno obtiene una ganancia cuando uno mejora la condición de su vida. En términos económicos, el lucro es hacer dinero y se calcula por medio de la contabilidad. En una economía de mercado, de división del trabajo, los individuos no producen, cada uno, la mayoría de los bienes que consume. Más bien se especializan e intercambian sus productos con los otros. Aldo Rossi produce edificios, que vende por dinero en el mercado, y usa ese dinero para comprar comida, gasolina para su transporte, boletos para la ópera, casimires para sus trajes, educación para sus hijos, electricidad para hacer funcionar su casa y su oficina, materiales para seguir produciendo, y cualquier otra cosa que desee.

El proceso productivo tiene costos, pues requiere la adquisición de varios factores de producción –un solar, bienes de capital, fuerza laboral, materiales y capital –y luego hay que combinarlos y ordenarlos para tratar de crear algo de valor. Rossi, por ejemplo, tiene que gastar una cantidad de dinero en el solar para el edificio, en acero, en concreto, en ladrillos, en mármoles, en ventanas, en puertas, en artefactos sanitarios, en material de instalaciones eléctricas, elevadores, planta eléctrica, en tabiques, en salarios para albañiles, armadores, carpinteros, electricistas, plomeros, y ayudantes. Así mismo debe gastar en maquinaria para construcción, tractores caterpilar, camiones, grúas, mezcladoras y formaletas. También debe gastar en ingenieros, arquitectos, dibujantes, contadores, abogados y vendedores. También debe pagar intereses por el capital que necesite para producir durante el tiempo que requiere el edificio. Si puede vender el edificio por más de lo que le costó fabricarlo, lucra –obtiene ganancias. Si no puede, tendrá pérdidas.

El lucro o ganancia es el dinero que le queda a un negocio después de haber pagado sus gastos. Es el resultado de haber producido algo que otra gente valora más de lo que costó producirlo. Es la recompensa del éxito en haber producido valor en una economía de mercado o de división del trabajo. En una isla desierta, donde uno se encuentra aislado, uno produce las cosas que mejoran su calidad de vida. En una economía de mercado, uno hace dinero al producir cosas o bienes para comprar las cosas que mejoran su calidad de vida.

El afán de lucro es producir en el contexto de una economía dineraria.

La actividad central que hace posible nuestras vidas es la producción, el uso de la razón para crear valores materiales. Quien condena el lucro, condena la producción, y quien condena la producción condena la vida humana.

El instrumento mental de la economía de mercado es el cálculo económico. El concepto fundamental del cálculo económico es el concepto de *capital* y su correlativo la *renta*. Estos conceptos aplicados en contabilidad contrastan los medios y los fines. Quien calcula económicamente establece una línea divisoria entre bienes de consumo, que planea utilizar para sus satisfacción inmediata, y bienes de otros órdenes que planea utilizar para proveer para seguir actuando o para la producción y así satisfacer deseos futuros. La diferenciación entre medios y fines se manifiesta en diferenciación entre adquisición y consumo, entre el negocio y lo doméstico, entre fondos de transacción y bienes domésticos. Los bienes destinados para la adquisición se evalúan en términos dinerarios, y su suma denominada *capital*, es el punto de partida del cálculo económico. El fin inmediato de la acción adquisitiva es aumentar o al menos mantener el capital. El monto que puede ser consumido durante un periodo de tiempo definido sin mermar el capital se llama *renta*. Si el consumo excede la renta, la diferencia es consumo de capital. Si la renta es mayor que lo consumido, la diferencia es *ahorro*.

El fin primordial del cálculo económico es establecer los montos de la renta, el ahorro, y el consumo de capital.

Aún el hombre primitivo era consciente de las consecuencias de las acciones que para un contador moderno serían consumo de capital. El salvaje se rehusaba a cortar árboles frutales o a matar hembras preñadas en una muestra de acción premeditada y planificada. Sin embargo, sólo para aquel que actúa en una economía de mercado, dineraria, es posible recurrir al cálculo monetario y por tanto, establecer distinciones con respecto a las condiciones en perpetuo cambio de procesos industriales altamente desarrollados y de la compleja estructura de la cooperación social de cientos de miles de trabajos y acciones especializadas. El lucro se crea produciendo valor en base al cálculo económico, produciendo algo que sea rentable, no se roba, no se saquea, no se captura, ni se añade al costo de producción.

El lucro se crea mediante el cálculo económico en anticipación a precios futuros, precios que reflejan y comunican las preferencias futuras de los posibles consumidores. Sólo se lucra ayudándole a otros a lucrar. El éxito de Microsoft o de programas como Cadre –un programa de análisis estructural –reside en que les ayudan a sus clientes a ser más eficientes para producir y así lucrar, les ayudan a obtener ganancias con mayor facilidad y rapidez de lo que lo hacían antes.

Pero la ambiciosa y activa búsqueda de riqueza, requiere de quien calcula económicamente, que identifique la realidad, que no finja que las cosas son distintas de como son, que analice por sí mismo, que se aferre a su análisis, que conceda más a quien contribuya más, que busque soluciones innovadoras, que haga el trabajo, que no defraude y que beneficie a su cliente potencial. La ambición requiere entonces de racionalidad, honestidad, de independencia, de integridad, de justicia, de creatividad, de productividad, de determinación, de perseverancia, de laboriosidad, de honradez, de orgullo y de benevolencia. La ambición es afanarse por mejorar uno su calidad de vida.

Requiere también de frugalidad, es decir, ser sobrio en el consumo, no gastar más que para beneficiarse uno o a otros a quien se desee hacer bien, y no desperdiciar nada. De esta manera la renta será mayor de lo consumido y se podrá ahorrar.

El dinero ahorrado podrá destinarse a satisfacer futuras necesidades o a la producción con el propósito de aumentar el capital. Podrá destinarse a comprar aquellas cosas que le importan a uno, que uno valora, como comida, ropa, anteojos, joyas, autos, televisores, libros, conocimiento, salud, etc. El dinero es instrumental para enfrentar nuestras necesidades físicas y psicológicas. Nos permite intercambiarlo por los bienes requeridos.

Así como el tiempo es dinero, su conversa también es cierta: el dinero es tiempo. Rand lo explica muy bien en su novela *La Rebelión de Atlas* en el parlamento de Ellis Wyatt cuando explica los beneficios de su operación petrolera:

> "¿Qué es la riqueza sino el medio de alargar la vida de uno? Hay dos formas en que uno puede hacerlo: o produciendo más o produciendo más rápido. Y eso es lo que hago: manufacturo tiempo… Produzco todo lo que necesito, trabajo para mejorar mis métodos, y cada hora que ahorro es una hora añadida a mi vida. Me tomaba cinco horas llenar ese tanque. Ahora me toma tres. Las dos que he ahorrado son mías –tan preciadamente mías como si hubiera trasladado mi tumba dos horas más lejos por cada cinco que tengo. Son dos horas quitadas a una tarea, para invertirlas en otra –dos horas más en las cuales laborar, para crecer, para avanzar. Esa es la cuenta de ahorros que estoy atesorando…"

Más dinero significa más tiempo, más tiempo que uno puede destinar a su bienandanza, permitiéndole ser más feliz. El dinero faculta la autonomía. Mayor independencia de las demandas de la necesidad significa mayor discreción sobre las actividades propias, mayor control sobre como uno desea vivir sus días. La autonomía es el andamiaje de la felicidad. El dinero pues, contribuye a alcanzar lo valorado, y la felicidad es la condición psicológica que resulta de haber alcanzado uno sus valores.

El lucro es la utilidad material ganada por la producción y por tanto el afán de lucro o la ambición por riquezas, es el deseo egoísta de ganar provecho material por medio de la producción de riqueza. El fin de quien es movido por el afán de lucro, por la ambición, no es conseguir dinero robando, defraudando, o engañando; su fin es hacer dinero, produciendo, según su mejor esfuerzo, bienes demandados, y negociándolos o intercambiándolos por los bienes, que son el mejor esfuerzo, de otros. Pero el dinero no es el fin, el fin es la felicidad.

El afán de lucro es el afán por mejorar nuestra vida, representa lo mejor de nosotros, y representa lo mejor para nosotros.

La ambición es aplicar la virtud de la racionalidad al proceso de conseguir lo mejor para uno, empleando lo mejor de uno, para mejorar uno su calidad de vida.

Determinación

La determinación es el hábito de resolver lo que se debe hacer y hacerlo. Requiere de las virtudes de la racionalidad, para identificar entre diversas opciones lo que debe hacerse, lo que es de más provecho para florecer; de la honestidad, para no pretender que las cosas son distintas de lo que son, para no pretender engañarse uno mismo; y entonces tener la osadía y valentía para tomar la decisión apropiada y llevarla a la práctica.

La determinación es aplicar la virtud de la racionalidad al proceso de identificar, elegir y actuar para conseguir lo mejor para uno.

Benevolencia

La Benevolencia es una virtud que se deriva de la virtud de la Productividad. La Racionalidad lleva a descubrir que la cooperación social, o sea la división del trabajo y el intercambio de valores materiales, aumenta drásticamente la productividad, y por lo tanto la creación de riqueza esencial para la bienandanza de los involucrados.

La Racionalidad es la identificación de lo que existe, el reconocimiento de los hechos en tanto hechos, el compromiso de entender las cosas como son, objetivamente. El principio de la racionalidad es: “Esto es.”

La Productividad es la proyección imaginativa de nuevas formas de explotar el potencial de lo que existe y así crear valores materiales que sirvan a nuestros propósitos. El principio de la productividad es: "¿Qué tal si?"

En relación a otras personas y su trabajo, el ámbito de lo hecho por el hombre, la virtud de la Justicia manda identificar lo que existe, el compromiso de entender a la gente tal cual son y evaluarlos objetivamente. La Benevolencia es la virtud complementaria y semejante para la Productividad, que proyecta modos de explotar el potencial de otras personas, para crear oportunidades para el intercambio, el comercio, para hacer nuestro ambiente social a la imagen de nuestros valores.

Y así como la racionalidad sin productividad engendra una actitud pasiva ante el mundo, la justicia sin benevolencia engendra una actitud pasiva y cauta hacia la interacción con otros. La justicia es una forma del principio de "esto es" en tanto se enfoca en lo actual. La benevolencia es una forma del principio de "¿qué tal si?" en tanto se enfoca en el potencial de otros. La benevolencia es el compromiso de conseguir ciertos valores en nuestras relaciones con otros. Esos valores se encuentran en personas virtuosas, que pueden dar valor a cambio de valor. Sin embargo, esos valores no se encuentran disponibles en una persona cuya conducta y carácter suponen una amenaza. Las virtudes de la justicia y la benevolencia van de la mano para poder identificar quien y quien no se merece un acto benevolente, de simpatía, de amabilidad, o generosidad.

La Benevolencia es el hábito de tener buena voluntad hacia los demás y respetarlos. Es el medio para fomentar y cultivar relaciones de intercambio voluntario y cooperación del que las partes involucradas derivan beneficio mutuo, y el intercambio es el medio para obtener aquellos valores como bienes y servicios, conocimiento, amistad, romance y similares. Es tratar a los demás como potenciales socios de intercambios, reconociendo en ellos su independencia e individualidad, y la armonía entre sus intereses y el propio. El agente al ser benevolente busca los valores derivados de la vida con otras personas en sociedad. Su actitud civil hacia los otros muestra su respeto al reconocerlos y tratarlos como seres humanos, como individuos, como personas independientes, así como su intención de resolver conflictos pacíficamente. Es reconocer la armonía de intereses, que consiste en beneficiarse mutuamente por el intercambio de valores. Cada intercambio comercial ilustra la armonía general de intereses que posibilita la adopción del principio de intercambio como regla general para la relación con otros. Pero sólo existe armonía de intereses en tanto las partes acepten el principio de intercambio como regla de conducta. No existe armonía de intereses entre un comerciante y un ladrón. La benevolencia es expresión del compromiso con el principio del negociante.

Las formas específicas de benevolencia, el tipo de acciones, hábitos, y normas de conducta que se concretizan en su práctica son:

Civilidad o cortesía, que es la forma más elemental de benevolencia. Es una expresión de respeto hacia otros seres que poseen los atributos humanos básicos en virtud de lo cual son valores potenciales. No es casualidad que la palabra civilidad, que significa cualidad de ser atento y cortés, se derive de la palabra ciudad. Es una virtud cívica por excelencia al fomentar las condiciones de concordia necesarias para la vida en sociedad.

La benevolencia también toma la forma de sensibilidad hacia los demás. Implica darse cuenta de las condiciones psicológicas, intereses y gustos de los demás. La simpatía y compasión, derivados del griego y latín respectivamente, y que quieren decir: "sentir con", se refieren a la habilidad humana de percibir los estados mentales y sentimientos de otros, y de considerarlos como propios, sintiendo, como resultado, cierta afinidad con la persona en cuestión.

La amabilidad, cercana a la simpatía, constituye un deseo de soporte más activo hacia la otra persona en lo que sea que está experimentando. La amabilidad involucra la ayuda psicológica y el consuelo.

La generosidad, es estar dispuesto a proveer tiempo y bienes a otros sin esperar retorno definitivo, como ayuda en una emergencia o como una inversión no específica en su potencial.

La tolerancia, el hábito de admitir la manera de ser, de pensar y de actuar de los demás, siempre y cuando dicho comportamiento no sea nocivo para uno o terceros. Es respetar la libertad de acción de los demás. Lo que se tolera es a la persona y no necesariamente sus ideas, las que pueden denunciarse por considerarse equivocadas y nocivas. La tolerancia es un asunto de justicia y benevolencia, pues no se condena a otro sólo en base a sus ideas. En tanto virtud es un medio para conseguir valores que beneficien la vida del individuo, y como tal provee las condiciones necesarias para la discusión y debate entre individuos racionales. La discusión y el debate son valiosos como medios para expandir el conocimiento y para descubrir verdades. La diversidad de opiniones son valiosas porque cuestionan la parcialidad de una sola perspectiva sobre el mundo, y porque no se puede comprender realmente el fundamento de la visión propia, sin escuchar los argumentos de visiones opuestas. Una sociedad tolerante reconoce que el conocimiento está disperso y permite la libre expresión de diversidad de visiones del mundo y por lo tanto la interacción pacífica de los individuos que la componen. Así mismo es una sociedad que valora y practica la discusión abierta de ideas.

La benevolencia implica, la virtud de independencia, pues ésta requiere el intercambio de valor por valor. También implica la benevolencia, la virtud de honestidad y confiabilidad, porque el agente no debe falsear la realidad del otro y presupone que ambas partes actúen honestamente. Si una de las partes actúa deshonestamente, entonces lo que se da es fraude y no intercambio. La benevolencia implica, la virtud de la productividad, pues en el caso de intercambio comercial ambas partes han producido algo que intercambiar, sea esto un bien o un servicio. Y en el caso de relaciones personales, lo que se intercambia son los valores espirituales o mentales que cada uno de las partes ha producido. La benevolencia implica la virtud del orgullo, pues supone valorar los bienes producidos o los servicios ofertados, el conocimiento de alguna materia o los valores espirituales que se tienen. Supone considerarse digno de tener amigos para así cultivar las amistades.

La benevolencia, como toda virtud, busca el bien del agente, pues si bien es cierto que beneficia a los demás, el propósito principal es el beneficio propio. Es el mismo principio que motiva la cooperación social. El agente se beneficia al obtener valores de otras personas por medio del intercambio. Si la relación con otro va en contra del interés propio, como la que se tiene con un ladrón, un asesino, un violador o cualquier otro pillo, la justicia manda que no se debe ser benevolente. La justicia es el hábito de no tolerar acciones perjudiciales para uno ni para otro, y basado en la reciprocidad, exigir compensación del daño recibido, o compensar por el daño provocado. Es el hábito de nunca dar ni solicitar lo no merecido. La relación justa es aquella que es mutuamente ventajosa entre los individuos involucrados. Por tanto, permite la cooperación, fomentada por la benevolencia, donde el individuo busca su interés propio a largo plazo, en lugar de a corto plazo.

La benevolencia es el compromiso de conseguir los valores que se derivan de la vida con otras personas en sociedad, al tratarlas como socios de negocios potenciales, reconociendo su humanidad, independencia, e individualidad, y la armonía entre sus intereses y los propios.

Orgullo

El orgullo es afanarse por la perfección moral. El orgullo es comprometerse a lograr ser moralmente perfecto. Como la esencia de la moralidad es la racionalidad, la perfección moral consiste en una inviolable racionalidad. Rand se refiere al orgullo como "ambición moral". Rand entiende "ambición" como la persecución sistemática de la propia realización y del mejoramiento constante con respecta a la meta personal. El orgullo es el hábito de adquirir y crear los valores de carácter que lo hacen a uno merecedor de florecer, por sentirse digno de vivir y tenerse uno gran estima, de no permitirse ser menos que excelente, exigirse ser lleno de virtudes, perfeccionarse y no cometer actos vergonzosos; nunca aceptar una culpa inmerecida y si se merece alguna, nunca dejar sin corregir los agravios y errores cometidos, de desear ser lo que uno mismo aprueba en otros hombres, y sobre todo de no permitir ser tratado como menos que persona, no aceptar el papel de animal de sacrificio, ni el de esclavo u objeto.

Al identificar al orgullo con ambición moral, Rand reconoce que la supervivencia demanda un compromiso ambicioso de guiarse por principios morales. La persona orgullosa se establece estándares altos y conscientemente trata de alcanzarlos. Se dedica, no sólo a hacer lo mejor que puede, sino que a hacer que su mejor sea aún mejor. El enfoque principal del orgullo es uno mismo. El enfoque, a diferencia de las otras virtudes, es hacia el interior, en lugar de hacia el exterior. Es una virtud introvertida y no extrovertida. Aún la integridad, que es fidelidad a los principios racionales, se enfoca primariamente en que las acciones externas de la persona sean consistentes con sus convicciones. El orgullo en cambio, se interesa por el ego. Orgullo *"significa que uno debe ganarse el derecho de tenerse como su valor máximo"*. [Rand, *The Objectivist Ethics*, p. 29]

El hombre orgulloso lucha para conseguir dentro de sí el mejor carácter posible. Esta virtud reconoce el valor crucial del propio carácter y en consecuencia, en trabajar para hacerlo inmaculado.

El ejercicio de la virtud del orgullo se hace sin ser presumido, arrogante, fanfarrón, jactancioso o testarudo, y sin pretender impresionar a otros, o convertir la vida en una competencia cuyo objetivo es alardear de la superioridad de uno sobre los demás. Ninguna de estas actitudes pertenece al hábito de tomar en serio los propios principios morales, que es lo que prescribe el orgullo, de acuerdo a Rand. De hecho, tales actitudes reflejan, usualmente, deficiencias psicológicas, como la falta de independencia:

> *"Como regla, el hombre de logros no alardea de sus logros, él no se evalúa en relación a otros –por un estándar comparativo. Su actitud no es 'soy mejor que tú' sino 'soy bueno'... El alarde ofensivo o el apaciguamiento por auto degradación es una alternativa falsa."* [Rand, "The Age of Envy", p. 137]

Rand argumenta que el orgullo es necesario para la autoestima y que la autoestima es necesaria para la vida humana. Una persona, si ha de sobrevivir, debe formarse a sí misma al igual que a su medio ambiente, en valores.

La autoestima es una apreciación moral fundamental positiva de uno mismo, del proceso por el cual uno vive, y de la persona que uno crea. Es la convicción de que uno es capaz de vivir y de que uno merece vivir. La autoestima es la evaluación positiva de la propia competencia y valor. Aunque la sensación positiva de competencia se deriva de esa evaluación, la autoestima es esencialmente cognitiva. La autoestima se basa en la capacidad de uno de razonar bien.

Como la realidad confronta al humano con opciones constantemente, y como éste debe elegir sus metas y medios, y como debe elegir qué acciones tomar, su vida y su felicidad dependen de que las conclusiones y elecciones que haga sean las correctas. Pero la persona no puede exceder las posibilidades que su naturaleza le impone, no puede esperar ser omnisciente ni infalible. Lo que necesita es que aquello que está dentro de sus posibilidades: la convicción de que su método para elegir y para tomar decisiones, sea correcto, correcto en principio, es decir, apropiado a los requerimientos de sobrevivencia que la realidad exige. Como organismo vivo, es su responsabilidad fundamental hacerse competente para vivir, ejercitando apropiadamente su facultad racional.

Psicológicamente, el hecho más significativo del humano, es cómo decida tratar con este asunto, pues esto es el meollo de su existencia como entidad biológica. En tanto se comprometa a conocer –ya que el fin primordial que regula la función de su consciencia es darse cuenta de lo que existe –la operación mental activada por su elección apunta en la dirección de la eficacia cognitiva. Pensar o no pensar, enfocar la mente o no enfocarla, tratar de entender o no tratar, es el acto de elección básico del humano, el acto que está directamente dentro de su poder volitivo. Esta elección involucra tres alternativas psico-epistemológicas fundamentales de su patrón básico de funcionamiento cognitivo.

Reflejan el estado que ocupa la razón, el entendimiento y la realidad en la mente humana. Primero, una persona puede activar y sostener un enfoque mental agudo e intenso, tratando de llevar su entendimiento a un nivel óptimo de precisión y claridad; o puede mantener su enfoque al nivel de aproximaciones borrosas, llevando su entendimiento a un estado pasivo de divagación indiscriminada y sin rumbo. Segundo, puede diferenciar entre conocimiento y emociones, dirigiendo así su juicio por su intelecto y no por sus emociones; o puede suspender su intelecto bajo la presión de emociones fuertes, deseos o miedos, y entregarse a la dirección de impulsos cuya validez no quiere tan siquiera considerar. Tercero, puede hacer un análisis independiente, sopesando la verdad o falsedad de cada aserción, o lo correcto o incorrecto de cada asunto; o puede aceptar, pasivamente sin crítica, las opiniones y aserciones de los otros, sustituyendo el juicio de ellos por el propio. En tanto elija habitualmente lo correcto en estos asuntos, la persona experimenta una sensación de control sobre su existencia –el control de una mente en relación apropiada con la realidad. La auto confianza, la confianza en sí mismo, es la confianza en la propia mente –en que es un instrumento cognitivo fiable. Tal confianza no es la convicción de que uno es inerrable. Es la convicción de que uno es competente para pensar, para juzgar, para conocer, para saber, y para corregir los errores que uno cometa. Es la convicción de que uno es competente en principio. Es la convicción de estar comprometido, sin reservas, por el poder de la propia voluntad, a mantener un contacto inquebrantable con la realidad. Es la confianza de saber que uno no pone ningún valor o consideración por encima de la realidad, ninguna devoción o interés por encima del respeto por los hechos.

Esta auto confianza básica, no es un juicio sobre el conocimiento de uno, o sobre alguna habilidad en particular; es un juicio sobre aquello que adquiere conocimiento y habilidades. Es confianza en uno mismo. El carácter del humano es la suma de los principios y valores que guían sus accione ante las alternativas éticas. Al ser consciente de poder elegir sus cursos de acción, adquiere el sentido de ser una persona, y experimenta la necesidad de sentirse bueno como persona, bueno en su manera característica de actuar. El humano no es consciente de esta cuestión en relación a la alternativa de la vida o la muerte, sino que es consciente sólo en relación a la alternativa de alegría o sufrimiento. Ser bueno o estar en lo correcto como persona es ser apto para ser feliz; ser malo o estar equivocado es ser amenazado por el dolor. El humano es un organismo que enfrenta ineludiblemente preguntas como: ¿Qué clase de entidad debiera buscar ser? ¿Por cuáles principios morales debería guiar mi vida?

La persona no puede librarse del ámbito de los valores y de los juicios de valor. Ya sea que los valores por los que se juzga a sí mismo sean conscientes o subconscientes, razonables o irrazonables, consistentes o contradictorios, pro vida o anti vida, toda persona se juzga a sí mismo según algún estándar; y en tanto falle en satisfacer ese estándar, su sensación de valía personal, su respeto por sí misma, sufre. El humano necesita respetarse a sí mismo porque tiene que actuar para conseguir valores, y para actuar, necesita valorar al beneficiario de su acción. Para buscar valores debe considerarse digno de poder disfrutarlos. Para poder luchar por alcanzar su felicidad, debe considerarse a sí mismo merecedor de ser feliz. Los dos aspectos de la autoestima –la confianza en sí mismo y el respeto por sí mismo –se pueden aislar conceptualmente, pero son inseparables en la psicología humana. El humano se hace digno de vivir haciéndose competente para vivir.

El humano se hace digno de vivir haciéndose competente para vivir, al dedicar su mente a la tarea de descubrir lo que es verdadero y lo que es correcto, y dirigiendo así sus acciones de acuerdo a sus conclusiones, es decir, al ejercitar la virtud de la racionalidad, la de la honestidad, la de independencia, la de integridad, la de justicia y la de productividad. Si el humano falla en la responsabilidad de pensar y razonar, menoscabando su competencia para vivir, no retendrá su sensación de valía. Se sentirá, por el contrario, como una persona que vale poco o nada. Si traiciona sus convicciones morales, menoscabando su sentido de valía, evadiendo y traicionando su propio juicio, correcto o no, no retendrá su sentido de competencia. Se sentirá incompetente, un bueno para nada.

La autoestima es una apreciación moral, y la moral comprende sólo a los actos voluntarios, a aquellos que están sujetos a las elecciones humanas. La autoestima debe adquirirse por medio de las elecciones y acciones personales. Somos lo que hacemos. Como elegimos nuestras acciones, lo que elegimos hacer forja nuestro carácter individual. La autoestima es pues, estima de la mente.

Rand insiste en que uno debe ganarse su autoestima formando su carácter en la imagen de su ideal moral. Una persona va a desarrollar una autoevaluación positiva al aferrarse a los principios morales apropiados para florecer. Consistentemente, la acción virtuosa es el camino a la autoestima. Al elegir adecuadamente bajo el precepto de ser racional, sabe que está siendo racional. Tal conocimiento es la plataforma a la autoestima.

Como dice Peikoff:

> *"Un ser volitivo no puede aceptar como su propósito la auto preservación a menos que, al hacer un inventario moral, concluya que está calificado para la tarea; calificado en términos de habilidad y valor."* [Peikoff, *Objectivism*, p. 306]

El orgullo es la virtud necesaria para adquirir autoestima.

Como toda virtud es una forma de racionalidad, la perfección moral, en esencia, consiste en una norma única: el compromiso de seguir a la razón.

Rand lo explica así:

> *"Una persona alcanza la perfección moral al nunca aceptar ningún código de virtudes irracionales imposibles de practicar y al nunca dejar de practicar las virtudes que uno sabe son racionales –al nunca aceptar una culpa inmerecida y nunca ganarse una, o, si uno se la ha ganado, nunca dejarla sin corrección – al nunca resignarse pasivamente a los defectos de carácter..."* [*OE*, p. 29]

La razón de por qué Rand considera que la perfección moral no sólo es alcanzable sino que obligatoria reside en el tipo de acción que la persona debe hacer lo mejor posible:

> *"El hombre tiene una elección básica: pensar o no, y esa es la medida de su virtud. La perfección moral es una inviolable racionalidad –no el grado de tu inteligencia, sino que el uso completo e incesante de tu mente, no la extensión de tu conocimiento, sino que la aceptación de la razón como un absoluto."* [Rand, *Atlas Shrugged*, p. 1059]

Además de la exigencia del orgullo a comprometerse con ejercitar la racionalidad y sus derivados, la honestidad, la independencia, la integridad, la justicia, la productividad, también exige la sinceridad que es el hábito de hablar según se piensa y no valerse de engaños perjudiciales; la confiabilidad que es el hábito de actuar de manera tal que se es digno de confianza; la honradez que es el hábito de actuar con rectitud; la responsabilidad que es el hábito de honrar la obligación elegida; la limpieza que es el hábito de no tolerar la suciedad en el cuerpo, las ropas, ni en ninguna cosa o lugar; el fortalecimiento que es el hábito de ejercitar y cuidar el cuerpo para hacerlo fuerte y saludable.

El ser perfectamente moral es el camino esencial para vivir una vida humana. Es el camino personal hacia los valores y la felicidad.

El orgullo es la aplicación de la virtud de la racionalidad a adquirir y crear los valores de carácter que lo hacen a uno merecedor de florecer.

Perseverancia

La Perseverancia es la persistencia y dedicación en el proceso de buscar conseguir un fin.

Es el hábito de continuar y seguir adelante en la consecución de un fin, a pesar de las dificultades, los obstáculos, la frustración y el desánimo, o los deseos a abandonar la empresa. Requiere perseguir uno sus objetivos con tesón, ser dedicado, mantenerse enfocado, concentrado y trabajando en la tarea con constancia, y si se fracasa, volver a intentarlo corrigiendo el método usado, y finalmente, acabar lo que se ha empezado. Requiere auto control, confianza en uno mismo, la convicción de que uno es competente para alcanzar la meta, y un estado de ánimo positivo, optimista. Requiere racionalidad para identificar cuando se justifica el esfuerzo y la perseverancia y cuando no. Perseverar en algo que no va a producir resultados es gastar esfuerzo en balde.

Requiere también no temer al fracaso ni a los errores. La famosa cita de Thomas Alva Edison: "No fracasé, sólo descubrí 999 maneras de cómo no hacer una bombilla", ilustra magníficamente lo que es la perseverancia sin miedo al fracaso.

La perseverancia ayuda, aunque no garantiza, a aumentar la probabilidad de alcanzar metas difíciles, permitiendo así valorar más los logros obtenidos. También aumenta la sensación de auto-eficacia cuando se tiene éxito, y ayuda a mejorar las capacidades y las habilidades, a desarrollar nuevas técnicas para superar los obstáculos y a aprender de los errores.

La clave del éxito es saber cuándo perseverar y cuándo no, y cuando se debe, trabajar duro, perseverar y razonar bien. Thomas Alva Edison lo ilustra en otra de sus famosas frases:

"Las tres cosas esenciales para alcanzar algo que valga la pena son: Trabajar duro, perseverar y el sentido común."

La perseverancia es la aplicación de la virtud de la racionalidad al proceso de insistir en alcanzar valores.

Responsabilidad

La responsabilidad es el hábito de honrar la obligación elegida, al identificar ser uno un ente volitivo y por tanto aceptar y ser consciente de ser la causa de los actos propios. Es responder plenamente por los actos realizados, siempre y cuando tengan su origen en una elección y comportamiento libre y consciente. La libertad cobra mucha importancia en este asunto, porque uno no tiene ninguna obligación de hacer nada.

Todo cuanto uno hace, si es acción humana, la hace uno porque decide hacerla.

Si alguien se ve forzado a actuar de determinada manera, el responsable de dicho acto, no es quien actúa, sino quien mediante la fuerza obliga al agente a actuar.

La responsabilidad aplica la racionalidad, la honestidad y la justicia a la acción propia, pues ésta requiere reflexionar, administrar, orientar y valorar las consecuencias de los actos propios. La responsabilidad exige tener cuidado al tomar decisiones para realizar algo, pues uno se compromete con la elección. Si uno decide vivir –decisión que uno hace diario –uno es responsable de su vida y por tanto se obliga a mantenerla; si uno decide tener hijos, uno es responsable por ellos y por tanto se obliga a hacerlos florecer hasta cuando puedan valerse por sí mismos; si uno decide vivir en sociedad, es responsable por sus acciones hacia los demás y por tanto se obliga a ser benevolente, es decir, cortés, amigable, justo, digno de confianza, honrado, sincero, y sobre todo, a no iniciar la fuerza contra otro.

Cuando una persona incumple una promesa o contrato, su responsabilidad le obliga a reparar el daño a la persona que lo ha sufrido.

La persona responsable es entonces, aquella que actúa conscientemente y siendo ella la causa directa o indirecta de un hecho ocurrido, responde por éste. El cumplimiento responsable en nuestra labor, sea cual fuere, nos hace dignos de confianza. La virtud de la responsabilidad exige vivir conscientemente para reconocer y responder a las propias inquietudes y las de los demás; mejorar los rendimientos en el tiempo y los recursos propios del trabajo que se desempeñe; planear en tiempo y forma las diferentes acciones que conforman una actividad general; asumir con las consecuencias que las omisiones, obras, expresiones y sentimientos generan en la persona, el entorno, la vida de los demás y los recursos asignados al trabajo en cuestión.

La responsabilidad es la aplicación de la virtud de la racionalidad al proceso de elegir y honrar aquello a que nos obligamos.

Confiabilidad

La Confiabilidad es la virtud de proyectar hacia los demás la seguridad de que uno honrará la obligación asumida, lo que les permite a los demás contar con uno.

Una persona es confiable cuando es posible confiar y depositar la confianza en ella, básicamente, porque dispone de una trayectoria notable diciendo la verdad y no engañando. Obviamente la cualidad de confiable que alguien ostente se construirá con los años y con concretas demostraciones de decir la verdad, no engañar y no defraudar, es decir con años de practicar la virtud de la confiabilidad.

En buena parte de las actividades y profesiones que desarrollamos en la vida es importante contar con esa cuota de seguridad para así poder alcanzar el fin propuesto y también poder despertar en los otros la confianza. La confianza es la creencia en que una persona será capaz y deseará actuar de manera adecuada en una determinada situación y pensamientos. La confianza se verá más o menos reforzada en función de las acciones. La confianza es una hipótesis sobre la conducta futura del otro. Es una actitud que concierne el futuro, en la medida en que este futuro depende de la acción de un otro. Es una especie de apuesta que consiste en no inquietarse del no-control del otro y del tiempo.

La confiabilidad es la aplicación de la virtud de la racionalidad al proceso de demostrar y asegurar honrar aquello a que nos obligamos.

Honradez

La honradez es la virtud de aplicar la racionalidad, la honestidad y la justicia a evitar perjuicios a terceros de modo deliberado.

Aunque es una virtud derivada del orgullo, la honradez se manifiesta socialmente, en la relación del individuo con los demás. El honrado es razonable, justo, probo, es decir, recto. Consiste en comportarse y expresarse con sinceridad y coherencia, respetando los valores de la justicia y la verdad. La honradez es la virtud que manifiesta que una persona no sólo se respeta a sí misma sino también al resto de sus semejantes, al ser franco, razonable, justo, recto, sincero.

La honradez es imprescindible en la naturaleza de todo tipo de relaciones benevolentes. Así, es eje en la amistad, en el seno de la familia, en la relación amorosa y de igual manera en cualquier tipo de relación social.

La sinceridad (el apego a la verdad y a la expresión sin fingimientos) es uno de los componentes de la honradez. La persona honrada no miente ni incurre en falsedades, ya que una actitud semejante iría en contra de sus valores a largo plazo. Requiere pues la honradez, de la racionalidad y de la honestidad, de identificar su interés a largo plazo y en no fingir que la realidad es diferente de como es.

Si un sujeto es honrado y quiere vender su automóvil, reconocerá los defectos del vehículo y no mentirá sobre su kilometraje. En cambio, una persona en la misma situación que no es honrada intentará distorsionar la realidad para conseguir más dinero, sin importarle los perjuicios que sus mentiras pudieran causarle al comprador. Al ser descubierto su fraude, su reputación, sino algo más, se verá perjudicada también, haciéndole más difícil su relación con otros. Su acción habrá sido al final de cuentas, no egoísta y racional, sino estúpida y perjudicial para sí mismo.

No importa cuán bien crea que ha armado su estafa, al falsificar la realidad para conseguir sus fines, se condena al fracaso, a que la realidad exponga sus mentiras. Bernard Madoff, el estafador y ahora convicto por fraude, quien fuera directivo del mercado de valores NASDAQ y director de la firma Bernard L. Madoff Investment Securities LLC, y que pasaba por consejero financiero, descubrió que el medio de obtener lo que se quiere conlleva ramificaciones en su habilidad para conseguir otras cosas. No tiene sentido perseguir una ganancia inmediata por medio de sabotear uno su bienandanza a largo plazo.

La tendencia hacia lo recto y lo transparente siempre prevalece en el individuo con honradez, pues es la conducta racional a largo plazo y que ve más allá de cualquier necesidad inmediata. Cuando un hombre que no tiene trabajo recibe una propuesta ilícita para acceder a dinero fácil (robando, estafando, etc.), su honradez hace que se niegue a aceptar. En cambio, si el sujeto careciera de esta virtud, es probable que termine eligiendo el camino equivocado y se convierta en delincuente.

Entre algunas de las expresiones más comunes de la virtud de la honradez se cuenta aquella en la cual una persona con necesidades económicas y sociales insatisfechas, a pesar de ello, por ejemplo, devuelve un bolso repleto de dinero que halló accidentalmente en su camino. La persona honrada de veras respeta la propiedad del otro y se olvida de todas aquellas necesidades que pueda tener y lo que prevalece en su obrar es aquella tendencia hacia lo recto, justo, y sin engaño, por ello, se ve ante todo movido a devolver ese dinero que no le pertenece, cuando el camino que parece más fácil a corto plazo y redituable sería quedárselo. Pero no, el valor de la honradez y su visión a largo plazo que lo caracteriza pesa más y decide devolver a quien pertenece ese dinero. Porque justamente el hecho de respetar lo que a cada cual corresponde es un acto que manifiesta la honradez de alguien. El honrado no se quedará jamás con algo que no es suyo.

La honradez es la virtud que lo hace a uno ser digno de confianza en virtud de las buenas obras evidenciadas. El término se deriva del hecho de tener "honra" u "honor". Es sumamente valorada en cualquier ámbito en la medida en que garantiza que el trato de la persona que la practica carecerá de dobles intenciones. Puede manifestarse en diversos aspectos, pero en general se refleja en el hecho de evitar perjuicios a terceros de modo deliberado. Por el contrario, la deshonra, implica acciones que tienden en general a perjudicar de forma voluntaria a terceros con la intención obtener algún tipo de ventaja. La honradez implica una justa valoración propia y de los demás en la toma de decisiones. Esto significa que la conducta buscará el bien propio sin incurrir en perjuicios a los demás o, de ser posible, intentará generarles beneficios a éstos. Por el contrario, una conducta deshonrada considerará el interés propio y el ajeno como necesariamente excluyentes, buscando una mejora en las circunstancias personales sin importar el hecho de causar perjuicios a terceros.

Desde hace mucho tiempo que se enuncia la importancia de la confianza en toda actividad económica y social. Esto significa que una condición previa a cualquier tipo de interacción con otros es la transparencia en la información para que cada cual tome la decisión que considere más adecuada. Esta confianza remite a instituciones, países y personas. Cuando se quiebra, las consecuencias pueden ser nefastas, en la medida en que se evitará tener tratos con pares y se afectará negativamente cualquier posibilidad comercial, laboral o social. En este contexto podemos apreciar la relevancia que la honradez tiene. En efecto, un comportamiento honrado, carente de dobleces, es una suerte de garantía en lo que respecta a toda actividad que se lleve a cabo con otros; éste se manifiesta en una historia que carece de actos perjudiciales para terceros. Por el contrario, un comportamiento deshonrado significará una bandera roja que inclinará a retracciones y resquemores.

La honradez es la aplicación de la virtud de la racionalidad, la honestidad y la justicia a conseguir los valores que se derivan de la vida con otras personas en sociedad, al evitar perjuicios a terceros de modo deliberado.

Sinceridad

La virtud de la sinceridad está íntimamente relacionada a la de la honestidad, pues consiste en respeto por la verdad en aquello que se dice en conformidad con lo que se piensa, es decir, en no fingir con lo que se dice algo que no se piensa, en no contradecir lo que se dice con los actos. De hecho, es el aspecto social de la honestidad.

Sin embargo no hay que olvidar el carácter contextual de todo principio moral, cuyo propósito es servir de guía para florecer. Así como la honestidad demanda rehusarse a falsificar la realidad, porque enfrentar la realidad es una condición necesaria para florecer, la sinceridad, que es la honestidad aplicada a las relaciones con otros, consiste en no pretender ganar un valor mediante la mentira. Porque, como vimos al examinar la honestidad, no se puede evaluar un valor como bueno o malo para una persona sin considerar sus medios para conseguirlos, y los efectos de esos medios en los otros valores de la persona.

El valor de algo para alguien depende del papel que juega en su florecimiento a largo plazo, y depende, a la vez, en como esa persona lo obtiene. Porque el medio de obtener esa cosa conlleva ramificaciones en su habilidad para conseguir otras. No tiene sentido perseguir una ganancia inmediata por medio de sabotear uno su bienandanza a largo plazo.

La sinceridad consiste en una forma de ser pura, directa, sin dobles intenciones ni secretos retorcidos. Se suele calificar a una persona de sincera cuando su manera de interactuar con los demás es muy clara, cuando cumple con sus promesas y no parece tener sentimientos negativos hacia quienes lo rodean. En este sentido, el concepto va mancomunado con los de benevolencia, bondad y generosidad.

La sinceridad es esencial para conseguir la confianza de los demás, quienes saben que quien es sincero no los engaña. Sería irracional perder ese valor social por tratar de conseguir una ganancia inmediata valiéndose de mentiras.

Hay situaciones que pueden llevar a una persona a pensar que conviene dejar de lado la sinceridad, aunque sin tener la intención de mentir. Las denominadas "mentiras piadosas" o "mentiras blancas" son un ejemplo de esta circunstancia. Sin embargo, las mentiras blancas perjudican a sus supuesto "beneficiario" al proveerle información falsa, dejándolo sin conocer los verdaderos pensamientos del embustero, y entonces actuará basado en premisas equivocadas. Las 'mentiras piadosas para ocultar cualquier cosa que para el hablante es una tontería, a la persona que se le miente le hace daño, y esta pequeña mentira que en un principio nos es nada se va haciendo más y más grande hasta que la verdad se acaba sabiendo y sorprendiendo a quién miente. La desinformación que da el mentiroso, evita a los involucrados conocer sus diferencias, examinar sus méritos y cambiar el curso de sus acciones, de ser necesario, de forma apropiada. ¿Qué tan lejos puede llegar una mentira piadosa? ¿Puede un recurso de esta naturaleza alimentar un lazo sentimental entre dos seres vivos?

La verdad duele; pero, ¿no duele más descubrir que nos han engañado? La mentira paternalista, en lugar de proteger a una persona de la realidad, verdaderamente la perjudica al ocultarle conocimiento para decidir cómo actuar. La falsedad, usada para proteger los sentimientos de otro, puede resultar un insulto para el supuesto beneficiario, pues el mentiroso lo trata como si fuera un niño que necesita que lo protejan de la verdad devastadora, mostrándole que no lo respeta. De hecho, el decirle la verdad a una persona es una forma de respeto.

Cuando la verdad es dura, la sinceridad y la benevolencia exigen tener mucho "tacto", lo que significa que cuando se le debe decir a una persona la verdad de lo que se piensa y esta verdad es incomoda, se requiere utilizar las palabras, las expresiones correctas ya que el primer propósito es ayudar a esa persona, y esto es necesario para que la persona escuché y vea que lo que se la dice va con buenas intenciones y sin ánimo de ofenderla.

La sinceridad también requiere valor, porque a la hora de decir la verdad a un amigo o a una amiga, no se puede justificar el no decir la verdad, porque decirla provocaría perder una buena amistad. El sincero siempre dice la verdad, en todo momento, aunque le cueste, sin temor al qué dirán, ya que verse sorprendido mientras miente es más vergonzoso.

Pero como el propósito de la sinceridad es afianzar las relaciones con los demás, también requiere ésta del silencio cuando lo que se puede decir no beneficia a los otros o a uno mismo. Exige evitar las conversaciones frívolas y el chismorreo. El que repite los insultos hacia el interlocutor, hace el papel de internuncio y lo insulta a la vez. Al ser sincero se asegura las amistades, se es más honesto con los demás y a la vez con uno mismo, convirtiéndose en persona digna de confianza por la autenticidad que hay en la forma de comportarse y de sus palabras.

La sinceridad es la aplicación de la virtud de la racionalidad y de la honestidad al proceso de alcanzar valores sociales.

Limpieza

El hábito de la limpieza tiene como propósito mejorar la salud, conservarla y prevenir enfermedades e infecciones, y favorecer la convivencia en sociedad.

La piel es la principal barrera de nuestro organismo para impedir el paso de los gérmenes. Contribuye a la regulación de la temperatura corporal al producir sudor por las glándulas sudoríparas. Las glándulas sebáceas producen una materia grasa cuya función es impermeabilizar y lubricar la piel. Estos productos de secreción, unidos a la descamación cutánea y a la suciedad exterior, además de producir un olor desagradable son el campo de cultivo para la aparición de enfermedades.

Todo esto se puede evitar mediante una ducha diaria con agua y jabón, prestando especial atención a ciertas zonas: axilas, ingles, alrededor del ano y zona genital, pies y manos.

También requiere la propia bienandanza, evitar problemas de salud bucal. Los principales problemas bucales son la caries, la gingivitis, la periodontitis, las aftas, la candidiasis e, incluso, el cáncer oral.

Para mantener una higiene bucal adecuada se requiere de un cepillado correcto de dientes tres veces al día con pasta de dientes, usar hilo dental para deshacerse de los restos de comida que el cepillo de dientes no puede eliminar, y enjuague bucal después de cada cepillado. Además no hay que abusar de alimentos que contengan azúcares y almidones. Y son muy importantes las revisiones periódicas con el odontólogo.

El lavado diario de los pies es indispensable, ya que en ellos abundan las glándulas sudoríparas y el acumulo de secreciones producirá olores, grietas e infecciones.

El cuidado de los ojos exige que los defectos de refracción –miopía, hipermetropía, astigmatismo –sean corregidos. También hay que protegerlos frente a agentes físicos, químicos o mecánicos, mediante el uso de gafas protectoras adecuadas.

El mantenimiento de los oídos requiere de su limpieza diaria para eliminar las secreciones. Es importante evitar la introducción de palillos o bastoncillos de algodón en el conducto auditivo, ya que esto facilita la formación de tapones de cera y puede dañarlo, incluso puede llegar a perforar el tímpano.

Muchas veces el dolor de espalda, la ciática, y el lumbago, se produce por tener vicios posturales o levantar pesos de forma incorrecta.

Para evitarlo, al levantar un objeto del suelo, hay que mantener la columna vertebral lo más recta posible, flexionando las piernas e incorporándonos verticalmente y haciendo el mayor esfuerzo con las piernas. Asimismo, se debe evitar girar la columna al levantar cualquier tipo de peso.

La benevolencia, el orgullo, y la dignidad personal, nos obligan a guardar severamente las leyes del aseo, en todos aquellos actos que en alguna manera están, o pueden estar, en relación con los demás.

Imprescindible es evitar toda acción que directa o indirectamente sea contraria a la limpieza que en sus personas, en sus vestidos y en su habitación han de guardar aquellos con quienes tratamos.

El acto amistoso de dar la mano al saludar, puede convertirse en una grave falta contra el aseo que debemos a los demás, si no observamos ciertos miramientos que a él están anexos. Siempre que nos vemos en el caso de dar la mano, se supone que hemos de tenerla perfectamente aseada, por ser éste un acto de sociedad, y no sernos lícito presentarnos jamás delante de nadie sino en estado de limpieza, pues la suciedad ofende y por tanto es contraria a la benevolencia.

Se debe evitar dar la mano a la persona a quien encontremos ejecutando con sus manos alguna operación poco aseada.

De la misma manera en que hay que atender constantemente el aseo personal, así se debe poner un especial cuidado en que la casa que habitamos, sus muebles y todos los demás objetos que en ella se encierren permanezcan siempre en un estado de perfecta limpieza.

Este cuidado no debe dirigirse tan sólo a los departamentos que habitualmente usamos: es necesario que se extienda a todo el edificio, sin exceptuar ninguna de sus partes, desde la puerta exterior hasta aquellos sitios menos frecuentados y que están menos a la vista de los extraños.

La limpieza del piso contribuye en gran manera al lucimiento de los edificios, a la conservación de los muebles, y a ahuyentar los insectos y reptiles cuya presencia es casi siempre un signo de suciedad y de incuria. Por eso hay que conservar los suelos en perfecto aseo, sin exceptuar para esto los patios ni la cocina.

El aseo en las habitaciones no se limita a los suelos y a los muebles. Es menester que los techos, las paredes, las puertas, las ventanas y todas las demás partes del edificio, se mantengan en estado de perenne limpieza.

En los dormitorios y demás aposentos interiores, debe correr el aire libre, en todas las horas en que la necesidad no nos obligue a mantenerlos cerrados. La ventilación de los aposentos contribuye en gran manera a la conservación de la salud.

No mantengamos ni un instante en nuestro aposento ningún objeto que pueda producir un olor desagradable. Por el contrario, procuremos conservar siempre en él alguna cosa que lisonjee el olfato, con tal que sus exhalaciones no sean nocivas a la salud, y que la pongamos fuera para dormir. El calzado inútil, los vestidos destinados a ser lavados, las aguas que han servido a nuestro aseo, etc., etc., descomponen la atmósfera y producen olores ingratos, que tan mal se avienen con la decencia y el decoro, así como con las reglas higiénicas.

El cuarto de baño debe estar siempre inmaculadamente limpio. Esto es muy fácil por los materiales especiales que entran actualmente en su construcción: loza, porcelana, materiales vinílicos, cromo, etc. Todos deben estar brillantes siempre.

La cocina es una pieza en que luce muy especialmente el buen orden por lo mismo que en ella se ejecutan tantas operaciones que pueden fácilmente y a cada paso relajar el aseo.

Jamás será lícito omitir ninguno de los gastos y cuidados que sean indispensables para impedir el desaseo, no sólo en la ropa que usamos en sociedad, sino en la que llevamos dentro de la propia casa.

La limpieza en los vestidos no es la única condición que nos impone el aseo: es necesario no llevarlos rotos ni ajados. El vestido ajado puede usarse dentro de la casa, cuando se conserva limpio y no se está de recibo; mas la benevolencia no admite el vestido roto ni aun en medio de las personas con quienes se convive.

Asimismo no se debe descuidar la limpieza del calzado, cuyo cuidado depende de una operación tan poco costosa y de tan cortos momentos; y es necesario que se piense que esta parte del vestido contribuye también a decidir del lucimiento de la persona. Se debe llevar siempre el calzado limpio y con lustre, y se lo desecha desde el momento en que el uso lo deteriora hasta el punto de producir mala vista, o de obrar contra el perfecto y constante aseo en que deben conservarse los pies.

El aseo contribuye poderosamente a la conservación de la salud, porque mantiene siempre en estado de pureza el aire que se respira, porque despoja al cutis de toda parte extraña que impida la transpiración, favorece la evaporación de los malos humores, que son causa y fomento de un gran número de nuestras enfermedades.

Nada hay, por otra parte, que comunique mayor grado de belleza y elegancia que el aseo y la limpieza personal, el de nuestros vestidos, nuestra habitación y todos nuestros actos, que así se hacen siempre agradables a los que nos rodean, y nos atraen su estimación y su cariño.

Los hábitos del aseo revelan además hábitos de orden, de exactitud y de método en los demás actos de la vida; porque no puede suponerse que se practiquen diariamente las operaciones que son indispensables para llenar todas las condiciones del aseo, las cuales requieren cierto orden y método y una juiciosa economía de tiempo, sin que exista una disposición constante a proceder de la misma manera en todo lo demás.

La limpieza es la aplicación de la virtud de la racionalidad al proceso de adquirir y mantener la salud corporal.

Fortalecimiento

El Fortalecimiento es el hábito de ejercitar el cuerpo para hacerlo fuerte, vigoroso y saludable.

Como es una virtud derivada del Orgullo, es comprometerse a lograr ser físicamente perfecto, es desear ser lo que uno mismo aprueba en otros hombres. Es no desear ser gordo, débil, enfermizo, alfeñique. Es no desear que le falte a uno el aire cuando lo necesita. Es desear no padecer de achaques o dolor de espalda. Por el contrario, es afanarse por conseguir ser fuerte, flexible, resistente, coordinado, veloz, de reacción rápida, simétrico y tener magnetismo físico. Es afanarse por adquirir buena aptitud física para sobrevivir. Es buscar el éxito en el desarrollo de sí mismo.

También, como en el Orgullo, el enfoque principal del Fortalecimiento es uno mismo. El enfoque, a diferencia de las otras virtudes, es hacia el interior, en lugar de hacia el exterior. Es una virtud introvertida y no extrovertida. Es una virtud enfocada a construirse uno mismo a la imagen de sus valores.

Para triunfar en la consecución de la aptitud física, de salud y fuerza espléndidas, se requiere de racionalidad, honestidad, laboriosidad, determinación, perseverancia y responsabilidad. Se requiere identificar lo que se quiere conseguir y las debilidades que hay que corregir. Identificar cómo funciona la fisiología humana para diseñar un programa de ejercicios que sea eficiente. Se requiere no fingir que las capacidades o resultados son distintos de como son. Se requiere trabajo y una fuerza de voluntad y decisión a toda prueba para insistir en el desarrollo de sí mismo sin tener en cuenta las renuncias que se vea obligado a hacer. Se debe tener valor y no temer al fracaso ni a los errores, de los cuales se debe aprender. Se requiere honrar la decisión de ser mejor.

Se requiere reformar malos hábitos que debilitan al individuo o que le exponen a enfermarse, y sustituirlos con hábitos que le sirvan para hacerse de un cuerpo nuevo, para así poder disfrutar siempre de una salud espléndida. El individuo es lo que es por sus hábitos diarios del pasado. Día a día ayuda a su cuerpo o lo destruye.

El programa de ejercicios debe incluir algún tipo de ejercicio aeróbico -20 a 30 minutos, tres veces por semana –para la salud cardiovascular. Así mismo debe comprender algún tipo de ejercicio que esculpa el cuerpo, que desarrolle la musculatura, ya sea auto-resistencia dinámica o contracciones isométricas o resistencia con pesas, dos a tres veces a la semana. Para flexibilidad y gracia de movimiento, la calistenia es lo que complementa el programa.

También se debe atender la debida nutrición para el desarrollo físico. Una alimentación adecuada suple la fuerza que hace funcionar el cuerpo humano. La alimentación debe consistir de alimentos que contengan proteínas (pollo, pescado, pavo, claras de huevo) –un gramo por cada dos libras de peso; carbohidratos simples (frutas), y carbohidratos complejos (granos y vegetales) –un gramo y medio por cada libra de peso y deben proveer la mayoría de las calorías; grasas y lípidos (margarina, mantequilla, aceites vegetales, la contenida en la leche, los huevos, la carne, quesos, frutos secos y cereales) –0.30 gramos por cada libra de peso y el 25% del total de calorías de la ingesta.

El control de grasa corporal obedece, no a ningún secreto mágico sino que a la lógica: si se quiere aumentar peso, hay que ingerir más calorías de lo que se consume, y al revés si se quiere perder peso.

Las grasas tienen el doble de calorías por gramo que las proteínas o carbohidratos. Un gramo de grasa tiene 9 calorías, mientras que un gramo de carbohidratos o de proteínas tan solo tienen 4 calorías. En otras palabras, 1 gramo de grasa contiene más calorías que 1 gramo de carbohidratos y 1 gamo de proteínas combinados, los que juntos sólo tienen 8 gramos.

Además las calorías de la grasa se almacenan rápidamente, pues le toma poca energía al cuerpo el digerir la grasa –un 3% de la energía calórica de la grasa. En cambio se gasta el 15% de las calorías de la proteína o de los carbohidratos en digerir.

Por último, se requiere tomar mucha agua –un mínimo de ocho vasos de 12 onzas de agua pura diariamente.

El cuerpo ideal femenino consiste en estar sin exceso de grasa o flacidez. Más bien debe tener buen tono muscular, con músculos bien formados y firmes sin verse musculada. Las piernas esbeltas con una ligera dilatación al frente y en la parte posterior de los muslos; los glúteos bien redondeados con caderas midiendo aproximadamente lo mismo que el busto. Las pantorrillas bien formadas con forma de diamante. La cintura delgada con una forma gradualmente trapezoidal hacia la espalda alta y los hombros; el busto bien desarrollado, brazos y cuello delgados y buena postura.

El cuerpo ideal masculino consiste en tener hombros anchos y bien desarrollados con un cuello que se vea fuerte, pero que no sea muy grueso; músculos pectorales con la parte superior y lateral bien desarrollados, de manera que se vean cuadrados, pero no muy grandes; espalda con buena musculatura y bajando gradualmente en forma trapezoidal hacia una cintura firme y musculada; brazos y antebrazos bien desarrollados; caderas angostas con piernas esbeltas con buena separación de los músculos frontales del muslo y bíceps bien desarrollados, y pantorrillas bien redondeadas.

El fortalecimiento es la aplicación de la virtud de la racionalidad al proceso de desarrollar fuerza, aptitud física y salud corporal.

Egoísmo

El egoísmo es preocuparse del interés propio a largo plazo. Como sabemos ahora, la vida es la raíz y el premio del valor. Y la razón para identificar que es valioso para uno es saber cómo vivir. El valor es por tanto egoísta, y el fin de la ética también, pues este fin es el florecimiento del agente. Una persona debe perseguir valores y seguir principios éticos para ser feliz. Este concepto es antitético a la mayoría de teorías morales que consideran que actuar para satisfacer el interés propio es inmoral.

El egoísmo ético es la tesis de que una persona debería actuar para promover su interés propio. Rand indica que el egoísmo es preocuparse del interés propio y que el egoísmo racional es la búsqueda de los valores que se requieren para la supervivencia del hombre como hombre:

"Así como la vida es un fin en sí misma, así cada ser humano es un fin en sí mismo, no el medio para los fines o bienestar de otros… el hombre debe vivir para su propio fin, sin sacrificarse por los demás ni sacrificar a los demás para su provecho."

La vida es la que hace posibles y necesarios los valores. Distinguir entre cosas que son buenas o malas, y entre acciones que son buenas o malas, sólo tiene sentido en relación con la intención de vivir. Aquel valor que no beneficie la vida del organismo no se puede considerar bueno, es decir, no es un auténtico valor objetivo, no es un valor moral. La condición natural de un valor objetivo o moral –el hecho de que una persona debe buscar aquello que promueva su vida –establece que el punto de vivir moralmente es beneficiarse uno mismo. La vida en cuestión, la que es crucial, no es la vida per se, la vida de la humanidad, o la vida de la madre tierra, sino la vida del propio agente. El hecho de que es la vida la que hace necesario perseguir valores, significa que la persona si quiere vivir debe actuar moralmente para conseguir aquellos valores que lo mantendrán vivo. Esa es la base de la obligación moral. Como tal, la moral es totalmente egoísta. El egoísmo está integralmente fusionado a la moral, desde la naturaleza del valor y la lógica de su búsqueda.

No existe un argumento en favor de la moralidad y otro distinto en favor del egoísmo. La moral es fundamentalmente un código de conducta egoísta. El propósito egoísta de mantener la propia vida establece las respuestas a todas las preguntas morales sobre que constituye virtudes y vicios y cómo debe actuar uno. La recompensa de vivir moralmente es el florecimiento, el vivir la buena vida. La razón para seguir los principios morales es que es en el interés propio el hacerlo. Fundamentalmente, la razón de la necesidad del egoísmo es la misma que la razón de ser moral. Se basa en el hecho de que si una persona no nutre su existencia, se muere. Los humanos sobreviven actuando en su propio beneficio. El egoísmo meramente es la normativa de vivir, de querer vivir y actuar para vivir, de tener el propósito de vivir y de perseguirlo deliberadamente. La necesidad del egoísmo como norma para vivir se ve en los consejos que dan los padres a sus hijos cuando les dicen que se cuiden.

El debate entre el egoísmo y el altruismo no apareció, según Alasdair MacIntyre, sino hasta los siglos diecisiete y dieciocho. El marco conceptual de la alternativa "yo o tu" establece una dicotomía falsa que hace difícil entender el egoísmo. Antes, para los griegos clásicos, el interés propio, no sólo era aceptable, sino que era la base de la vida moral. El egoísmo aristotélico no consiste en una renuncia al altruismo, sino que en consejos de como adquirir la excelencia personal, desarrollando virtudes que conducen a la *eudamonia* del agente. La visión altruista del egoísmo es que éste es una estructura paralela al altruismo, y que la cuestión es una elección entre "yo o tú". Es decir que el egoísmo es una respuesta a la pregunta: ¿A quién debería poner uno primero, a uno mismo o a los otros?

Sin embargo, el egoísmo como norma o política de conducta es igualmente necesaria, o imperativa, aún si una persona viviera aislada y sola en una isla desierta, porque la necesidad de ser egoísta no reside en la otra gente, sino que en la naturaleza propia. El mandato para ser egoísta viene de considerar la base de la instrucción moral, no de una pregunta sobre cómo tratar a los otros. El egoísmo es la actitud recetada para quien quiera vivir. Cada quien es un fin en sí mismo. Nadie nace con la obligación de poner la vida de los demás por encima de la propia. Cada persona debiera buscar su florecimiento propio, y no existe ninguna alternativa para sustituir la acción en el propio interés para conseguir esto. Aunque el mandamiento de buscar el propio interés implica que uno no debe poner el interés de los demás por encima del propio, la relación con los otros no es de lo que se trata el egoísmo. Como vimos, el egoísmo es igualmente necesario en una isla desierta como en una ciudad de varios millones de habitantes. El egoísmo es la actitud moral, pues la vida del agente depende de la acción promotora de vida, es decir, acción beneficiosa del interés propio.

Prudencia

Muchas personas aceptan que la vida demanda tener una cantidad de interés propio, sin embargo niegan que esto implique que la moral es egoísta. Prefieren decir que el cuidar de uno mismo es un asunto de prudencia, lo que creen es otro ámbito de los asuntos humanos. Suponen que la moral se reserva para asuntos más importantes. Esta distinción es injustificada. Históricamente, la prudencia y la moral eran inseparables. Una oposición entre prudencia y virtud era impensable. Durante milenios, se consideró a la prudencia como la virtud que perfecciona el razonamiento sobre la acción humana. Muchos filósofos griegos tuvieron a la prudencia como una virtud cardinal, tanto moral como intelectual. Para Aristóteles, la prudencia o sensatez (phronêsis) es una virtud intelectual íntimamente ligada a toda virtud moral. De hecho, según Aristóteles, uno no puede ser virtuoso sin ser prudente, y uno no puede ser prudente sin ser virtuoso. Dice el estagirita que, el tener la virtud de la prudencia conlleva la posesión de todas las demás.

La prudencia o sensatez, nos indica Aristóteles en la *Ética a Nicómaco,* es la virtud de deliberar y juzgar correctamente sobre lo que es bueno y ventajoso para uno mismo, en lo que conduce a la buena vida. También nos cuenta que se llama prudente a quienes sólo buscan su provecho personal y que obrando así hacen bien. Por lo tanto es evidente, dice, que uno no puede ser prudente sin ser bueno en el verdadero sentido del término.

Epicuro sostiene que el mayor bien es la prudencia, al ser ésta la fuente de todas las demás virtudes. Tomás de Aquino, no vio solamente a la prudencia como una virtud cardinal, sino como la virtud central. La consideró como parte integral del bien. El reconocimiento pues, de la coincidencia de la moralidad y la prudencia ayuda a evitar que la ética se llene de recetas anti-egoístas. **La ética egoísta es lo mismo que la ética prudencial**.

Lo que demanda el interés propio

El interés se debe calibrar y sopesar racionalmente, en lugar de emocionalmente. Fundamentalmente el interés se debe medir por el mismo estándar que el valor: la vida. Este concepto desenmaraña al egoísmo de las características desagradables con las que a menudo se le asocia. Vimos previamente que el estándar y propósito de la moralidad es la vida a largo plazo –la condición de florecimiento. Correspondientemente, algo es valioso para una persona, o de su interés, en tanto contribuya a este fin. Esto significa que el interés es en sí un fenómeno de largo plazo, que cubre una amplia gama de cosas, y que es una brújula para la conducta. Los juicios de interés corresponden al total de la vida de uno. El interés no designa alguna cosa pequeña que se siente bien o que produce placer o que parece atractiva. Algo debe contribuir al desarrollo sostenible de la propia vida para ser del interés de uno. Lo que promueve la vida no se puede medir aislando un evento particular de su impacto total en la vida de una persona. Ignorar el impacto total o mayor en la vida de uno, es ignorar el hecho que la vida es el estándar de valor.

Afirmar que algo es del interés de una persona es un juicio sofisticado, guiado por el estándar de vida, que considera todos los fines que promueven la vida de la persona, y toda forma en que el evento en cuestión afecta esos fines. El "interés" se refiere, no a una gratificación aislada de la experiencia personal, sino que al largo plazo, a todas las ramificaciones de un evento que afectan el florecimiento. Lo que es de interés personal es lo que promueve la propia vida. No hay razones para justificar la afirmación de que cualquier cosa es de interés para una persona, sólo aquello que tiene un impacto neto en la supervivencia de ésta. Este fin central ofrece la única referencia de medida objetiva para evaluar lo que es de interés.

La dimensión psiquica del interés propio

Una persona tiene necesidades psíquicas al igual que necesidades materiales. Los bienes inmateriales, como una amistad inspiradora, una filosofía racional, el respeto propio, la sensación de eficacia, la inteligencia, etc., contribuyen significativamente a la bienandanza y supervivencia del individuo. Como la persona es más que mero cuerpo, su bienestar necesita de la satisfacción de necesidades que rebasan el sólo estar físicamente en forma y el poseer recursos materiales. La condición de la consciencia de una persona es un componente crucial de su bienestar completo. El bienestar psíquico es una función de todos esos aspectos de la consciencia capaces de afectar las acciones de la persona en los modos de promover su vida. Comprende los estados y actividades emocionales e intelectuales del individuo. Comprende como una persona piensa y como siente. Una persona desea fines espirituales –el deseo de sentirse eficaz, o de propósito, o de conocimiento, o de camaradería.

Éstos no son deseos frívolos por lujos inconsecuentes, como vimos cuando tocamos el tópico del florecimiento. El descuidar estos deseos trae repercusiones nefastas y destructivas, como por ejemplo, la depresión. El interés de una persona es psíquico al igual que material porque el estado de su mente importa para su supervivencia. La condición psíquica importa porque dependemos de nuestra mente para vivir. Toda acción promotora de nuestra vida va precedida de razonamiento que identifica lo que es apropiado para alcanzar dicho fin. Por tanto, una persona debe ejercitar su mente para elegir fines que le hagan florecer, y determinar los mejores medios para alcanzar dichos fines. Su supervivencia depende en buena parte, de que tan buena sea su habilidad de pensar. Depende de su habilidad de enfocar, de concentrarse, de identificar acertadamente fenómenos relevantes, y de seguir las relaciones lógicas. Como piensa un individuo es crucial para la validez de sus conclusiones y por tanto de las acciones que tome en base a esas conclusiones. Los hábitos mentales de una persona influencian directamente su florecimiento. Como la racionalidad es crítica en el mantenimiento de la vida del individuo, la condición de su capacidad para razonar es de un tremendo valor egoísta. Y por tanto, como la mente es su instrumento de supervivencia, es de su interés personal mantener ese instrumento en óptimas condiciones de trabajo. Lo mismo sucede con la autoestima, la cual he descrito antes.

Como el florecimiento se refiere a más que la supervivencia física, es fácil apreciar que el interés de una persona comprende más que lo material, más que la ropa que tiene en su closet, la comida en su mesa, el auto en su cochera, o el costo de los obsequios que da o recibe.

Las demandas del interés propio

Algo que se aprecia poco del egoísmo es que sólo puede ser practicado por cierto tipo de persona. El egoísmo se trata, no sólo de lo que la persona hace para sí; también demanda algo de la persona. El interés propio requiere el cultivo de un carácter disciplinado y virtuoso. La concepción popular es que el egoísmo, más que una alternativa moral, es el rechazo total de la moral, que consiste en satisfacer todo capricho, como un consumidor insaciable e irresponsable. Nada es más alejado de la verdad. Esta concepción es totalmente errónea. Es fácil ver por qué la satisfacción de caprichos no es algo que sea del interés de la persona. El éxito en distintas actividades de largo plazo como conseguir un título profesional, formar un equipo de trabajo, administrar un negocio, etc., demanda de la persona cualidades como iniciativa, laboriosidad, previsión y perseverancia. Conseguir, exitosamente, lo que es de interés para uno demanda estas y otras virtudes.

El egoísta, como busca su provecho personal a largo plazo, debe producir valores promotores de vida. Debe por tanto cultivar las cualidades que sirven para generar esos valores de los que depende su florecimiento. Como el egoísta está comprometido con su propia vida, debe afanarse en cumplir con lo que se requiera para satisfacer todo tipo y nivel de necesidades. Una persona egoísta debe ser fuente de valores, tanto como consumidor.

El requerimiento central de la vida es el hecho de que el egoísta debe ser racional. Para florecer debe adoptar fines que promueven su vida, que son factibles, y mutuamente compatibles. Debe adoptar valores y elegir respondiendo a preguntas como: ¿cómo puedo alcanzar esta meta? ¿Tengo el conocimiento y la habilidad que se necesita? ¿Buscar esto interfiere con mis otros fines? ¿Son esos otros fines más o menos importantes que el que busco? ¿Existe una ruta alternativa menos costosa para alcanzar esta meta? Además debe establecer que el supuesto valor que persigue, posee, de hecho, las propiedades supuestas para satisfacer lo que se desea satisfacer. ¿Va, realmente, ayudarme a florecer? En pocas palabras, las acciones del egoísta deben basarse en una reflexión sobre la apreciación global de sus propósitos y prioridades, y en una evaluación racional de cómo afectarán las acciones particulares su jerarquía de fines. El egoísta debe ser realista en cuanto a su determinación de metas, de sus habilidades, y de las condiciones necesarias para conseguir sus fines.

Otro requerimiento del egoísmo es la disciplina. El interés propio no admite fluctuaciones erráticas en el curso de una persona, ni revocaciones debidas a miedos, caprichos, o presiones externas. El egoísta, aunque no es ajeno a sus emociones, no se guía por ellas. El egoísta tiene una apreciación madura de lo que incluye su interés personal y no se equivoca por una inclinación experimentada en una ocasión aislada en detrimento de su florecimiento total. La claridad de su fin y la dedicación a alcanzarlo fortalece su disposición a actuar en su propio interés.

El egoísmo es la aplicación de la virtud de la racionalidad a preocuparse del interés propio, que es lo que le es provechoso a uno a largo plazo.

Capítulo 4

Política

La ética es una teoría normativa. Como tal se fundamenta en una teoría descriptiva, que describe una visión de la realidad; y en una teoría epistemológica, que describe cómo sabe uno que su visión de la realidad de verdad es así. En otras palabras, la ética se fundamenta en una metafísica y en una epistemología. Como teoría normativa identifica y prescribe una serie de principios que le sirven al hombre de guía para sus elecciones y acciones, aquellas que determinan el propósito y curso de su vida.

La política, que se fundamenta en una ética, también es una teoría normativa, sólo que ésta identifica y prescribe principios para las elecciones y conducta del hombre en un contexto social.

La ética Objetivista, que se fundamenta en el absolutismo y primacía de la realidad, y en la razón como medio de identificar la realidad, identifica y prescribe una serie de principios objetivos que le sirven al hombre de guía para sus elecciones y acciones, con el propósito de florecer, de vivir una vida feliz. La política Objetivista, que se basa en la ética Objetivista, identifica y prescribe una serie de principios objetivos que le sirven al hombre de guía para sus elecciones y acciones en un contexto social, con el propósito de florecer y vivir en concordia con los demás asociados.

Los principios cardinales de la ética Objetivista son: el principio de racionalidad, el principio de productividad, y el principio de superación personal u orgullo. El principio cardinal de la política Objetivista es: el principio de respeto a los derechos individuales: derecho a la propia vida, a la libertad y a la propiedad. Los derechos individuales son principios morales que definen y sancionan la libertad de acción sensata o prudente de la persona en un contexto social. Son reglas morales que promueven la persuasión contra la coerción. Son los principios morales que validan que la conducta correcta en un contexto social es la conducta prudente, racionalmente egoísta, y que debe ejercerse sin impedimento alguno.

La moral determina la política y esta última identifica los principios que deben regir todo campo social. La moral Objetivista es eminentemente práctica. Lo que es moralmente bueno, correcto, es lo eficaz, es lo práctico, produce provecho inmediato, es útil; y por lo mismo, lo que es moralmente malo, es lo desastroso, lo impráctico, inútil, produce perjuicio inmediato.

El sistema político que es práctico, y por lo tanto, moral, es aquel que se fundamenta en el reconocimiento de los derechos individuales: el Capitalismo.

El Capitalismo nos dice Rand, es "un sistema social basado en el reconocimiento de los derechos individuales, incluyendo los derechos de propiedad, en el que toda propiedad es privada." [CUI]

Es pues, el principio de los derechos individuales lo que es la esencia del Capitalismo, lo que es su característica distintiva fundamental. El Capitalismo es el único sistema político que es moral porque sólo éste encarna los principios racionales de los que depende la supervivencia y florecimiento humano. Los cuatro principios de la ética racional que son relevantes para la validación del Capitalismo como el único sistema social apropiado para florecer en concordia son: el egoísmo, la mente como el instrumento de supervivencia, la productividad, y la vida como el estándar de valor.

La sociedad

Primero debemos preguntarnos ¿por qué vive el hombre en comunidades? ¿Será que deriva beneficios de la vida comunitaria? ¿Será que el hombre es por naturaleza un animal social? ¿Será que ambas son las razones o ninguna? La asociación política es un tipo especial de agrupación. Aristóteles nos dice en *La Política* que es un error pensar que una misma persona es experta en gobierno político, gobierno real, administración doméstica, y manejo de esclavos. [Libro 1. Cap. 1] Y esto es porque la diferencia entre estas agrupaciones no es de cantidad –muchos o pocos –sino que de cualidad. Quienes piensan que no existe diferencia entre una agrupación doméstica grande y una ciudad pequeña se equivocan.

Nos dice el Estagirita que el primer conjunto se da entre personas que no pueden existir naturalmente la una sin la otra: por un lado, varón y hembra, con el fin de la reproducción, para satisfacer el afán natural de dejar a otro que es como uno; por otro, el gobierno natural con el fin de la preservación.

De la unión de estos dos surge la comunidad doméstica o familia, constituida por la naturaleza para satisfacer las necesidades de la vida diaria, las necesidades cotidianas. Epimenides de Creta llama a los miembros de la familia, compañeros de pesebre. El saber práctico que tiene la comunidad doméstica o casa (*oikos*) como objeto es la *oikonomía*, la «economía». La casa o comunidad doméstica es una comunidad compuesta de elementos heterogéneos, de humanos de diversa edad, sexo y condición. No es un mero conglomerado, en que cada elemento va por su lado, sino una unidad natural u orgánica, orientada a un fin propio, que es su bien, y en el que la función de cada elemento está subordinada a la del conjunto. Por eso, nos dice el Estagirita, ha de haber un elemento rector. El elemento rector de la comunidad doméstica es el hombre libre adulto, el dueño de la casa. Los elementos regidos son la mujer de la casa, los infantes, y los esclavos. El padre es de la misma estirpe que los hijos, pero de más edad y prudencia que ellos, y por tanto, destinado por naturaleza a dominarlos por su propio bien.

En toda comunidad doméstica, dice Aristóteles, ha de haber quien prevea las necesidades y dé las órdenes oportunas, y quien lleve a cabo esas órdenes:

> *"El que es capaz de prever con el pensamiento es naturalmente jefe y señor, y el que puede ejecutar con su cuerpo esas previsiones es súbdito y esclavo por*

naturaleza; por eso el señor y el esclavo tienen los mismos intereses." [La Política. Libro 1.]

El dueño de casa tiene la responsabilidad de que la comunidad doméstica alcance su fin, debe cumplir con su función que es la vida y el bienestar de la familia. Pero para realizar su obra necesita instrumentos. Los instrumentos pueden ser inanimados o animados. Por ejemplo, el timonel de la nave utiliza el timón como instrumento inanimado y el vigía de la proa como instrumento animado. Entonces, hay instrumentos de producción o herramientas –como la lanzadera que sirve para tejer telas –e instrumentos de uso o posesiones –como el vestido que sirve para ponérselo. El propósito de la producción es extrínseco a ella misma –es el producto. Los animales domésticos y los esclavos son los instrumentos animados de que dispone el dueño, y forman parte de sus propiedades.

El esclavo carece por naturaleza de la inteligencia adecuada para conocer y ordenar las cosas con prudencia y sabiduría. Sólo dispone de su fuerza corporal, como los animales domésticos, de los que se diferencia porque posee alguna inteligencia para entender y acatar órdenes. Esclavos hay de dos formas: por naturaleza y por ley o convención. A veces como consecuencia de una guerra entre helenos, hombres que por naturaleza son libres y hechos para el mando caen prisioneros y son reducidos al status de esclavos. También hay quien anda legalmente libre por ahí, pero cuya falta de inteligencia y prudencia lo hace ser esclavo por naturaleza. En general los helenos son libres por naturaleza, mientras que los bárbaros son esclavos por naturaleza.

En la antigüedad la esclavitud era una institución universal. Aristóteles tuvo una vida doméstica muy satisfactoria y fue cordial con sus esclavos. En su testamento concedió la libertad a algunos de ellos y determinó que los hijos de sus esclavos no fueran vendidos, sino que sirvieran a sus herederos hasta que llegaran a adultos, en cuyo momento se les daría la libertad. Aristóteles dice que el «amo y el esclavo que por naturaleza merecen serlo tienen intereses comunes y amistad recíproca» y que «se equivocan quienes no dan razones a los esclavos y declaran que sólo se les debe dar órdenes». Los esclavos eran los servidores domésticos de antes.

Aristóteles pensó que sería posible algún día sustituir a los esclavos por máquinas:

> *"Si todos los instrumentos inanimados pudieran cumplir su cometido obedeciendo las órdenes de otro o anticipándose a ellas..., si las lanzaderas tejieran solas..., los amos no necesitarían de esclavos."* [La Política. Libro 1.]

El saber práctico económico (*oikonomiké*) es sobre la correcta utilización de los bienes domésticos. Pero estos bienes hay que adquirirlos, bienes como esclavos, animales domésticos, aperos, alimentos, lana, etc. Estos recursos se llaman *khrémata,* y el saber práctico para adquirirlos se llama *khrematistiké* –crematística o producción de riqueza. La crematística doméstica tiene como fin la adquisición de los recursos necesarios para la vida en la comunidad doméstica que es la unidad natural de producción; recursos como alimentos, vestidos, aperos, materiales para producir, etc., que son siempre limitados, escasos. Una casa bien llevada tiene siempre lo que necesita, pero no se dedica a acumular riquezas.

Aristóteles nos habla de otra crematística, la crematística comercial, que tiene como objeto el dinero. Los comerciantes se dedican al intercambio de unos productos por otros. Pero el intercambio es indirecto, por medio del dinero.

La crematística doméstica se sirve a veces del dinero para obtener fines extrínsecos necesarios para la vida. Pero la crematística comercial tiene el dinero y su aumento como fin. Por eso la riqueza doméstica tiene un límite, determinado por las necesidades de la casa, mientras que la crematística comercial aspira a una riqueza ilimitada, pues no persigue otro fin que el aumento dinerario, nos dice Aristóteles.

Ahora bien, si la casa es la comunidad natural que se constituye para satisfacer las necesidades cotidianas del humano, el caserío o aldea o conjunto de casas se constituye para satisfacer sus necesidades no cotidianas. A los miembros de la aldea los llaman algunos, nos dice

Aristóteles, «compañeros de leche»; son los hijos y los hijos de los hijos. Y cada aldea está regida por el más viejo, como rey.

Y la asociación que surge de la unión de varias aldeas es la ciudad o polis, que es un conjunto autosuficiente. Hay que notar que polis o ciudad no es un casco urbano, sino una asociación de humanos, que se asienta en un casco urbano y comarca. Los sofistas enseñaban que la polis es el resultado de un pacto o convenio entre los hombres, por tanto algo convencional. Aristóteles, por el contrario, considera que la polis existe por naturaleza. El humano tiene que vivir en una polis si quiere desarrollarse plenamente. La casa y la aldea tienen que formar parte de una polis, si han de alcanzar sus fines. De hecho, nos dice el Estagirita, la polis es el fin de las comunidades inferiores, pues sólo en ella pueden encontrar su perfección.

El origen de esta asociación es la necesidad de cooperar con otros hombres para producir aquello que satisfaga mejor y más eficientemente las necesidades de cada uno. Platón lo describe muy bien en la *República,* por medio de la conversación que sostiene Sócrates con Glaucón y Adimante:

"— ¿No nace la sociedad de la impotencia en que de bastarse a sí mismo se encuentra cada hombre, y de la necesidad que siente de muchas cosas? ¿Tiene alguna otra causa su origen?

—Ninguna otra sino ésa.

—Así como quiera que la necesidad de una cosa moviese a un hombre a unirse a otro, y otra necesidad a otro hombre, la multiplicidad de esas necesidades ha reunido en un mismo lugar a diversos hombres con la mira de ayudarse unos a otros, y hemos dado a esa sociedad el nombre de ciudad. ¿No es eso?

—Sí.

—Pero al dar a otro lo que uno tiene, para recibir de ese otro aquello de que uno carece, ¿no obra uno así por creer que encontrará provecho en ello?

—Sin duda.

—Construyamos, pues, con el pensamiento, una ciudad. Sus fundamentos estarán constituidos, evidentemente, por nuestras necesidades. Ahora bien: la primera y más grande de ellas, ¿no es la nutrición, de que depende la conservación de nuestro ser y de nuestras vidas?

—Sí.

—La segunda necesidad es la de la casa; la tercera, la del vestido.

-Verdades.

—¿Y cómo podrá abastar nuestra ciudad a sus necesidades? ¿No hará falta para ello, que uno sea labrador, otro arquitecto, otro tejedor? ¿Añadiremos a éstos un zapatero, o algún otro artesano semejante?

—Sea en buena hora.

—Toda ciudad se compone, pues, esencialmente de cuatro o cinco personas.

—Así parece.

—Pero ¿es preciso que cada uno ejerza para todos los demás el oficio que le es propio; que el labrador, por ejemplo, prepare de comer para cuatro, y que por consiguiente, emplee el cuádruplo de tiempo y de trabajo, o no sería mejor que, sin cuidarse de los demás, emplease la cuarta parte del tiempo en preparar su alimentación, y las tres partes restantes en construirse una casa, en hacerse vestidos y calzado?

—Me parece, Sócrates, que le resultaría más cómoda la primera manera.

—No me extraña, toda vez que, mientras tú me respondías, estaba pensando yo que no nacemos todos con idénticas aptitudes, y que unos tienen más disposición para hacer una cosa, y otros para hacer otra. ¿Qué te parece de esto?

—Soy de tu misma opinión.

— ¿Irían mejor las cosas si uno solo hiciese varios oficios, o convendría más que cada cual se limitase al suyo propio?

—Lo mejor sería que cada cual se limitase a su oficio.

—Pues también me parece evidente que cuando una cosa es hecha fuera de sazón, sale mal.

—Evidente es eso. Porque la obra no aguarda a la comodidad del obrero, sino que el obrero ha de someterse a las exigencias de la obra.

—Desde luego.

—De donde se sigue que se producen más obras, y que éstas se hacen mejor y más fácilmente cuando cada uno hace aquella para la cual es apto, en la oportuna sazón, y sin cuidado alguno de ningún otro género.

—Evidentemente.

—Requiéranse, pues, más de cuatro ciudadanos para las necesidades de que acabamos de hablar. En efecto, si queremos que todo marche bien, el labrador no deberá fabricar por sí mismo su arado, su azada, ni los demás aperos de labranza. Otro tanto ocurrirá con el arquitecto, que necesita multitud de instrumentos, y con el zapatero y el tejedor; ¿no es así?

—Si, por cierto.

—Ahí están, pues, los carpinteros, los herreros y los demás obreros de la misma clase, que van a entrar en nuestro minúscula ciudad, y a ampliarla.

—Indudablemente. – En muy poco aumentará con que le añadamos pastores y zagales de todas clases, con el fin de que el labrador tenga bueyes con que labrar la tierra, y el arquitecto bestias de carga para transportar los materiales, y que el zapatero y el tejedor tengan pieles y lanas.

—Una ciudad en que se encuentre tanta gente ya no será una pequeña ciudad.

—Pues no es eso todo. Punto menos que imposible resulta para la ciudad hallar un lugar de donde pueda sacar todo lo necesario para su subsistencia.

—Imposible es eso, en efecto.

—Nuestra ciudad necesitará aún, por tanto, más personas que vayan a buscar en las ciudades vecinas aquello que le falta.

—En efecto.

—Pero esas personas volverán con las manos vacías, como no lleven, en cambio, a esas ciudades, aquello que éstas a su vez, necesiten.

—Así me parece.

—No bastará, pues, con que cada uno produzca para la ciudad, sino que, además será preciso que produzcamos suficientes bienes y del tipo adecuado para satisfacer las necesidades de los extranjeros que nos proveen.

—Verdad es.

—Lo que significa, que nuestra ciudad necesitará de un mayor número de labradores y de otros obreros.

—Sin duda.

—Necesitaremos, además, gentes que tomen a su cargo la exportación e importación de los diversos objetos de cambio, es decir, de mercaderes. Los necesitaremos también.

—En efecto.

— Y si ese comercio se lleva a cabo por vía marítima, tendremos todo un mundo de expertos en barcos y navegación.

—Cierto.

—Pero, dentro de la misma ciudad, ¿cómo se darán parte unos ciudadanos a otros del fruto de su trabajo? Porque ésa es la razón primaria que les ha llevado a vivir en sociedad.

—Obviamente, será por medio de la venta y la compra.

—Según eso, necesitaremos, un mercado y una moneda como medio de intercambio.

—Indudablemente." [Platón. *La República.* Preliminares]

Lo que nos narran los antiguos filósofos nos indica que la primera asociación voluntaria, espontánea y no jerárquica entre individuos se da por la necesidad egoísta de cooperar los unos con los otros, y se da en el mercado. En éste las personas que buscan conseguir valores, intercambian voluntariamente en beneficio mutuo los bienes que han producido. El mercado necesita de los que participen en este proceso, exhiban las virtudes de racionalidad, prudencia, integridad, creatividad, honestidad, determinación, productividad, laboriosidad, limpieza, perseverancia, sinceridad, confiabilidad, honradez, responsabilidad, ambición, benevolencia, tolerancia, justicia y serenidad. El mercado es una relación fundamentada en la benevolencia, tolerancia y justicia. En éste todos los participantes se consideran iguales y se juzgan en base a sus virtudes. Es una relación entre individuos deseosos de enfrentar los hechos, que piensan por sí mismos, que actúan según su mejor juicio. Lo que importa en el mercado es el intercambio de valor por valor. El mercado es el proceso por el cual un sin número de individuos satisfacen sus deseos y logran sus sueños. Y es el mercado, esta asociación que en un principio es temporal, la que da origen a la ciudad, que es una asociación política.

La organización de la ciudad empieza como la relación entre dos comerciantes adultos libres y no como una organización familiar. Si uno quiere algo del otro intercambia voluntariamente su propiedad por la propiedad del otro. Ambos valoran más lo que reciben que lo que dan en el intercambio. Ambos consideran que estarán mejor dividiéndose el trabajo e intercambiando el producto de su labor. Ambos se ven mutuamente como colaboradores y no como enemigos que buscan apropiarse por la fuerza de los bienes del otro. Esta cooperación social se da al identificar el individuo, que su interés de llegar a vivir mejor, sólo puede lograrlo en sociedad y dividiéndose el trabajo. El individuo espera respeto de parte del otro como aquel de parte de él. No espera que el otro pague la manutención o educación de sus hijos, ni espera tener que pagar los caprichos del otro. Cada quien atiende sus propias necesidades. No se considera el padre de familia del otro y de su prole y por lo tanto no se considera responsable de su bienestar económico. Así mismo no considera al otro como su padre ni le exige que sea responsable de su bienestar propio.

Ludwig von Mises lo ilustra muy bien cuando dice:

> *"Que cada individuo quiera ante todo vivir y vivir su vida, no solamente no perjudica a la vida social, sino que la promueve, dado que el individuo no puede realizarse plenamente sino en la sociedad y por medio de ella. Tal es el verdadero sentido de la doctrina que hace del egoísmo la ley fundamental de la sociedad."*
>
> [Ludwig von Mises. *Socialismo*. "Contribución a la doctrina eudamonista".]

A pesar de que Platón identificó como origen de la ciudad y de la cooperación social a la división del trabajo y su correlativo, el comercio, no pudo implementar este principio en su teoría política. Tampoco pudo visualizar un principio para el tamaño adecuado de la ciudad. No obstante, fue un importante paso descubrir que los hechos fundamentales que provocaron la cooperación, la sociedad y la civilización, y como afirma Mises, transformaron al animal hombre en ser humano, son, primero, el hecho de que el trabajo bajo la división del trabajo y el intercambio es más productivo que el trabajo aislado; y segundo, el hecho de que algunos hombres reconocieron esta verdad. De no haber sido así, todo hombre se habría visto obligado a considerar a los otros hombres como sus enemigos y rivales en la lucha por procurarse de los escasos medios de sustento proveídos por la naturaleza. Quienes no identifican estos principios se ven condenados a una existencia bárbara, primitiva, apenas superior al del resto de los animales.

El comprender esta verdad y sus implicaciones ha sido un camino largo y difícil, camino en el cual aún nos encontramos, salpicado de etapas de incomprensión alternadas con etapas de mayor entendimiento.

El mercado

El mercado no es un lugar, una cosa, o una entidad colectiva. El mercado es un proceso, activado por la interacción de las distintas acciones de múltiples individuos cooperando bajo la división del trabajo. Las fuerzas que determinan el estado – continuamente cambiante – del mercado, son los juicios de valor de los individuos y sus acciones dirigidas por éstos. El estado del mercado en un instante dado es la estructura de los precios, es decir, la totalidad de relaciones de los intercambios, establecida por la interacción de aquellos deseosos de comprar y aquellos deseosos de vender.

Veamos un ejemplo de cómo funciona esto. Supongamos que tú y yo vamos a dividirnos el trabajo. Supongamos que vamos a producir aquello que en la ciudad imaginaria de Sócrates satisfacen nuestra primera y tercera necesidades: nutrición y vestido. Supongamos, también, que tú eres mejor productor que yo en todo. Sin embargo tú no eres igualmente mejor en todo. Digamos que tú produces pan dos veces más rápido que yo, y vestidos tres veces más rápido. Ahora, para poder comparar, supondremos que cada uno invierte 12 horas en la producción de cada bien. Entonces, en 12 horas tú produces 24 panes y en otras 12 horas produces 9 vestidos. Yo en cambio, produzco en 12 horas 12 panes (pues tú eres dos veces mejor que yo) y en otras 12 horas 3 vestidos (porque tú eres tres veces mejor que yo). La producción total sumada de los dos sin división del trabajo es: 36 panes y 12 vestidos.

Supongamos ahora, que nos dividiremos el trabajo, y tú produces en 8 horas 16 panes, y en 16 horas 12 vestidos. Yo produzco en 24 horas 24 panes y no dedico ni un minuto a producir vestidos. La producción total sumada de los dos dividiéndonos el trabajo es: 40 panes y 12 vestidos.

Al asignar nuestro tiempo de acuerdo a nuestros costos comparados aumentamos nuestra producción total en 4 panes. Esto se logró sin haber cambiado nuestra productividad individual ni haber aumentado nuestro tiempo trabajado. Ahora negociaremos para intercambiar bienes de manera que ambos nos beneficiemos. Yo quiero como mínimo 3 vestidos, que es lo que yo puedo producir solo, y quiero tener más panes de los que puedo producir solo. Así que te ofrezco 8 panes a cambio de 3 vestidos. Así yo tendré 16 panes y 3 vestidos. Tú haces el cálculo económico y ves que si aceptas, tendrás 24 panes y 9 vestidos, lo mismo que produces solo. Por lo tanto, concluyes que no te conviene. Entonces me propones cambiarme 3 vestidos por 12 panes. Así tú tendrás 28 panes y 9 vestidos, lo que te parece bien. Yo en cambio, tendré 12 panes y 3 vestidos, lo mismo que produzco solo, por lo tanto no me conviene. Finalmente propongo una oferta intermedia: 10 panes a cambio de 3 vestidos. De esa manera yo tendré 14 panes y 3 vestidos. Habré ganado 2 panes. Si aceptas, tú tendrás 26 panes, 2 más de los que produces solo, y 9 vestidos, que es lo mismo que produces solo. Al intercambiar ambos ganamos 2 panes cada uno.

Pero también podemos medir nuestras respectivas ganancias en tiempo. Tú habrás ganado 1 hora y yo habré ganado 2 horas. Como ves, yo me habré beneficiado de tu mayor productividad.

También podemos medir nuestras respectivas ganancias en términos de vestidos. Como tu produces 9/12 vestidos por hora, habrás ganado 3/4 de vestido. Como yo produzco 3/12 vestidos por hora, habré ganado 2/4 de vestido.

Vemos pues, que en términos de pan ambos ganamos dos panes cada uno; en términos de tiempo ahorrado, tú ganas una hora y yo dos horas; y en términos de vestidos, tú ganas 3/4 de vestido y yo 2/4 de vestido. Ambos ganamos en el intercambio por nuestras diferencias de costos, pues para ti un vestido cuesta dos panes y dos tercios de pan, y para mí un vestido cuesta cuatro panes. A ti tus tres vestidos, en términos de panes te cuestan ocho panes; a mí los tres vestidos en términos de panes me cuestan doce panes. Al darte diez panes por tus tres vestidos, yo obtengo lo que me costaría doce, por diez, luego gano dos panes. Tú obtienes por tus tres vestidos, que te cuestan ocho, diez, luego ganas dos panes. Ambos ganamos gracias a la diferencia de costos comparados.

El sistema de precios relativos expresados en un medio común, el dinero, es el mecanismo que le permite a todo individuo que quiere beneficiarse del intercambio de bienes, hacer comparaciones de costos, y como consecuencia coordina la división del trabajo. Los precios relativos te facilitan decidir si te conviene producir más vestidos para obtener más pan, o si te conviene más producir pan directamente. Al comparar precios puedes elegir la combinación que más te convenga entre las múltiples alternativas que te puedan proporcionar para mejor satisfacer tus necesidades.

Además, el sistema de precios te permite enterarte de si hay o no y cuanta hay, demanda por determinado bien, y así decidir si te conviene o no y cuanto, producir de ese bien. No tienes que conocer directamente a quienes demandan determinado bien, ni por qué lo valoran, ni donde están; te basta saber que el precio del bien aumenta para enterarte de que la oferta del mismo es insuficiente. Por otro lado, si el precio del bien baja, te enteras de que la demanda por el mismo es menor que la oferta, y entonces puedes decidir qué hacer en base a esa información. **El sistema de precios es un mecanismo de comunicación para poder hacer el cálculo económico.**

Ahora, no hay división del trabajo sin comercio. Si el individuo no tiene con quien intercambiar sus productos, no tiene sentido que dediques su tiempo a producir aquello para lo que no tiene uso. El excedente que puede producir adquiere utilidad, sólo si hay alguien que quiera intercambiarlo por algo que él desee. Es pues, la producción la que origina el comercio y el comercio a la vez el que origina la división del trabajo.

Es evidente que el comercio aumenta la riqueza para todos los involucrados en el intercambio. En cada transacción ambas partes involucradas en la misma ganan. En una cadena comercial, todos los involucrados intercambian algo tomando ventaja de la oportunidad que cada uno juzga mejor que las otras disponibles. Como el comercio causa la división del trabajo, la cadena comercial incluye una cadena productiva. Por ejemplo, un individuo compra un producto terminado, digamos, una casa. Paga al arquitecto que se la vende. El arquitecto pagó a quien le vendió el hormigón, a quien le vendió los ladrillos, a quien le vendió la madera, a quien le vendió las ventanas, a los albañiles y ayudantes que levantaron los muros y fundieron las losas, etc. Por otro lado, quien le vendió los ladrillos, pagó a quien los transportó a la obra, a quien lo cargó y descargo del camión, a quien produjo los ladrillos. Así mismo, quien fabricó los ladrillos pagó a los obreros que le ayudaron a producirlos, pagó a quien hizo los moldes, pagó a quien los transportó al almacén del distribuidor, etc. El albañil que levantó los muros, pagó a quien le vendió su espátula, su llana, su nivel, su plomada, su bocarte, su alcotana, sus botas de hule, en fin, sus herramientas. Y así cada quien extiende la cadena de intercambios voluntarios y por consiguiente de división del trabajo; cada uno ofrece un bien o servicio en el cual prevé que recibirá más que su costo de oportunidad, que es lo que entrega en el intercambio; cada quien obtiene una ganancia de la transacción. Y como cada individuo elige comerciar con quien lo enriquece más, se puede hacer fortuna, no a costa de otros, sino que sólo ofreciendo a esos otros una mejor opción para que se enriquezcan. De esa manera se da una justa creación de la riqueza.

Manuel Ayau Cordón ilustra muy bien este punto en su libro Un Juego que No Suma Cero:

> "... cuando hago un intercambio con Bill Gates (cada vez que compro uno de sus programas de software), seguramente yo gano más que él, porque mi ganancia sin duda supera, y por mucho, el precio mismo del programa. La razón de que su fortuna sea mayor que la mía es que él realiza más transacciones que yo. (El programa tiene para mí un valor muchas veces por encima del precio que pago. Afortunadamente, sólo pago, gracias a las leyes de la economía, lo que el comprador marginal está dispuesto a pagar, y yo no soy el comprador marginal. Cada comprador tiene una ganancia distinta en su compra, aunque se trate del mismo programa y del mismo precio). Mis antepasados pensarían que soy un tonto si comprara los programas de software a proveedores que me enriquecen menos que Bill Gates."

La división del trabajo también aumenta la productividad porque incrementa la destreza de cada individuo y ahorra el tiempo que normalmente se pierde al cambiar de ocupación. Así mismo la aumenta al dar oportunidad a que algunos individuos creativos, aprovechando el conocimiento local, que es disperso, inventen utensilios y maquinas, que permiten a otros beneficiarse de sus ideas, facilitando su labor, posibilitando el que una persona pueda hacer el trabajo de muchas, o hacer en menos tiempo lo que sin estos artefactos le tomaría más.

La lavadora de General Electric, la estufa de gas de Gustaf Dalen, el horno de micro-ondas de Percy Spencer, las tuberías de agua de PVC de Waldo Semon, la máquina de coser de Elias Howe, la engrapadora de Juan Solozábal y Juan Olave, el teléfono de Alexander Graham Bell, la pila eléctrica de Alejandro Volta, la bombilla eléctrica de Thomas Alva Edison, la antena de Alexander Stepanovich Popov, el pararrayos de Benjamín Franklin, el termómetro de mercurio de Daniel Gabriel Fahrenheit, el microscopio de los hermanos Zacarias y Francisco Jossen, el abrelatas de Ezra Warner, los crayones de cera de Edward Binney y Harold Smith, el papel líquido de Bette Nesmith Graham, los pañales desechables de Marion Donovan, el zipper de Gideon Sundback, la linterna de mano de Conrad Hubert, las hojuelas de maíz de Hill Keith Kellogg, el kevlar de Stephanie Kwolek, la refrigeradora de Karl von Linde, el aire acondicionado de Willis Haviland Carrier, la computadora personal de Steve Jobs y Steve Wozniak, el control remoto de Robert Adler, la televisión de Philo T. Farnsworth, el velcro de George de Mestral, los Post It de Art Fry y Spencer Silver, el automóvil de Karl Benz, etc., todos estos inventos mejoran el nivel de vida, hacen el trabajo más fácil y ahorran tiempo permitiendo disponer de recursos para otras cosas. El ascensor, de Elisha Graves Otis, le permite a un individuo ganarse la vida oprimiendo un botón, en lugar de sudando bajo el sol en la labranza de la tierra; le permite a miles comunicarse rápidamente, al transportarlos verticalmente en muy poco tiempo a sus lugares de reunión y trabajo; y le permite a otros tantos llevar bienes a sus destinatarios.

Cada uno de esos inventos tiene una fascinante y particular historia. Basta con examinar una, la de las notas Post It, para ver los factores involucrados. En 1970, Spencer Silver, quien trabajaba como investigador para la compañía 3M, trataba de encontrar un adhesivo muy fuerte.

Desarrolló uno nuevo, que resultó ser más débil que los que ya fabricaba 3M. Se pegaba a los objetos, pero se despegaba con facilidad. Así que la compañía lo consideró inútil. A pesar de que nadie sabía qué hacer con él, Silver no lo descartó. Cuatro años más tarde, otro científico de 3M, llamado Arthur Fry, cantando un domingo en el coro de su iglesia, tenía el problema de que los marca-libros que ponía en su himnario, se resbalaban constantemente. Recordando el adhesivo de su colega, lo untó en sus marca-libros, para que quedaran en su lugar. Y fue un éxito. Estos se adherían manteniéndose en su lugar, y se despegaban con facilidad sin dañar las páginas del himnario. No obstante el departamento de mercadeo de 3M no le vio futuro a los marca-libros. Fue Raymond Howard quien le sugirió a Fry que podrían hacerse notas adhesivas. Howard conocía a una joven que padecía del síndrome de Asperger. Su marido pegaba, con cinta adhesiva en un tablero, una serie de menús de 3 x 5 para que ella los siguiera. Así que, Howard, sugirió que podrían mercadearse notas adhesivas de 3 x 3. En 1980, diez años después de que Silver desarrollara su adhesivo, 3M sacó al mercado los Post Its.

Se combinaron una serie de tipos de conocimiento para producir este invento. Primero, el conocimiento especializado científico de Silver, el químico investigador, conocimiento que se transmite y amplía entre científicos. Segundo, conocimiento especializado local, de Silver, que le permite analizar qué pasó con su experimento. Tercero, conocimiento local, de Fry, quien conocía y estaba fastidiado con un problema, el de sus marca-libros que se resbalaban de su himnario, y que conocía el adhesivo fallido de Silver, lo que le permitió combinar ambos y encontrarle un uso a este último. Cuarto, también conocimiento local, de Howard, quien conocía a Fry y su idea del marca-libros adhesivo, y a la familia que usaba notas para funcionar, y al combinar estos dos conocimientos, encontró un mejor uso al invento de Fry.

Este conocimiento local, es aquello que sabe un individuo por estar en el lugar y momento apropiados, y que los demás no saben, por no estar en ese preciso momento y lugar. Es conocimiento de personas, de condiciones locales y circunstancias específicas. Es conocimiento que un individuo tiene de una persona cuyas habilidades no están siendo aprovechadas y sabe cómo aprovecharlas, o de una máquina subutilizada y sabe dónde sacarle más rendimiento, o de un excedente de bienes que podrían trasladarse a un lugar donde hay escasez. Es el conocimiento que tiene el mesero de lo que le gusta comer al comensal habitual; que tiene el barbero de cómo le gusta el corte de pelo a su cliente; que tiene el profesor acerca de si entendieron o no la lección, al ver los gestos de sus alumnos; que tiene el librero de lo que puede interesarle a su comprador, etc. Es un conocimiento que se da, pues, en una circunstancia, tiempo, y lugar específicos. Es el conocimiento que se adquiere al interpretar el significado de información vasta, particular y dispersa. Es el resultado de pruebas y errores, que permiten la innovación y el progreso. El conocimiento local es dinámico, ajustándose constantemente a información y eventos nuevos. Responde a todo cambio ambiental, climático, emocional, político, de gustos y modas, de escasez o de exceso de bienes, etc. Es personal, individual, y requiere entendimiento del detalle, del contexto y de las circunstancias, que cambian constantemente.

El conocimiento es esencial para la toma de decisiones, y crucial para todo conocimiento es la información. Para el conocimiento especializado, lo es la información que se transmite directamente de maestro a alumno, entre colegas en seminarios y conferencias, y por medio de publicaciones y ensayos. Para el conocimiento especializado local, lo es la información práctica necesaria después del entrenamiento teórico, que se transmite de maestro a aprendiz, mostrando no sólo el que, sino que el cómo, pasando así información crítica, difícil de articular, que muchas veces se esconde aun a los ojos de expertos. Se da aprendiendo del maestro, en un proceso experimental, de prueba y error.

Este proceso de prueba y error, también retroalimenta información, para el fabricante de un producto. Henry Petroski, en su libro *To Engineer is Human,* nos lo ilustra con el caso del juguete "Habla y Deletrea" de Texas Instruments. El juguete, de plástico, rojo brillante, le pide al niño, por medio de un sintetizador de voz electrónico, deletrear palabras de su memoria. El niño teclea las letras que forman la palabra solicitada, y esta aparece en la pantalla del juguete. Cuando termina de escribir la palabra, oprime la tecla ENTER, y el juguete le dice al niño si deletreó bien o no, y lo invita a probar otra palabra u otra vez la misma. El juguete fue tan exitoso con los niños, que estos hicieron fallar las teclas más usadas, por fatiga de las mismas. Cuando la información del problema de las teclas rotas estuvo al alcance de los fabricantes, estos rápidamente, mejoraron aquellos aspectos deficientes del juguete. La información les proporciono el conocimiento local que les permitió reaccionar correctamente.

Del mismo modo, la prueba y error proporcionaron suficiente información a Karl Friedrich Benz, para poder hacer funcionar por fin, después de muchos intentos, su invento: el carruaje que no necesitaba de caballos. El 29 de enero de 1886, Karl registró su patente DRP 37435, para un triciclo motorizado, con un motor de cuatro tiempos. Había nacido el primer automóvil.

También es crucial, para el conocimiento local circunstancial, la información verbal que se transmite entre personas, al comunicarse recíprocamente sus deseos, gustos, anhelos, etc. Esta información, ya sea estética o práctica, se comunica y transmite por diversos soportes y mecanismos: la comunicación auditiva, en soportes de cintas o discos compactos, por medios verbales, de persona a persona, o en programas de radio, o en ruidos casuales que avisan de algún acontecimiento; la comunicación visual, en imágenes intencionales, en señales como las de tráfico, en escritura en publicaciones, combinadas en viñetas y vallas publicitarias, y en imágenes casuales, como la nube que nos anuncia el temporal. El mensaje combinado de sonidos e imágenes visuales se comunica en espectáculos, televisión, imágenes cibernéticas y videos.

El sistema de precios es un mecanismo de comunicación que informa, desde el regateo, hasta la colecta de información dispersa, lo que distintas personas, en diversos lugares, desean o no tener, en relación a la existencia de eso que desean o no. Los precios son señales inmediatas de cuando cambian las circunstancias y condiciones locales, permitiéndole, así, a los individuos tomar las acciones que consideren convenientes en vista de la información obtenida.

Como hemos visto, el conocimiento le permite a uno, no sólo ajustarte a los cambios, sino que provocarlos uno mismo. El progreso se da, pues, al mejorar las cosas que conocemos bien. Por eso, el conocimiento local resulta ser fuente de oportunidades, pues estas son, problemas que nadie ha resuelto, o identificado, o tan siquiera considerado. El crecimiento acumulativo de conocimiento y poder sobre la naturaleza, es un proceso ocasionado por todo aquel que resuelve problemas, que adopta ideas nuevas, productos nuevos, que combina cosas familiares en formas novedosas. Es adelantado por la experimentación, sin éxito muchas veces, pero que eventualmente descubre mejoras genuinas. Y como cada idea nueva abre las posibilidades de nuevas combinaciones, se puede seguir mejorando constantemente. El progreso es resultado del avance científico, tecnológico y artístico. Y me refiero a ciencia como conocimiento demostrado, a tecnología como el conjunto de teorías y de técnicas que permiten el aprovechamiento práctico del conocimiento científico, y al arte como la aplicación práctica de la tecnología en la producción de cosas contingentes.

El incremento en conocimiento especializado y la automatización con maquinaria, aumenta la especialización de cada individuo en su campo, aumentando su productividad, y por tanto bajando su costo de oportunidad, incrementando así las diferencias entre habilidades. Como disminuyen sus costos, puede ofrecer en pago mayor cantidad de aquello que produce a menor costo. De esta manera incrementa la riqueza y beneficio de todos. Al aumentar mi productividad, gracias a que al especializarme sé hacer mejor y más pan, el pan con que pago me cuesta menos. Con ese ahorro puedo aumentar mi demanda por tu ropa y por otras cosas en el mercado. Pero el beneficio no se da sólo ahí. Aquellos cuyo trabajo es intensivo y que no permite aumentar significativamente su propia productividad, porque no pueden automatizarse, ganan más. Un albañil en Chicago gana más que uno en Guatemala, porque las personas con que comercia el albañil en Chicago son más productivas y ricas que las personas con las que comercia el albañil de Guatemala. En Chicago los individuos pueden pagarle más al albañil porque su costo de oportunidad es más alto si ellos levantaran por sí mismos los muros de sus edificaciones. Además, si quieren que el albañil permanezca en su trabajo y esté ahí para atenderles cuando lo necesiten, tendrán que mantenerlo satisfecho pagándole mejor, de lo contrario éste buscaría una ocupación que le resulte más rentable.

Al progresar aumenta la productividad, se acelera y se promueve los avances tecnológicos, se aumentan los métodos ahorrativos de tiempo, se aumenta la difusión de conocimientos especializados, contribuyendo así a bajar los costos, a mejorar la calidad y oferta de bienes.

Ahora, supón que vivimos bajo una tiranía mercantilista. El tirano, Fidel Chávez, es mi amigo. Así que, bajo el argumento de que mi familia siempre ha estado en el negocio de los vestidos y de que eso es lo que me gusta hacer, consigo un privilegio: sólo yo estoy autorizado a producir vestidos. El estado me concede el monopolio de la fabricación de vestidos. Como recordarás, sin división del trabajo, tú puedes producir en 24 horas, 24 panes y 9 vestidos; mientras que yo puedo producir en el mismo tiempo 12 panes y 3 vestidos. Con la división del trabajo, gracias a la libertad de intercambiar nuestros productos, tú puedes producir en 8 horas 16 panes, y en 16 horas 12 vestidos. Yo puedo producir en 24 horas 24 panes y no necesito dedicar ni un minuto a producir vestidos. Al intercambiar nuestros productos, yo puedo tener 14 panes y 3 vestidos. Habré ganado 2 panes. Tú podrás tener 26 panes, 2 más de los que puedes producir solo, y 9 vestidos, que es lo mismo que producirías solo. Al intercambiar ambos ganaríamos 2 panes cada uno. En este intercambio, el precio de tu pan sería: 0.30 de vestido.

Ahora, como no hay división de trabajo, sino que asignación, por Fidel Chávez, yo produzco en 24 horas 6 vestidos, y tú, en el mismo tiempo, produces 48 panes y ningún vestido, pues lo tienes prohibido. El peor de los caso para mí, es que quedara como cuando produzco todo solo, así que te doy 3 vestidos a cambio de 12 panes. De esa manera, yo tendré 12 panes y 3 vestidos, exactamente igual a que si yo lo hiciera todo. Tú, en cambio, quedarías con 36 panes y 3 vestidos. Tendrías más panes, pero menos vestidos. Lo que es más, si quisieras quedarte con 24 panes, y pudieras intercambiar 12 de tus 36 panes por

vestidos, sólo podrías conseguir 3 vestidos más, pues ahora tu pan tiene un precio de 0.25 de vestido. Tu pan se ha depreciado. Si se pudiera, tendrías 24 panes y 6 vestidos, 3 menos de los que producirías tú solo, pero no se puede, pues esos 3 vestidos que quieres no fueron producidos. Yo quedaría igual y tú peor de lo que estaríamos solos.
Pero como yo no conseguí un privilegio para estar igual a como estaría solo, convenzo a mi amigo Fidel Chávez, de que el precio del pan está muy alto. Como el pan es un bien de primera necesidad, debe tener un precio barato. Además, le digo, es "justo" que todos seamos iguales y por tanto que tengamos lo mismo. Así que convenimos en que el precio "justo" del pan debe ser 0.125 vestidos, y mi amigo dictador emite un decreto para fijarlo en esa cantidad. Ahora el pan que produces está realmente barato. Así que yo te daré 3 vestidos a cambio de 24 panes. De esta manera, yo estaré mucho mejor que si produzco todo solo, pues tendré 24 panes y 3 vestidos. ¡Habré ganado 12 panes! ¡Hurra! Y tú, tendrás 24 panes y 3 vestidos. Ahora sí que estaremos iguales, ahora sí que tendremos exactamente lo mismo, ahora sí que habrá "justicia social". ¿Qué? ¿No te parece justo? ¿Mi privilegio te perjudica? ¿Me enriqueceré a costa tuya? ¿Yo gano y tú pierdes? ¿Estarías mejor solo? Que si estuvieras solo, producirías 9 vestidos, y por lo tanto en este arreglo perderás 6 vestidos, dices. Sí, en efecto, así es.

¿Te das cuenta? Si algún grupo de individuos, usa al gobierno como arma, para obligarte a hacer aquello que no harías por tu propia voluntad, por considerarlo inconveniente, o si usan al gobierno como arma, para impedirte hacer aquello que consideras conveniente, con la excusa de distribuir mejor la riqueza, o de establecer un orden más justo, el resultado siempre es injusto, siempre te perjudican. Te impiden ser virtuoso. Te impiden actuar de acuerdo a tu mejor razonamiento. Te impiden el acceso a información relevante pues distorsionan el sistema de precios pues el precio de algún bien se establece en la negociación que se da en el mercado, indicando la realidad de las preferencias y cálculos económicos de los negociantes. Te impiden actuar de acuerdo al contexto de la realidad, pues te obligan a actuar de acuerdo al arbitrario decreto de los tiranos. Te impiden ser independiente, pues otros deciden por ti. Limitan tu creatividad, pues restringen tu campo de acción. Haciendo gala de injusticia, te perjudican a ti para beneficiar a aquel que privilegian, y lo que es peor, como consecuencia de su imprudencia, disminuyen la productividad total. Es preferible para ti, vivir solo, que en un régimen así.

Comparemos esto en cifras dinerarias:

Precio libre en moneda:	1 vestido = $ 3 ⅓
	1 pan = $ 1 o sea 0.30 de vestido.

La producción en moneda en el mercado libre es:

40 panes X $1	= $ 40
12 vestidos X $3 ⅓	= $ 40
RIQUEZA TOTAL	= $ 80

Recuerda que aquí ambos ganamos más por el intercambio que si no lo hubiéramos hecho.

La producción en el mercado intervenido (creación de monopolio) sin alteración de precios es:

48 panes X $1	= $ 48
6 vestidos X $3⅓	= $ 20
RIQUEZA TOTAL	= $ 68

La productividad, y por tanto la riqueza, disminuyó en $ 80 - $ 68 = $ 12
Y ¿cómo le va a cada uno?
A ti que producías más vestidos te va así:
En mercado libre:

16 panes X $1	= $ 16
12 vestidos X $3⅓	= $ 40
TOTAL	= $ 56

En mercado intervenido con la creación por el Estado de un monopolio en la fabricación de vestidos a mi favor:

48 panes X $1	= $ 48
0 vestidos X $3⅓	= $ 0
TOTAL	= $ 48

Tú perdiste o dejaste de ganar $ 56 - $ 48 = $ 8

Si no te asociaras y produjeras para ti solo, producirías lo siguiente:

24 panes X $1	= $ 24
9 vestidos X $3⅓	= $ 30
TOTAL	= $ 54

Solo, tendrías $ 2 menos que asociado en un mercado libre ($56 – $52), y $ 6 más que asociado en un mercado intervenido con un monopolio a mi favor ($54 - $48). Así que es evidente que no te conviene asociarte en un mercado intervenido.

Y, ¿cómo me va a mí?
En mercado libre:

24 panes X $1	= $ 24
0 vestidos X $3⅓	= $ 0
TOTAL	= $ 24

En mercado intervenido con la creación por el Estado de un monopolio en la fabricación de vestidos a mi favor:

0 panes X $1	= $ 0
6 vestidos X $3⅓	= $ 20
TOTAL	= $ 20

Perdí o deje de ganar $4 ($24 - $20). La productividad de la sociedad, como vimos antes, disminuyó en $12: $8 perdiste tú, y yo $4. El resultado es que ambos nos empobrecimos.

Si no me asociara y produjera para mí solo, produciría lo siguiente:

12 panes X $1	= $ 12
3 vestidos X $3⅓	= $ 10
TOTAL	= $ 22

Solo, tendría $ 2 menos que asociado en un mercado libre ($24– $22), y $ 2 más que asociado en un mercado intervenido con un monopolio a mi favor ($22 - $20). Así que es evidente que no me conviene asociarme en un mercado intervenido, ni aun teniendo un monopolio gracias al privilegio concedido por el Estado.

El sistema de precios

La intervención del gobierno en el mercado puede ser fijando precios arbitrariamente, emitiendo moneda de más –con lo cual se deprecia, manipulando la tasa de interés y crédito –distorsionando el precio del dinero, otorgando privilegios como monopolios y proteccionismo arancelario, imponiendo impuestos progresivos, nacionalizando empresas –es decir, expropiándolas, irrespetando el derecho de propiedad y el cumplimiento de contratos.

Como los precios son información sobre lo que la gente demanda, la distorsión, provocada por el dinero y precios sujetos a la manipulación del gobierno, evita que la gente tome decisiones informadas – si compran o venden, si ahorran o consumen – confundiendo a aquellos que traen sus bienes y servicios para intercambiarlos de buena fe. Al dar señales engañosas conduce a resultados económicos inferiores y desastrosos.

En cambio, la información de un precio real permite el cálculo económico, y por tanto la producción necesaria. Sin ese conocimiento es imposible tomar decisiones económicas correctas para toda la sociedad. No es posible el lucro, que es la ganancia derivada de la acción; que es la diferencia entre el valor de lo producido y el costo de producirlo. El lucro es igual a rendimiento menos coste.

Tampoco se puede dar la función empresarial, que consiste en determinar el empleo que deba darse a los factores de producción para cosechar beneficios y acumular riquezas. Porque para ello debe prever las futuras circunstancias del mercado, cosa imposible ante la ausencia del sistema de precios reales. El progreso económico sólo es posible si se amplía mediante el ahorro la cuantía de los bienes de capital existentes y se perfecciona los métodos de producción, lo que exige la previa acumulación de nuevos capitales, o sea de ganancias. Producir para el lucro implica producir para el consumo, ya que el empresario no hace otra cosa que servir a los consumidores y sólo mediante el sistema de precios puede saber lo que éstos demandan.

La creación de riqueza es producto de la aportación intelectual de una élite de investigadores y empresarios, y de los bienes de capital que los ahorradores generaron, cosa imposible sin el sistema de precios. El afán de lucro obliga al empresario a preferir la solución más económica, que requiere del cálculo económico, que a la vez se basa en la información que proporciona el sistema de precios.

El proceso de selección del mercado se da porque el individuo tiende siempre a vender más caro y comprar más barato, estructurando así los precios, la estructura social, y las asignaciones de las tareas específicas de los diversos individuos. La desigualdad de rentas y patrimonios, que es típica de la economía de mercado pues refleja cómo cada uno decide libremente en qué medida emplea sus facultades y conocimientos para servir a su prójimo y así verse recompensado, está determinada por el consumidor. Es éste, quien al elegir que producto comprar y cual no, el que decide quién se verá beneficiado con su transacción. La razón de por qué Messi gana más que yo jugando al futbol, es que millones de personas prefieren pagar por ver jugar a Messi que a mí. Si yo quiero que me vean jugar, probablemente tendré que invitar a mis hinchas a una cerveza después del partido.

Vale la pena recordar que aunque la cataláctica distingue las funciones de productor y de consumidor, en realidad se trata de la misma persona. Es el mismo quien en el mercado en su calidad de productor ofrece un producto, un bien, y en su calidad de consumidor ofrece dinero, que consiguió como productor, a cambio de lo que desea: dinero en el primer caso y un bien en el segundo.

Así como el sistema de precios brinda información sobre la demanda, la publicidad brinda información sobre la oferta. La propaganda comercial brinda al consumidor información acerca de los productos del mercado y de donde puede conseguirlos. Para que cada quien pueda tomar las acciones que considere mejor de acuerdo a la información que le brinda el mercado, debe ser libre, debe poder actuar según su mejor juicio sin impedimento alguno. El mercado libre es el único sistema de cooperación social.

Libertad

La libertad es un concepto que no tiene sentido sin el de sociedad. Es un concepto correlativo al de sociedad. Ser libre es no ser esclavo.

Solón nos dice que un esclavo es aquel que se encuentra sujeto incondicionalmente bajo el mando de otro hombre. Su esclavitud es provocada por el ataque arrogante (*hubris*) y mantenida por la fuerza física de otros. Algunos son esclavizados en su patria, otros en el extranjero; algunos tomados legalmente y vendidos, otros ilegalmente; algunos son encadenados y otros huyen al exilio. El esclavizado tiembla ante los caprichos de su amo y teme su ataque. Vivir sin restricción y coacción física, ni miedo de tal coacción, nos dice Solón, es la marca de un hombre libre.

Hay diferentes formas de esclavitud individual, nos cuenta Solón: *doulosunê, douniê,* y *douleuousa,* de *douleuô* (doleuo). Y además se da de tres formas: *ekdikôs* (ilegalmente), *dikaios* (legalmente), y *anagkaiês hupo chreious* (por necesidad forzosa). Es decir, por acciones ilegales, legales o extralegales.

Entre los esclavos, nos dice, hay tres categorías: primero los que han sido vendidos (*pollous prathentas*), algunos ilegalmente (*ekdikôs*), otros legalmente (*dikaios*), en casa o en el extranjero. La 'propiedad' es más que la simple posesión, es un derecho o sanción legal para usar y disponer, y la venta consiste en transferir ese derecho o sanción como parte del intercambio. La 'propiedad' de un bien mueble esclavo le da al dueño un derecho incondicional e ilimitado para mandar y disponer del esclavo, para transferirlo sin necesidad del consentimiento del mismo, sin condiciones de tiempo ni términos para su manumisión. Ya sea por costumbre o por una perversión de la práctica, no había ninguna decisión de magistrado alguno que pudiera liberar al esclavo del mando de su dueño. Esta condición debe distinguirse de la 'esclavitud por deuda', en la que se impone la servidumbre por un periodo hasta que la deuda quede saldada.

La segunda categoría son los fugados (*phugontes*), que no habían sido vendidos, pero que se habían fugado por forzosa necesidad (*anagkaiês hupo chreiuos*), sin protección legal ni de jueces. No estaban literalmente en cadenas, pues de lo contrario no habrían podido escapar, pero la amenaza de ser encadenados era real, por lo que vivían en constante temor de ser esclavizados. Muchos se convertían en fugitivos de la ley, proscritos y forajidos, si no por el hecho de que ya no había normas por las cuales juzgar sus casos, o porque los oficiales e instituciones necesarios para remediar sus situaciones no estaban a su alcance. Los exiliados en el extranjero dejaban de hablar ático, que según Solón les restaba un aspecto importante de ser atenienses.

Aquellos que huían en la noche de una pandilla que buscaba venganza vivían tan bajo coerción como los que fueran arrastrados físicamente ante un magistrado y fueran juzgados, sólo que habían sido forzados ilegalmente a dejar Atenas como *personae non gratae*, sin protección y en un estado de legalidad inexistente.

Un tercer tipo, nos dice Sólon, son aquellos que en el Ática tienen una esclavitud vergonzosa (*tous douliên aeikea echontas*), quienes son 'temblorosos' (*tromeomenous*) y tiemblan ante los caprichos de sus amos. El punto fundamental, dice Solón, que la razón de porque un granjero estaba realmente expuesto a esclavitud, no eran sus deudas, sino su vulnerabilidad a la coerción física hacia él y las personas de su familia. La amenaza, es la 'necesidad forzosa' creada por la capacidad de quien busque esclavizarlo por la fuerza. Aquellos que sufren tales ataques extralegales –los exiliados, los escondidos, y los tomados a la fuerza –están en un estado de servidumbre que ni tiene estado legal ni nombre. Simplemente están temerosos o huyendo del abuso de la fuerza de otros. La esencia de esta esclavitud consiste en la coacción física o la amenaza de coacción por otros hombres, sin consideraciones por la ley o juicio legal. El tembloroso vive, ante su amo, en un mundo de pesadilla del que no hay escape.

Solón se dio cuenta que aquellos exiliados y esclavizados por la fuerza eran evidencia de la ilegalidad que imperaba por todo el Ática, una situación que se derivaba de las costumbres que habían degenerado en reglas injustas. Los hombres poderosos, aliados en lazos familiares y territoriales, forzaban su visión de justicia en términos consistentes con su reclamada autoridad, actuando fuera de las instituciones legales. Formaban pandillas o especies de mafias, sobornando magistrados para que los favorecieran. Invadían las tierras de un oponente a media noche, y perseguían a un deudor que corría por su vida para esclavizarlo. Creaban pequeñas pandillas o cuadrillas, guiadas por un local con poder, para aterrorizar a los del campo.

Solón distingue aún otra forma de esclavitud: la esclavitud de la polis (*doulosunê*), la cual condena, y que consiste en la toma del poder a la fuerza por hombres arrogantes que se convierten en tiranos. La demos, nos dice, cae en la esclavitud de la tiranía debido a su ignorancia, y porque le otorgan las armas al tirano.

Solón tuvo que traer la justicia a las víctimas, no sólo corrigiendo las leyes, sino que proveyendo los medios para imponerlas y hacerlas cumplir. De esta manera se podrían establecer límites a lo que se podía hacer. Cuando Solón afirma que trajo de regreso a aquellos esclavizados en el extranjero y liberó a los esclavizados en la patria, dijo de hecho que la esclavitud no se podía forzar desde entonces bajo la ley de Ática, y que aquellos que hablaban el griego podían regresar y estar amparados por la ley. Los fundamentos de la dikê (justicia) deben protegerse, nos dice, contra las amenazas y ataques de los arrogantes de cualquier era, y la más grande y peor amenaza es la esclavitud.

Solón puso remedio a esta situación de desorden y eliminó la esclavitud de los atenienses con la polis, bajo un 'buen orden' (Eunomiê) centrado en la justicia (*dike*) y en leyes escritas. Así liberó a los atenienses, quienes debían quedar protegidos contra aquellos que iniciaran la fuerza física en su contra, aquellos que los atacaran con '*hubris*' (arrogancia), por medio de leyes escritas y universales que podían hacerse cumplir a todos. Los hombres quienes ahora eran 'hombres libres' (*eleutherous*), y que se contrastaban con los anteriores esclavos (*doulien*), constituyeron un estado *eleutherous* (*de hombres libres*), una sociedad de hombres libres que existía en oposición a uno esclavizado o tiranía. Entonces para Solón, un hombre libre es un humano masculino, ático, cuya autonomía personal dentro de la polis está protegida del ataque de sus compañeros y extranjeros.

No cualquier agrupación o comunidad es una sociedad política. Sólo aquella donde sus integrantes son socios libres. Los griegos la llamaron polis y Aristóteles la definió como la asociación de hombres libres (*eleutherous*) con el propósito de vivir la vida virtuosa sin impedimento alguno–que conduce a la vida feliz.

La libertad pues, siempre se refiere a relaciones entre hombres.

Un hombre es libre en tanto pueda vivir y actuar sin estar a merced de las decisiones arbitrarias de otras personas, al estar protegido por leyes que salvaguardan su autonomía, y un aparato de gobierno capaz de imponerlas.

El hombre solitario, aislado, autosuficiente, será autónomo, pero no es libre. Está a merced de cualquiera que sea más fuerte que él. El tipo más fuerte tiene el poder de matarlo con impunidad, o de esclavizarlo.

Gobernar implica siempre recurrir a la coacción y a la fuerza, y la función del gobierno es defender la libertad de sus ciudadanos. Esta acción sólo es compatible con el mantenimiento de la libertad cuando se delimita y restringe convenientemente la órbita estatal por medio de una constitución. En la esfera del gobierno y del estado, la libertad implica una restricción específica impuesta al ejercicio del poder político. Como el mundo se halla pleno de matones y tiranos sin escrúpulos, la polis o ciudad estado debe poder defenderse de los más despiadados opresores. Quien ame la libertad debe hallarse siempre dispuesto a luchar hasta la muerte contra aquellos que sólo desean suprimirla. Este precepto lo entendieron bien Espartaco y sus compañeros esclavos, quienes lucharon hasta la muerte por su libertad.

La libertad sólo la disfruta quien vive en una sociedad contractual. La cooperación social, que necesita de la propiedad privada de los medios de producción, implica que el individuo no se vea constreñido en el mercado, a obedecer ni a servir a ningún jerarca. Cuando suministra y atiende a los demás, procede voluntariamente, con miras a que sus beneficiados conciudadanos también le sirvan a él. El concepto de libertad no tiene sentido sin el de sociedad.

El tipo de gobierno de una sociedad libre

La mayoría supondrá que la democracia es el tipo de gobierno de una sociedad libre. Qué es un método para elegir gobernantes pacíficamente. Esta concepción, sin embargo es un error. La democracia es una forma de gobernar despótica que considera que el deseo de la mayoría es el único patrón para medir el bien y el mal; que justo es aquello que la mayoría decide. La concepción de 'justicia' de los demócratas conduce a la injusta confiscación de la propiedad de los acaudalados. Es un sistema en el cual, el trabajo, la propiedad, la mente, la libertad y la vida del individuo están a merced de cualquier facción o pandilla que reúna el voto de la mayoría para el propósito que quieran.

La democracia es un estado de confrontación de facciones –un número de ciudadanos, sean una mayoría o una minoría, que unidos actúan impulsados por su interés privado común, adverso a los derechos de otros ciudadanos o a los intereses públicos de la comunidad entera. Porque esas acciones aseguran el divisionismo y confrontación de la sociedad en lugar de la cooperación. La mayoría puede, no sólo estar equivocada, sino que fatalmente errada, como en la antigua Atenas, donde la mayoría votó por sentenciar a Sócrates a morir, a pesar de que él no inicio la fuerza contra nadie, ni violó el derecho de persona alguna, sólo porque lo que decía en sus enseñanzas, no les gustaba.

Suponer que la democracia es solamente un sistema para elegir gobernantes es una equivocación. En la democracia se vota toda decisión política. Sin embargo, la votación no es la respuesta a los problemas del hombre. Por el contrario, el hacer de todo susceptible a voto es el problema. La votación popular no justifica un crimen por ser democrático. ¿Acaso el gobierno de Maduro en Venezuela, que reclama legitimidad al violar los derechos de los venezolanos porque su facción fue elegida democráticamente, es justo? Es como si el esposo que maltrata y le pega a su esposa reclamara legitimidad porque ésta se casó con él voluntariamente. El principio no es diferente si el criminal es el gobierno, y los votantes tus vecinos.

El Estado Democrático, necesariamente despótico, ejerce su poder por medio de decretos contra cualquier individuo que disienta de la mayoría. De esta manera la soberanía de "todo el pueblo" no es tal, sino que sólo lo es de la mayoría o de una facción que se dice representar a la mayoría.

En su libro La Política, Aristóteles describe varias formas de Estados: el Estado Autocrático donde el soberano es un monarca; el Estado Aristocrático donde los soberanos son los mejores, los más virtuosos; el Estado Oligocrático, donde los más acaudalados son los soberanos; y el Estado Democrático donde los soberanos son los pobres que son la mayoría que gobiernan en su propio interés. El tipo de gobierno de los cuatro es despótico, es decir que la autoridad absoluta reside en el soberano y no está limitada por las leyes:

> *"El espíritu de ambas [democracia y monarquía] es el mismo, y las dos por igual ejercitan un mandato despótico sobre los mejores ciudadanos. Los decretos del pueblo corresponden a los edictos del tirano;... El demagogo hace que los decretos del pueblo invaliden las leyes, al referir todo asunto a la asamblea popular... Aún más, aquellos que tienen alguna queja contra los magistrados dicen, 'dejad que el pueblo sea el juez'; el pueblo está encantado de aceptar la invitación; y así la autoridad de cada organismo se ve gravemente disminuida. Tal democracia está razonablemente abierta a la objeción de que no es una constitución; porque donde las leyes no tienen autoridad, no hay constitución. La ley debe gobernar sobre todos, y los magistrados deben juzgar sobre los asuntos particulares, y sólo esto debe considerarse un gobierno constitucional."*
> [Aristóteles. *Política.* Libro IV: Cap. 4, 1292a]

Jean-Jacques Rousseau planteó bien cuáles el problema a resolver para tener un gobierno de una sociedad libre:

> *"El problema es encontrar una forma de asociación que vaya a defender y proteger con toda la fuerza común a la persona y los bienes de cada asociado, y en la cual cada uno, mientras se une con todos, pueda seguir obedeciéndose solamente a sí mismo, y ser tan libre como antes."* [Jean-Jacques Rousseau, *El Contrato Social*, Cap. VI]

Aristóteles, quien, al igual que Sócrates y Platón, estaba desencantado con la democracia, describe como mejor régimen a un quinto Estado: al Estado Constitucional que llamó *politea* y que nosotros conocemos con el nombre de república. Propuso que fuera un gobierno que en lugar de ser despótico, fuera constitucional, donde la soberanía residiera en leyes, leyes que debieran obedecer todos, gobernantes incluidos, compuesto de la mezcla de oligarquía y democracia, donde cada una pudiera limitar el poder de la otra. Así, si los demócratas propusieran una ley que beneficiaría a su grupo, pero perjudicaría al de los acaudalados, los oligarcas podrían vetarlo, y viceversa. De esa forma las únicas leyes que aprobarían serían aquellas que beneficiarían a todos y no perjudicarían a ninguno.

Durante la Ilustración John Adams, consciente de que en toda sociedad política existen clases sociales, y que un buen gobierno debe aceptar esa realidad, siguiendo el ejemplo de Aristóteles, propuso un régimen mixto de equilibrio entre monarquía, oligarquía y democracia, es decir, entre el rey, los nobles, y el pueblo, que tenía la obligación de preservar el orden y la libertad. En sus Pensamientos sobre el Gobierno, 1776, Adams, propuso el bicameralismo, porque *"una sola asamblea se hace responsable de todos los vicios, locuras y debilidades de un individuo."*

Su ideología republicana se puede describir como la monarquía representada por el presidencialismo; la aristocracia y oligarquía por una cámara alta o senado; y la democracia por una cámara baja o cámara de representantes. Y siguiendo la recomendación de Aristóteles, los representantes de la cámara baja serían elegidos por votación popular;

los de la cámara alta serían elegidos por mérito; y el presidente por una combinación de ambos sistemas. También sugirió que debería haber una separación de poderes del legislativo, el judicial y el ejecutivo.

La primera república moderna creada por los Padres Fundadores de la República Norteamericana, fue hecha para proteger los derechos individuales de los ciudadanos, y para proteger a éstos del abuso del gobierno, propusieron dejar establecido los límites del gobierno en una Carta de Derechos Individuales. Y con el fin de establecer un Estado justo, asegurar la tranquilidad interna, proveer la defensa común, y garantizar para todo ciudadano y sus descendientes los beneficios de la libertad, crearon una Constitución. En ésta, siguiendo los lineamientos de Adams, establecieron que el Congreso estaría compuesto de un Senado y de una Cámara de Representantes. La Cámara de Representantes estaría formada por miembros elegidos por sufragio popular cada dos años por los habitantes de los diversos Estados, distribuidos proporcionalmente según su respectiva población. El Senado se compondría de dos Senadores por cada estado, elegidos por la Legislatura correspondiente para periodos de seis años, y divididos en tres grupos. Los escaños de los senadores del primer grupo quedarían vacantes al vencimiento del segundo año, los del segundo grupo al vencimiento del cuarto año, y los del tercer grupo al vencimiento del sexto año, de tal manera que se elija un tercio cada dos años. El poder ejecutivo se conferiría a un Presidente de la República, quien desempeñaría su cargo durante un periodo de cuatro años. Cada Estado nombraría un número de electores equivalente al total de Senadores y Representantes a que el Estado tiene derecho en el Congreso, quienes elegirían al Presidente.

Entonces, ese ideal derivado de la que durante la Ilustración, los filósofos llamaron República, Cosa Pública o Cuerpo Político, es la organización del Estado como imperio de la ley, no de hombres, constituido por una mezcla equilibrada de monarquía, oligarquía y democracia. Y su ideal, nunca mejor descrito que por las palabras de Thomas Jefferson consiste en que:

"No hay que olvidar, que aunque la voluntad de la mayoría debe prevalecer, esa voluntad para ser correcta, debe ser razonable, pues la minoría posee iguales derechos, que deben ser protegidos por leyes iguales para todos, y que violarlos sería opresión o tiranía."

La solución propuesta, entonces, es una asociación basada en el principio del Derecho Individual. Este Estado Nomocrático o Estado de Derecho, el del imperio de la ley, que es la organización colectiva del derecho individual de legítima defensa, que es universal e igual para todos, rige sobre todo ciudadano por igual, inclusive sobre los administradores del gobierno. El propósito de la ley es la protección de los derechos del ciudadano, y el límite de la ley son esos mismos derechos. Porque el «bien común» o «bienandanza general» consiste en la conservación del orden civil, que se logra por la observancia de normas universales de conducta recta o justa, y que permiten a cada ciudadano atender sus asuntos privados en paz.

Es de «interés público» (*res publica*) que este orden donde impera la ley y no los hombres, sea uno de derecho y justicia, excluyente de toda parcialidad e interés privado. La *nomocracia* o república elimina la lucha de facciones por conseguir privilegios (leyes privadas) que el gobierno republicano no puede conceder, ya que las leyes que hace son de interés público, leyes que benefician a "todo el pueblo" y no sólo a una mayoría o facción.

Los derechos individuales como principios morales definen la libertad de acción de la persona en un contexto social. El derecho fundamental, del cual todos los demás son consecuencia, es el derecho a la propia vida. Como la vida es un proceso de acción auto sustentante y auto generado, el derecho a la vida es la libertad de hacer todo aquello que requiera un ser racional para sostenerse, progresar, desarrollarse, florecer, y disfrutar su vida. Los derechos individuales se refieren a la posibilidad de actuar libre de la interferencia, compulsión y coerción arbitraria de otros hombres. El Estado Nomocrático o república, establece las condiciones legales para que el ciudadano pueda ser virtuoso, mientras que el Estado

Democrático necesariamente conduce a la conducta viciosa y la perversión moral de los individuos. Porque la república se fundamenta en principios morales de recta conducta, mientras la democracia se fundamenta en la voluntad arbitraria y despótica de la mayoría. Porque la república se basa en el respeto mutuo entre ciudadanos, mientras la democracia no. La república usa al gobierno como arma para proteger los derechos de los ciudadanos, mientras la democracia permite a las facciones usar al gobierno como arma para violar los derechos de una minoría. Porque la democracia pervierte la ley cuando en lugar de proteger la vida, la libertad y la propiedad de los ciudadanos, la usa para atacarlos. La república, es una asociación de hombres libres que desean vivir una vida virtuosa en concordia, mientras que la democracia pervierte a los ciudadanos hasta ser una asociación de ladrones que desean vivir a costa del saqueo de los demás, saqueo que pretenden legitimar llamándolo «justicia social» o «justicia distributiva».

La república implica que nos asociamos libremente y por consentimiento mutuo. Para que nuestra relación se dé en concordia, acordamos respetarnos mutuamente. Acordamos que ninguno iniciará el uso de la fuerza en contra del otro. Si uno lo hace, rompe la sociedad. Todas nuestras relaciones serán voluntarias y de interés mutuo, dando valor por valor. Se crea así la "ciudad o *civitas*", que John Locke denominó "Commonwealth" y los ilustrados franceses "República".

Porque como dijo John Adams, "No hay buen gobierno que no sea republicano. La única parte valiosa de la Constitución británica es así, porque la definición misma de una república es un imperio de leyes y no de hombres."

El gobierno republicano, que protege los derechos individuales es el gobierno del Capitalismo.

Derechos individuales

Hemos visto que el propósito del gobierno republicano es proteger los derechos individuales de los ciudadanos. El problema es que mientras se malinterprete el concepto de "derechos individuales" hay pocas esperanzas para la constitución de una sociedad libre. Hay dos equívocos con la noción de "derechos": en primer lugar, que son concedidos por una entidad, sea este un único Dios, el monarca o el estado; y en segundo lugar, derivado del primero es que "derecho" es sinónimo de "ley".

La noción de que un "derecho" es concedido por una autoridad lo confunde con un privilegio, un permiso concedido por una "ley privada" que beneficia a un grupo restringido, como el *ius primae noctis,* por ejemplo. Y aunque uno de los objetivos de la revolución francesa fue la eliminación de privilegios, es decir, la eliminación de leyes separadas para las diferentes clases sociales, ahora vemos la proliferación de "derechos de las etnias", "derechos de los gays", "derecho de los pobres a una casa", etc., todos concedidos por el estado.

El otro equívoco es particularmente común en español y yo diría que en alemán también, porque "derecho" se interpreta como un cuerpo de leyes y normas de conducta creadas por el estado; y "Recht" (derecho en alemán) es entendido también como ley. Por lo tanto un "Rechtsstaat" o "Estado de Derecho" se entiende comúnmente como "estado de ley" en lugar de un "estado de derecho".

En inglés es más fácil de entender que el concepto de "derecho" es de conducta correcta, de rectitud moral, porque "derecho" (right) significa correcto. El mismo significado existe en español para la palabra "derecho" y la palabra "Recht" en alemán, aunque no son comúnmente utilizados.

El origen del error

John Locke contribuyó al error en la noción de que los derechos individuales son concedidos por Dios, cuando afirmó que todos los hombres están naturalmente en un *"estado de perfecta libertad para ordenar sus acciones y disponer de sus posesiones y su persona como consideren mejor, dentro de los límites de la ley de la naturaleza, sin pedir permiso, o depender de la voluntad de cualquier otro hombre... Un estado de igualdad, en donde todo el poder y jurisdicción es recíproco, nadie teniendo más que otro: no habiendo nada más evidente, que el que las criaturas nacidos de la misma especie y rango teniendo las mismas ventajas que la naturaleza les ha dado y el uso de las mismas facultades, también deberían ser iguales entre ellos sin subordinación o sometimiento. El estado de naturaleza tiene una ley de la naturaleza que lo gobierna, que obliga a cada uno: y la razón, que es esa ley, enseña a toda la humanidad, que no tiene más que consultarla, que siendo todos iguales e independientes, nadie debe dañar a otro en su vida, salud, libertad o posesiones. Porque los hombres siendo todos la obra de un omnipotente e infinitamente sabio Creador; todos siervos del Maestro Soberano, enviados al mundo por orden Suya y de su negocio, son todos de su propiedad, creación suya son, hechos para durar durante el tiempo que a Él le plazca, y no a otro."* [Locke, John. *The Second Treatise of Government*, Chap. II, "Of the State of Nature"]

Ahora, uno tiene el derecho de ordenar sus acciones y disponer de sus posesiones y de su persona como crea conveniente, o le está permitido ordenar sus acciones y disponer de sus bienes como alguien más piensa que es conveniente. No se puede tener ambos. Si es la primera, el hombre tiene derechos, si es lo último el hombre no tiene derechos, sino permisos.

Además, para muchos hay otro problema con el concepto de "derechos individuales", y es que es una noción egoísta – uno es el dueño de uno mismo y es correcto actuar en pos de la propia felicidad – y choca con la noción ética cristiana de que el egoísmo es malo, y que es nuestra obligación moral el sacrificarnos. Aquí tenemos un conflicto entre una ética del bienestar propio y una ética de la abnegación; una ética que sostiene que la obligación moral primaria del hombre es lograr su propio bienestar, y una que sostiene que la obligación moral primaria del hombre es servir a alguna entidad que no sea él.

El redescubrimiento durante la Ilustración de los antiguos sistemas morales griegos – principalmente el de Aristóteles y el de Epicuro que instan a la autorrealización y no a la abnegación – volvió a los hombres una vez más a la vida en este mundo, al hombre como valor y como un fin en sí mismo; a la idea de que su propósito en la vida debe ser lograr su propio bienestar. Pero aunque algunos hombres de la edad de la razón, como Jefferson, se llamaban a sí mismos epicúreos, muchos moralistas seguían siendo cristianos y su visión sobre el egoísmo era que podría ser tolerado pero no considerado como una virtud querida.

Adam Smith, quien entendió que lo que hizo que el mercado funcionara era el interés propio de cada individuo que comercia, dijo:

> "no es de la benevolencia del carnicero, el cervecero o el panadero que esperamos nuestra cena, sino de lo que atañe a sus propios intereses. Nos dirigimos, no a su humanidad sino a su amor propio y nunca hablamos con ellos de nuestras propias necesidades, sino de lo que les es ventajoso." [Smith, Adam. *The Wealth of Nations.*]
>
> "Y si ese comerciante es honesto y trabajador, su búsqueda de su propio interés se considera como respetable y hasta cierto grado, como una cualidad amable y agradable. Sin embargo, Smith aclara: "nunca se considera como uno de las más queridas o la más noble de las virtudes." [Smith, Adam. *The Theory of Moral Sentiments.*]
>
> ¿Y cuál es la virtud que debe ser admirada según Smith?: "el hombre sabio y virtuoso está en todo momento dispuesto que sus propios intereses privados deban ser sacrificados por el interés público de su propia orden particular o de la sociedad". [Smith, Adam. *The Theory of Moral Sentiments.*]

Aquí otra vez tenemos una visión conflictiva entre "derechos individuales" que indican que la conducta correcta es la que es ventajosa para el hombre que actúa y la virtud más ennoblecedora del auto sacrificio o abnegación.

Pero el cristianismo aún tenía un elemento de la filosofía griega clásica y así retuvo un motivo egoísta para ser moral: la felicidad, no de este mundo, pero la felicidad eterna después de la muerte. Exigió al hombre olvidar su personalidad y a despreciar su felicidad personal en la tierra, a sacrificar su personalidad para conseguir para su verdadero yo – su alma – salvación y la verdadera alegría para siempre. Pero esta visión también implica una contradicción que no fue permitida por Kant.

Immanuel Kant insistió en que una acción para ser moral debe hacerse tan sólo por el deber, sin ningún interés personal alguno. La acción moral sigue leyes morales, que son un conjunto de órdenes a priori que la razón del hombre hace para él y que con el fin de ser imperativos categóricos deben ser universales, considerar al hombre como un fin en sí mismo, y que puedan ser ley para todos. El "imperativo categórico" es un mandamiento incondicional, que Kant distingue del "imperativo hipotético" que consiste simplemente en consejos de prudencia asesorando una mejor forma de lograr uno su bienestar propio: "la renuncia de todos los intereses es la marca específica del imperativo categórico, distinguiéndola de la hipotética". [Kant, Immanuel. *Foundations of the Metaphysics of Morals.*]

Así, Kant eliminó toda traza de interés propio del comportamiento moral, haciendo que los "derechos individuales", como demandas de respeto para los actos que un hombre desea hacer para conseguir su bienandanza, carezcan de crédito moral. Y sin embargo, fue Kant quien propuso que los "derechos" son un principio moral, una condición a priori para la constitución de la sociedad o el estado, que para Kant es una unión de hombres bajo la ley, una ley que se deriva de lo que es moralmente correcto. ¿Y qué es lo moralmente correcto para Kant? Es el imperativo categórico que impele al hombre a actuar en obediencia, actuar por el deber: *"La necesidad de mi acción del respeto puro a la ley práctica (moral) constituye el deber. Todo otro motivo debe ceder ante el deber... "* [Kant, Immanuel. *Foundations of the Metaphysics of Morals.*]

Y el propósito de la ley es limitar la libertad de todos con el fin de proteger a la gente contra todos los demás: *"decidir lo que es correcto... por leyes públicas universalmente válidas que restringen la libertad de cada uno".* [Kant, Immanuel. *Perpetual Peace.*]

¿Y exactamente qué significa Kant cuando dice actuar por el deber? Lo deja claro en el Apéndice II de *La paz perpetua:*

> *"1. En la ley del estado (ius civitatis) o la legislación nacional, hay una pregunta que muchos sostienen que es difícil de responder, sin embargo, se resuelve fácilmente por el principio trascendental de lo público. La pregunta es: "¿es la rebelión un medio legítimo para que un pueblo la emplee en quitarse el yugo de un presunto tirano (sin título, sed exercitio talis)?" Los*

> *derechos de las personas han sido lesionados; ninguna injusticia acontece al tirano cuando él es depuesto. No puede haber ninguna duda sobre este punto. Sin embargo, es en el más alto grado de ilegitimidad para los súbditos buscar sus derechos de esta manera. Si ellos fallan en la lucha y luego son sometidos a la pena más severa, no pueden quejarse sobre la injusticia más que el tirano podría si lo hubieran conseguido. Si uno desea decidir esta cuestión por una deducción dogmática del fundamento jurídico, puede haber mucha discusión en pro y contra; solamente el principio trascendental de lo público de la ley pública puede liberarnos de esta prolijidad. Según este principio, un pueblo debería preguntarse antes del establecimiento del contrato civil si se atreve a publicar la máxima de su intención de rebelión en la ocasión dada. Está claro que si, en el establecimiento de una Constitución, la condición es que la gente puede en ciertos casos emplear la fuerza contra su jefe, la gente tendría que pretender un poder legítimo sobre él, y entonces él no sería el jefe. O si ambos son la condición de la creación del estado, ningún Estados sería posible, aunque establecerlo haya sido el propósito de la gente. La ilegitimidad de tal rebelión es así clara en el hecho de que su máxima, si se reconoce abiertamente, haría su propio propósito imposible."* [Kant, Immanuel. *Perpetual Peace*. Appendix II]

El argumento de Kant choca con el de Locke que sostiene el derecho a la rebelión. Actuar de acuerdo al deber significa obedecer la ley y tolerar al tirano. Los padres fundadores, siguiendo las ideas Locke sostuvieron lo contrario como afirmaron en la Declaración de Independencia:

> *"Sostenemos que estas verdades son evidentes, que todos los hombres son creados iguales, que son dotados por su creador con ciertos derechos inalienables, que entre estos están la vida, la libertad y la búsqueda de la felicidad. — que para garantizar estos derechos, los gobiernos se instituyen entre los hombres, que derivan sus poderes legítimos del consentimiento de los gobernados, — que cada vez que cualquier forma de gobierno se convierte en destructora de estos principios es el derecho del pueblo a alterar o abolirlo e instituir un nuevo gobierno que se funde en dichos principios y organice sus poderes en forma, que les parezca más probable para su seguridad y felicidad. "*

Y entonces, la noción de los derechos individuales de Kant, como permisos llega a estar claro:

> *"2. Podemos hablar del derecho internacional solamente bajo la presuposición de cierta condición regida por ley, es decir, de las condiciones externas bajo las cuales el derecho realmente puede ser concedido al hombre. Por ser un derecho público, contiene en su propio concepto el anuncio público de una voluntad general que le asigna a cada uno sus derechos..."*[Kant, Immanuel. *Perpetual Peace.* Appendix II]

Jeremy Bentham dijo que no hay derechos naturales y al explicar el principio de utilidad, criticó los sistemas morales de Smith y Kant:

> *"si está inclinado a pensar que su aprobación (o desaprobación) anexado a la idea de un acto, sin tener en cuenta sus consecuencias, es una base suficiente para juzgar y actuar sobre él, debe preguntarse si (i) su sentimiento debe ser también estándar de bien y mal para todos los demás o si en cambio (ii) el sentimiento de cada hombre tiene el mismo privilegio de ser una norma para sí mismo. (5) si (i), que se pregunte a sí mismo si su principio no es despótico y hostil al resto de la raza humana. (6) si (ii), que se pregunte a sí mismo: ¿No es esta posición anárquica, lo que implica que hay tantos diversos estándares del bien y del mal como hombres? ¿No estoy permitiendo que para el mismo hombre, lo mismo que es cierto hoy podría (sin ningún cambio en su naturaleza) estar mal mañana? ¿Y* ***qué*** *lo mismo podría estar bien y mal en el mismo lugar al mismo tiempo? De cualquier forma, sería el final toda discusión. Cuando un hombre dice <Me gusta> y otro dice <No me gusta>,— en mi opinión — ¿no hay nada más que decir? (7) Si él responde a todo eso diciendo: < No, porque el sentimiento que propongo como un estándar debe basarse en la reflexión <, que lo diga qué hechos provocan la reflexión. ¿Si en los hechos acerca de la utilidad de la acción, entonces no está abandonando su propio principio y recibiendo ayuda del mismo al que se opone? ¿Y si no en esos hechos, en que otros? (8) Si favorece una visión mixta, queriendo adoptar su propio principio en parte y el principio de utilidad en parte, ¿hasta dónde irá con su principio? (9) Cuando ha decidido que se detendrá, que se pregunte cómo justifica llevarlo hasta donde llego, y por*

> *qué no llevarlo más allá. (10) Admitir algo P que no sea el principio de utilidad para ser un principio correcto, uno que es correcto para que un hombre lo siga; y admitiendo (lo que no es cierto) que 'derecho› puede tener un significado que no implique la utilidad; que diga si no hay algún motivo que un hombre podría tener para seguir los dictados de P. •Si hay, que diga que motivo es, y como se lo distingue de los motivos que hacen cumplir los dictados de la utilidad; y •si no lo hay, entonces (por último) que diga para que puede ser bueno este otro principio.»* [Bentham. Jeremmy. *Principles of Morals and Legislation.* 1. "The Principle of Utility".]

Bentham defiende el respeto a la libertad individual y la propiedad privada, basado en el principio de utilidad, porque son útiles y favorables para el bienestar del hombre. Igual hace John Stuart Mill en su libro Sobre la libertad. Stuart Mill define libertad como una protección, contra la tiranía de los gobernantes por los límites impuestos al poder que el gobernante debiera ejercer sobre la comunidad. "*Se trataba de dos maneras*", escribió, "*primero, obteniendo un reconocimiento de ciertas inmunidades, llamadas las libertades políticas o derechos, que debían ser consideradas como un incumplimiento de las obligaciones del regente si las infringe, y que, si él las infringe, se justifica la resistencia específica, o rebelión general. Una segunda y generalmente más expedita, fue el establecimiento de controles constitucionales; por los que el consentimiento de la comunidad, o de un cuerpo de algún tipo supone que para representar a sus intereses, se hizo una condición necesaria para algunos de los actos más importantes del poder de quien gobierna.*" [Stuart Mill, John. *On Liberty.*] Por lo tanto, para Stuart Mill, los derechos no son los permisos concedidos por el gobernante, sino por el contrario, los límites al ejercicio del poder gubernamental.

La función del gobierno, afirmó, es proteger a la gente de otros que quieren hacerles daño:

> *"el objeto de este ensayo es afirmar un principio muy sencillo, legitimado a gobernar absolutamente las relaciones de la sociedad con el individuo en el ámbito de la coacción y control, donde los medios utilizados sean la fuerza*

> *física en forma de sanciones legales, o la coacción moral de la opinión pública. Este principio es, que el único fin para que la humanidad esté garantizada, individual o colectivamente contra la interferencia a la libertad de acción de cualquiera de sus miembros, es la autoprotección. Que el único propósito para el cual el poder puede ejercerse legítimamente sobre cualquier miembro de una comunidad civilizada contra su voluntad, es para prevenir daño a otros".* [Stuart Mill, John. *On Liberty.*]

Y la justificación de estos derechos, dice Stuart Mill, es el principio moral de utilidad:

> *"es correcto afirmar que renuncio a cualquier ventaja que se pudiera derivar de mi argumento de la idea de derecho abstracta como una cosa independiente de utilidad. Considero la utilidad como el último recurso en todas las cuestiones éticas; pero debe ser utilidad en el sentido más grande, basado en los intereses permanentes del hombre como un ser progresista."* [Stuart Mill, John. *On Liberty.*]

Hasta ahora tenemos la propuesta, de Locke, de que se tiene derechos naturales otorgados por Dios, lo que significa que el hombre puede ordenar sus acciones como le plazca, sin pedir permiso a otros hombres, siempre y cuando sus acciones se ajusten a los deseos de Dios; y la sociedad y el gobierno se crean con el fin de proteger estos derechos. Tenemos la propuesta de Kant de que los derechos son limitaciones morales sobre las acciones del hombre por la ley de una sociedad política constitucional, y es deber del individuo obedecer estas leyes. Y luego tenemos las propuestas de Bentham y Stuart Mill, de que no hay ningún "derecho natural" y que los derechos son principios morales que consisten en limitaciones al poder gubernamental: restringirlo a la protección de la libertad del hombre del ataque de otros hombres. Tenemos además una mezcla de la ética de autorrealización y la abnegación; una ética de sacrificio puro y una ética de la autorrealización como base para cada concepto de derechos.

Ahora entra en escena August Comte, quien está de acuerdo en que no hay ningún "derecho natural", que lo que Kant llama "derechos" pueden ser mejor llamados "deberes" y siguiendo a Kant, que la acción moral debe ser abnegada. Así que describe en su teoría, que el hombre no tiene derecho a su vida, ni a su libertad, ni a su propiedad y que éste pertenece a la sociedad:

> *"El positivismo no admite nunca nada sino deberes, de todo para todos. Para su punto de vista social persistente no puede tolerar la noción de derecho, que constantemente se basa en el individualismo. Nacemos cargados con obligaciones de todo tipo, hacia nuestros predecesores, hacia nuestros sucesores y hacia nuestros contemporáneos. Más tarde sólo crecen o se acumulan antes de que podamos devolver algún servicio. ¿Sobre qué fundamento humano entonces podría apoyarse la idea de derecho, que en razón debería implicar cierta eficiencia anterior? Cualquiera que sea nuestro esfuerzo, la vida más larga bien empleada nunca nos permitirá pagar sino una parte imperceptible de lo que hemos recibido. ... Todos los derechos humanos entonces son tan absurdos como son inmorales. Como el derecho divino, ya no existe, la noción debe desaparecer totalmente, como referente únicamente al estado preliminar y directamente incompatible con el estado final, que admite sólo deberes, como consecuencia de las funciones."*[Comte, Auguste. *The Catechism of Positive Religion.* Third Part: "Explanation of the Regime, or System of Life. XI. Public Life"]

El altruismo, nos dice Auguste Comte en *El Catecismo de la Religión Positivista,* se opone a la idea de derecho individual. La idea de derecho debe desaparecer de lo político:

> *"Todo derecho humano es tan absurdo como inmoral."* [Auguste Comte, *El Catecismo de la Religión Positivista,* Conversación XI, "Vida Pública".]
>
> "Todo cuanto tenemos pertenece a la Humanidad; porque todo nos viene de ella –vida, fortuna, talentos, información, ternura, energía, etc.... Vivir para otros es, para todos nosotros, el eterno deber que se deduce con lógica rigurosa de este hecho indiscutible." [Auguste Comte, *El Catecismo de la Religión Positivista,* Conversación X, "Vida Privada".]

Para Comte pues, el sacrificio es el deber moral de todo hombre. Pero sacrificio no es meramente renunciar a algo. No es un sacrifico si renuncio ir al cine para estudiar para el examen de cálculo estructural que tendré mañana, pues es de mayor valor para mí ganar el examen que distraerme un rato. Renunciar a algo que uno valora menos para conseguir algo que uno valora más, no es sacrificio sino que es costo de oportunidad. Por el contrario, renunciar a algo que uno valora más para conseguir algo que uno valora menos, eso sí que es sacrificio. El altruismo es un sistema ético que afirma que el hombre no tiene derecho a su vida, ni a su libertad, ni a su propiedad, ni a actuar en beneficio propio, ni a buscar su propia felicidad; la única justificación para su existencia es el servicio que presta a los otros; y su virtud cardinal y deber es el auto sacrificio. El altruismo es un sistema malevolente, esclavista, que considera al hombre como un animal de sacrificio.

Las ideas de Kant y Comte condujeron a las teorías modernas altruistas como las de Fichte y Hegel que Leonard Peikoff describe así:

> *"un hombre es moralmente la propiedad de otros – a quienes es su deber servir – sostienen Fichte, Hegel y el resto, explícita o implícitamente. Como tal, un hombre no tiene derecho moral a negarse a hacer los sacrificios necesarios para otros. Si lo intenta, está privando a los hombres del bien que es suyo, él está violando los derechos de los hombres, su derecho a sus servicios – y es, por tanto, una afirmación de la moralidad si otros intervienen por la fuerza y lo obligan a cumplir con sus obligaciones."* [Peikoff, Leonard. *The Ominous Parallels*. Chap. 4. "The Ethics of Evil"]

La pregunta que surge es: ¿si las teorías de Kant y Comte son tan locas, tan en contra de autorrealización, contra el bienestar de uno mismo, cómo pudieron tener éxito en ser aceptadas? ¿Cómo pudieron lograrlo, en efecto? Bueno, como Lennon y Mc Cartney cantaban, "con una ayudita de mis amigos." Y el principal amigo de estas ideas fue Herbert Spencer. Spencer no estuvo de acuerdo con Comte, sin embargo él no destruyó la teoría de Comte del altruismo, sino que intentó hacerlo más aceptable. Creó del "altruismo" un concepto de oferta en paquete, uno en el cual se incluyen referentes contradictorios. Por ejemplo, "egoísmo" ha sido tratado como un concepto de oferta en paquete durante mucho tiempo. La gente tiende a incluir en el concepto a alguien como Steve Jobs y a alguien como Bernie Madoff. Los dos son egoístas, dicen. Pero es claramente diferente el crear valor, como Jobs, que robar como Madoff. El poner a ambos tipos bajo el mismo concepto, condenándolos como moralmente reprensible es una flagrante injusticia. En realidad, Jobs es el verdadero egoísta, ya que vio su mejor interés a largo plazo, siendo productivo y creando inmenso valor. Madoff no es en absoluto un egoísta, no persiguió su mejor interés a largo plazo y destruyó su vida y los cercanos a él. Madoff es un estúpido.

Bueno, Spencer, aunque creía que para poder sobrevivir, el hombre tenía que ser egoísta, presenta al "altruismo" como "benevolencia" omitiendo el aspecto esencial de su negación del hombre a su derecho a la vida que está incluida en el paquete. Y aún más, intentó explicar que el comportamiento altruista se basa en el egoísmo:

> *"cada uno, por lo tanto, se beneficia egoístamente por tal altruismo como ayudar en elevar la Inteligencia promedio. No me refiero a tal altruismo como contribuyentes de impuestos para que las mentes de los niños puedan llenarse con fechas, nombres y chismes sobre los reyes y las narrativas de las batallas y otra información inútil, ninguna cantidad de la que hará de los trabajadores capaces o buenos ciudadanos; sino quiero decir tal altruismo como ayuda a difundir el conocimiento de la naturaleza de las cosas y cultivar el poder de aplicar ese conocimiento."* [Spencer, Herbert. *The Data of Ethics*]

También insistió en que una acción es mejor cuando es hecha desinteresadamente:

> *"este aumento del beneficio personal logrado por beneficiar a otros, se logra sólo parcialmente donde un motivo egoísta promueve el acto aparentemente desinteresado: completamente se logra solamente donde el acto es realmente altruista."* [Spencer, Herbert. *The Data of Ethics*]

Conscientemente intentó hacer un compromiso entre egoísmo y altruismo:

> *"Si las declaraciones opuestas son solidariamente válidas, o incluso si cada una de ellas es válida en parte, la inferencia debe ser que el puro egoísmo y el puro altruismo son ilegítimos. Si la máxima — "Vivir para sí mismo," está mal, también lo es la máxima: "Vivir para los demás". Por lo tanto, un compromiso es la única posibilidad".* [Spencer, Herbert. *The Data of Ethics*]

¿Qué sistema moral, egoísmo o altruismo es la base fundamental de los derechos individuales? ¿Y para los permisos? Obviamente los sistemas morales de Comte y Kant son imprácticos, no aptos para perseguir la felicidad propia. Sistemas morales como los de Aristóteles o de Epicuro, por el contrario, en lugar de ser deontológicos son causales, y su propósito es lograr la vida feliz (Eudamonia). Mediante la adopción de estos sistemas morales o sus variaciones modernas, los pensadores, Carl Menger (Aristóteles), Ludwig von Mises (utilitarios) y Ayn Rand (objetivista), pueden explicar mejor el concepto de "derechos" como un principio moral que sanciona la libertad de acción del individuo en un contexto social, y eso es una condición fundamental para la existencia de la sociedad.

Si la base de la sociedad es la <ley del egoísmo> como dice Mises, eso significa que la sociedad debe estar organizada sobre un principio moral egoísta, un principio que invita a todos a asociarse porque promoverá su bienestar. Este principio moral es el concepto de «derecho». Mises también nos dice en la *Acción Humana* que el liberalismo como doctrina política no es neutral en cuanto a los valores y fines últimos que persigue la acción. Presuponiendo que las personas prefieren la vida muerte, la salud a la enfermedad, el alimento al hambre, la abundancia a la pobreza, la felicidad al sufrimiento, el Liberalismo o Capitalismo indican al hombre como actuar de acuerdo a estas valoraciones:

> *"... las enseñanzas de filosofía utilitaria y economía clásica no tienen nada que ver con la doctrina del derecho natural. Con ellos lo único que importa*

> *es la utilidad social. Recomiendan gobierno popular, propiedad privada, la tolerancia y la libertad no porque son naturales y sólo, sino porque son beneficiosas."* [Mises, Ludwig von. *Human Action*. VIII "Human Society", 8. "The Instinct of Aggresion and Destruction"]

Pero es Rand quien mejor describe el concepto de derechos individuales:

> *""Derechos" son un concepto moral – el concepto que proporciona una transición lógica de los principios que guían las acciones de un individuo al principio orientado a sus relaciones con los demás – el concepto que conserva y protege la moral individual en un contexto social – el vínculo entre el código moral de un hombre y el código legal de una sociedad, entre ética y política. Los derechos individuales son los medios de subordinación de la sociedad a la ley moral".* [Rand, Ayn. *The Virtue of Selfishness*. Ch. 12. "Man´s Rights".]

El capitalismo, el sistema social de creación de riqueza, se basa en el reconocimiento de "derechos individuales". El socialismo no lo hace, y por estar basado en el privilegio, es un desintegrador social.

El origen de los derechos individuales

Desde luego, las preguntas ¿qué son derechos? y ¿de dónde vienen?, son cruciales, pues las respuestas a estas preguntas determinan si se puede o no defender una sociedad libre. Varias teorías han tratado de responder a estas preguntas. Examinaremos a continuación una por una.

Una primera teoría es la de los derechos divinos o la teoría de que los derechos son dados por dios. Esta teoría supone que un ser omnipotente y omnisciente hace la ley moral y da a los hombres los derechos, por lo que estos existen antes y aparte de cualquier ley hecha por el hombre y por tanto no puede ser dada ni quitada por gobierno alguno. Esta teoría es particularmente defendida por los conservadores. Sara Palin, por ejemplo, afirma: *"La Constitución no nos dio nuestros derechos. Nuestros derechos vienen de Dios y son inalienables. La Constitución creo un gobierno nacional para proteger nuestros derechos inalienables dados por Dios."*

Rush Limbaugh concuerda con Palin: *"Usted tiene derechos individuales, dados por Dios, que lo creo a usted, y nuestros documentos fundacionales los reconocen: Vida, libertad, búsqueda de la felicidad. Esos derechos no vienen de otros hombres o del gobierno... vienen de nuestro Creador."*

James Dobson advierte: *"Si usted dice que los derechos no vienen de Dios, y que vienen del Estado, entonces se los pueden quitar."*

Pero si Dios existiera, podría revocar esos derechos cuando le viniera en gana, y matar gente cuando le apeteciera –como hace en las historias del Antiguo Testamento, en que autoriza a un pueblo a matar, esclavizar y violar a otro. Decir que los derechos provienen de Dios es decir que no existe evidencia que respalde su existencia, que no hay base para ellos en la realidad perceptual, que no se pueden probar racionalmente. Esa, desde luego, no es una teoría sana de derechos, y no puede servir como fundamento sólido para abogar por y defender la libertad. Ante la ausencia de evidencia, lo que llaman derechos, no son tales, sino meras fantasías.

Una segunda teoría es la de que los derechos son concedidos por el Estado. Ante la ausencia de evidencia de quienes sostienen que los derechos son dados por Dios, algunos pensadores afirman que no hay tal cosa como derechos, al menos no en el sentido de prerrogativa moral absoluta de vivir uno su propia vida según su propio juicio, persiguiendo su propia felicidad. Los derechos, afirman, no preceden las leyes políticas, sino que vienen de ellas. Es el gobierno quien crea las leyes, y las leyes a la vez, dictan los derechos y lo que no son derechos de las personas que viven bajo ese gobierno.

"Sin gobierno," dice Eugene Joseph Dionne, "no hay derechos." Stephen Holmes dice: "Los derechos son poderes otorgados por la comunidad política... un interés califica como derecho cuando un sistema legal efectivo lo trata como tal al usar recursos colectivos para defenderlo." Y Jeremy Bentham, a quien ambos citan frecuentemente, dijo: "Un derecho es hijo de la ley" y por tanto "derechos imprescriptibles" (inalienables) "son sólo tonterías retóricas, tonterías sobre zancos."

Por lo tanto, de acuerdo a esta teoría, los derechos son decretos gubernamentales. Si el gobierno dice que usted tiene derecho a actuar de determinada forma, o de recibir un bien o servicio particular, entonces lo tiene; si el gobierno dice que no lo tiene, entonces no lo tiene. Sin embargo, esta teoría de derechos conlleva una contradicción fundamental. La idea de que los derechos son permisos otorgados por el gobierno, o el sistema legal, o la comunidad política, contradice el propósito mismo del concepto de derecho, que es el que una persona no tiene que pedir permiso a nadie para actuar moralmente, para hacer lo *debiera* tener libertad de hacer. La función del concepto de "derecho" es especificar aquellas acciones que nadie, incluyendo al gobierno, puede moralmente excluir su ejercicio por uno. El propósito del concepto, tanto en pensamiento como en comunicación, es identificar las acciones que moralmente una persona debe ser libre de ejercer, y distinguirlos de las acciones que moralmente tiene prohibir tomar.

Decir que los derechos son decretos gubernamentales es implicar que las teocracias islámicas no hacen nada malo apedreando adulteras o que los Nazis no hicieron nada malo al matar judíos, pues el gobierno decreto que ellos no tenían derechos. "Derechos" que pueden ser otorgados o anulados por el gobierno, no son derechos sino que decretos políticos y como tal deben ser denominadas. Llamarlos derechos es abusar el lenguaje. La noción de que el gobierno crea los derechos no es una teoría sana de derechos, y no puede servir como fundamento sólido para abogar por y defender la libertad.

Una tercera teoría es la de que los derechos son naturales. La consciencia del peligro de que el gobierno otorgue que derechos y cuales no tiene la gente, llevó a los pensadores de la Ilustración, a los liberales clásicos y a los Padres Fundadores de los Estados Unidos a buscar el origen de los derechos en la naturaleza. Sostuvieron la tesis de que los derechos nacen, no de las leyes hechas por el hombre, sino de la ley natural, específicamente, la ley moral natural: ley natural acerca de cómo debe y no debe actuar la gente.

Recordemos lo que John Locke nos dice, que hay una "ley de la naturaleza" y que esta ley le "*enseña a toda la humanidad, que sólo tiene que consultarla, que siendo todos iguales e independientes, nadie debe dañar a otro en su vida, salud, libertad, y posesiones.*"

Thomas Jefferson escribió que el hombre ha sido dotado por la naturaleza con derechos, que son una cuestión de ley moral, y por lo tanto son inherentes, inalienables, e inmutables. Un pueblo libre reclama, escribió, *"sus derechos derivados de leyes de la naturaleza, y no como regalos de sus gobernantes."*

El problema es que la "ley natural" a la que se refieren Locke, Jefferson, y los otros pensadores de la Ilustración, realmente no es ley natural sino que "ley sobrenatural." Viene, no de la naturaleza sino que de Dios. La cita completa de Locke lo demuestra:

> *"El estado de naturaleza tiene una ley de la naturaleza que lo gobierna, que obliga a cada uno: y la razón, que es esa ley, enseña a toda la humanidad, que no tiene más que consultarla, que siendo todos iguales e independientes, nadie debe dañar a otro en su vida, salud, libertad o posesiones. Porque los hombres siendo todos la obra de un omnipotente e infinitamente sabio Creador; todos siervos del Maestro Soberano, enviados al mundo por orden Suya y de su negocio, son todos de su propiedad, creación suya son, hechos para durar durante el tiempo que a Él le plazca, y no a otro."* [Locke, John. *The Second Treatise of Government*, Chap. II, "Of the State of Nature"]

En otras palabras, la "ley de la naturaleza" que da origen a los derechos del hombre es la ley de Dios. Jefferson y los demás sostuvieron esencialmente la misma visión. *"La ley moral de nuestra naturaleza es la ley moral a la que ha sido sujeto el hombre por su Creador,"* escribió Jefferson, y además enfatizó que *"Bajo la ley de la naturaleza, todo hombre nace libre, cada uno viene al mundo con derecho a su propia persona, que incluye la libertad de moverse y usarla de acuerdo a su propia voluntad. Esto es lo que se llama libertad personal, y le es dada por el Autor de la naturaleza."*

"Los hombres buenos y sabios, de toda era ... han supuesto que la deidad, en base de las relaciones que sostenemos con él mismo y con cada uno

de nosotros, ha constituido una ley eterna e inmutable, que es indispensablemente obligatoria para toda la humanidad, anterior a toda institución humana. Esta es la que se llama ley de la naturaleza... de esta ley dependen los derechos naturales de la humanidad", escribió Alexander Hamilton.

John Adams escribió que el hombre tiene derechos *"antecedentes a todo gobierno terrenal –Derechos, derivados del gran Legislador del universo."* Esta era pues, la opinión generalizada de la fuente y significado de derecho "natural". Pero la idea de que los derechos provienen de una ley natural creada por Dios tiene los mismos problemas del derecho divino. Si los derechos naturales vienen de Dios, la prueba de su existencia depende de la prueba de la existencia de Dios, y de la prueba de que de alguna manera Dios crea estos derechos y no puede anularlos. Pero no hay evidencia de la existencia de Dios, mucho menos de la existencia de leyes morales naturales, o derechos inalienables que vienen de su voluntad.

Aceptar que los derechos provienen de Dios es, en última instancia, aceptarlo por fe. Esto no resulta, pues como observó Ayn Rand, esta postura es conceder que uno no tiene argumentos racionales para fundamentar el sistema Norteamericano, ninguna justificación racional para defender la libertad, la propiedad, la justicia, ni los derechos individuales. Ni la noción de que los derechos provienen de Dios, ni la de que los otorgan los gobiernos, ni que vienen de la ley natural creada por Dios son viables. Ninguna de estas teorías identifica una fuente de los derechos que sea demostrable, basada en la observación de hechos. Ninguna explica racionalmente por qué la gente debiera ser libre para vivir –el derecho a la vida; libre para actuar de acuerdo a su propio juicio, sin coerción –derecho a la libertad; libre de conservar, usar, y disponer del producto de su esfuerzo como le plazca –el derecho de propiedad; y libre de perseguir los fines y valores de su elección –derecho a la búsqueda de la felicidad. Ninguna da una base objetiva para la libertad.

Si queremos defender los derechos, necesitamos ser capaces de decir más que sólo que los tenemos. Necesitamos ser capaces de explicar racionalmente de donde vienen los derechos y cómo es que los tenemos. Necesitamos una descripción racional de la ley moral natural, una ley moral derivada, no de lo supernatural, sino que de la naturaleza actual –una ley moral probada por medio de evidencia y lógica. Ayn Rand descubrió como justificar los derechos racionalmente. Rand, al igual que los Padres Fundadores, sostiene que los individuos tienen derecho a la vida, a la libertad, a la propiedad, y a buscar su propia felicidad. Pero ella llegó a esta conclusión de forma muy distinta a la de ellos o que cualquier otro defensor de los derechos naturales. Su teoría de derechos se deriva de su teoría, más fundamental aún, de moralidad –la que se deriva de su observación de la realidad, de la naturaleza del valor, y de los requerimientos de la vida. Así que para entender su teoría de derechos, debemos revisar su teoría moral y los hechos observables que la originan.

La teoría de los derechos individuales de Ayn Rand

Ayn Rand, quien define la moral como un código de valores que sirven de guía para las elecciones y acciones humanas, elecciones y acciones que determinan el propósito y el curso de su vida, explica que la primera pregunta no es: ¿qué código particular de valores debiera aceptar el hombre?, sino que: ¿por qué necesita el hombre un código de valores?

Viendo la realidad, Rand observó que un valor es aquello que uno persigue para obtener o actúa para conservar. Vemos la verdad de esto alrededor nuestro: la gente actúa para conseguir y conservar dinero; valoran el dinero. Los estudiantes actúan para conseguir y tener buenas notas; valoran buenas notas. Las cosas que uno persigue o actúa para conservar son los valores de uno. La palabra clave aquí es: actúa. Los valores son objetos de acción.

Viendo la realidad, Rand observó que toda entidad viva persigue valores. Que para toda entidad viva, la acción es una necesidad de supervivencia. La vida es movimiento, es un proceso de acción auto sustentante que el organismo debe efectuar constantemente para mantenerse en existencia. El principio es igualmente evidente en la simple conversión energética de la planta y en las complejas acciones de metas a largo plazo del humano. Biológicamente la inactividad es muerte. La actividad que debe efectuar un organismo es a la vez interna, como en el proceso de del metabolismo, y externa, como en el proceso de conseguir alimento. El patrón de la conducta de auto preservación es en esencia el siguiente: Un organismo se mantiene a sí mismo tomando material que existe en su medio ambiente, transformando o reorganizándolo, y así convirtiéndolo en el medio de su supervivencia. El proceso de nutrición, respiración y síntesis son juntos con sus funciones relacionados, el metabolismo. Por medio del proceso de nutrición, es que los materiales crudos que necesita el organismo, entran a su sistema. Por medio del proceso de respiración (oxidación), es que se extrae energía de los materiales crudos. Parte de esta energía se usa en el proceso de síntesis que transforma los materiales crudos en componentes estructurales del organismo vivo. La energía restante, junto con los componentes estructurales, permiten la continuación de la actividad auto sustentante del organismo.

Un ejemplo más amplio del mismo principio, peculiar del humano, es la actividad de aprovechar una caída de agua para obtener la electricidad necesaria para hacer funcionar una fábrica que produce ropa, autos, etc. Aquí la actividad es externa en lugar de interna, de comportamiento en lugar de metabólica, pero el principio básico de vida es el mismo.

Viendo la realidad Rand observó que la existencia de la vida es condicional. Un organismo siempre tiene que afrontar la posibilidad de morir. Su supervivencia depende de la realización de ciertas condiciones. Debe generar el funcionamiento biológico apropiado. Y lo que es apropiado está determinado por la naturaleza del organismo particular. Diferentes especies sobreviven de modo distinto. Un organismo se mantiene a sí mismo ejercitando sus capacidades para satisfacer sus necesidades. Las acciones posibles y características de una especie dada, se entienden en términos de sus necesidades y capacidades específicas. Éstas constituyen el contexto básico de su comportamiento. Necesidad y capacidad, en su sentido metafísico fundamental, es decir, determinado por la naturaleza de la entidad, se refiere a lo innato y universal en la especie, no a lo que se adquiere y a lo que es peculiar del individuo. Las necesidades de un organismo son aquellas cosas que requiere el organismo, por su naturaleza, para su vivir y bienandanza, es decir, para continuar eficazmente su proceso de vida. Las capacidades del organismo son sus potencialidades inherentes para actuar.

Las necesidades y capacidades del organismo vivo en términos biológicos son las de la entidad como entidad física; en términos psicológicos son las necesidades y capacidades del organismo vivo como entidad consciente. Como vimos antes, cuando no se satisface la necesidad física y/o psicológica, se pone en peligro al organismo. Se produce dolor, debilitamiento, destrucción.

El humano tiene necesidad de comida y de oxígeno; pero mientras puede sobrevivir días sin comida, apenas puede sobrevivir algunos minutos sin oxígeno. En algunos casos el fracaso en satisfacer una necesidad resulta en muerte inmediata; en otros casos puede tomar días. También tiene necesidad de mantener su temperatura corporal a cierto nivel. Tiene mecanismos internos de adaptación que se ajustan a los cambios del ambiente externo. Si se ve expuesto a temperaturas extremas que estén más allá de su poder de adaptación, sufre dolor y en pocas horas muere. En tal caso las consecuencias desastrosas del fracaso de satisfacer la necesidad son directas e inmediatamente discernibles. Así mismo, tiene el humano necesidad de calcio. La falta del mismo no produce la muerte inmediata, pero frena el crecimiento, debilita, y hace susceptible al humano a ser víctima de muchas enfermedades. Perjudica su habilidad general para funcionar. De tal forma que el fracaso de satisfacer una necesidad del organismo no tiene que desembocar en la destrucción directa del mismo, puede en cambio, minar su capacidad para vivir, haciéndolo vulnerable a la destrucción por diferentes causas.

El humano descubre muchas de sus necesidades por las consecuencias de no satisfacerlas. Las necesidades se anuncian por medio de señales como el dolor, enfermedad y muerte. Aun en el caso de que aparezcan síntomas, toma muchas veces un proceso largo descubrir la necesidad no satisfecha. Como el humano es un organismo integrado, no es ninguna sorpresa que el fracaso en satisfacer necesidades físicas produzca a veces síntomas psicológicos, como las alucinaciones o la falta de memoria que resultan de la deficiencia de tiamina. Tampoco es ninguna sorpresa que el fracaso en satisfacer necesidades psicológicas produzca a veces síntomas físicos, como la migraña, dolores de cabeza, úlceras, etc. La naturaleza condicional de la vida es pues, la que da lugar a la necesidad. Un ser indestructible, que no se viera confrontado a la alternativa de vivir o morir, no tendría necesidades. Sin la vida, la necesidad no sería posible.

Recordemos que un deseo no es el equivalente a una necesidad. El hecho de que muchas personas deseen algo no es prueba de que representa una necesidad inherente en la naturaleza humana. Las necesidades deben ser objetivamente demostrables.

Viendo la realidad, Rand observó que es la existencia de necesidades la que crea el requerimiento de la acción, es decir de orientar el comportamiento a conseguir metas o fines.

Viendo la realidad, Rand observó que el humano nace con necesidades pero no con el conocimiento de esas necesidades ni de como satisfacerlas. Algunas de sus necesidades más simples vegetativas, de mantenimiento del cuerpo, se satisfacen automáticamente, dado el medio ambiente físico apropiado, por el funcionamiento de sus órganos internos –como la necesidad de respirar oxígeno, que se satisface por el sistema respiratorio. Pero el rango más amplio de sus necesidades más complejas –esas que requieren la acción integral de la totalidad de su ser en relación con el mundo externo –no se satisfacen automáticamente. El humano no obtiene comida, cobijo, o vestido, por instinto. Para sembrar, cultivar y cosechar comida, para construir una casa, para hacer un vestido, el humano requiere consciencia, elección, discriminación, juicio. El cuerpo humano no tiene el poder de buscar fines por sí mismo, o de reorganizar deliberadamente los elementos de la naturaleza, o reconfigurar la materia, sin el uso de su consciencia, conocimiento y valores.

Toda acción deliberada apunta a conseguir un valor. Las cosas que satisfacen necesidades se vuelven objetos a conseguir mediante una acción sólo cuando han sido elegidos como valores. Valor y acción se implican y necesitan mutuamente: es la naturaleza del valor que sea necesario una acción para obtenerlo o mantenerlo; y es la naturaleza de la acción intencionada, conscientemente iniciada, que su motivo y propósito sea conseguir y/o mantener un valor. Este punto es muy importante: los valores son objetos de la acción.

Viendo la realidad, Rand observó que los valores no son innatos. Como el humano no tiene conocimiento innato de lo que es verdadero o falso, tampoco puede tener conocimiento innato sobre lo que está a favor o en contra de él, lo que lo beneficia o daña, lo que debe perseguir o evitar. Una necesidad insatisfecha causa inquietud, molestia, dolor, incitando al humano a buscar acciones biológicas adecuadas, como protegerse de las inclemencias del tiempo, pero no se puede evadir la necesidad de aprender cuales son las acciones apropiadas. Su cuerpo sólo le da al humano señales de dolor o placer, pero no le indica sus causas, no le indica como aliviar el primero o conseguir el segundo. Eso lo tiene que aprender usando su mente. El humano tiene que descubrir cuales acciones requiere su vida, pues no tiene ningún "instinto de auto preservación".

Rand lo explica así:

> *"Hay sólo una alternativa fundamental en el Universo: existencia o no existencia, y le pertenece a una sola clase de entidades: los organismos vivos. La existencia de la materia inanimada es incondicional; la existencia de la vida no lo es; depende de un curso de acción.*
>
> *La materia es indestructible, puede cambiar sus formas, pero no puede dejar de existir. Sólo un organismo vivo enfrenta la constante alternativa: la cuestión de la vida o la muerte. La vida es un proceso de acción autosustentable y autogenerada. Si un organismo fracasa en esta acción, muere; sus elementos químicos perduran, pero su vida termina. Sólo el concepto de 'vida' hace posible el concepto de 'valor'. Sólo para un ser vivo es que las cosas pueden ser 'buenas o malas'."* [AS]

Debemos estar vivos para perseguir valores, y debemos perseguir valores para mantenernos con vida. Estos son hechos metafísicos, hechos sobre la naturaleza fundamental de la realidad, de cómo es el mundo sin importar lo que cada quien quiera, sienta, espere, rece, o elija. Lo que es de interés personal es lo que es objetivamente un valor, es lo que promueve la propia vida. No hay razones para justificar la afirmación de que cualquier cosa es de interés para una persona, sólo aquello que tiene un impacto neto en la supervivencia de ésta. Este fin central ofrece la única referencia de medida objetiva para evaluar lo que es de interés.

Rand, viendo la realidad, observó que el hombre que busca su provecho personal a largo plazo, debe producir valores promotores de vida. Debe por tanto cultivar las cualidades que sirven para generar esos valores de los que depende su florecimiento. Debe estar comprometido con su propia vida, debe afanarse en cumplir con lo que se requiera para satisfacer todo tipo y nivel de necesidades. Debe ser un egoísta racional.

Al actuar según lo demanda la vida, una persona consigue la recompensa de florecer, es decir, de seguir viviendo, de extender el proceso de involucrarse en esas actividades que hacen la vida buena. Para descubrir lo que es de interés propio y florecer, el hombre necesita de la racionalidad, el hábito de identificar nuestras experiencias, tanto externas como internas, de ejercitar la mente, de estar en contacto con la realidad, de no evadir, ni tratar de conseguir valores fuera de contexto. Es esencial a la racionalidad el hábito de funcionar en el nivel conceptual de consciencia, es decir, conceptualizando. Sólo el nivel conceptual de conciencia permite prever el futuro, al comprender causa y efecto. Prever el futuro es necesario para actuar a largo plazo, para establecer fines últimos, y elegir nuestros valores, organizados jerárquicamente a partir del fin último.

Entonces el principio moral es: Si queremos vivir y prosperar, si queremos florecer, debemos actuar siempre basados en nuestro juicio racional, que es nuestro medio de supervivencia.

Y esto nos lleva a la pregunta: ¿Qué puede evitarnos actuar de acuerdo a nuestro juicio?

Rand, al ver la realidad, observó que la única cosa que puede evitar que una persona actúe de acuerdo a su juicio son otras personas; y el único medio por el cual pueden evitarlo es por medio de la fuerza física.

Si usted está solo en una isla desierta, ¿qué puede impedir que actúe según su juicio? Nada puede. Si decide irse de pesca, o a surfear, o a recoger cocos, o a construirse un refugio, usted puede hacerlo. Supongamos que llega otra persona a la isla y lo amarra a un árbol. Obviamente ya no podrá actuar de acuerdo a su juicio. Si había planeado ir a pescar o a recoger cocos o a construir un refugio, ya no puede hacerlo. Cualquiera que fueran sus planes, se han arruinado. La fuerza bruta se ha interpuesto entre su razonamiento y su acción, entre su planeamiento y su ejecución. Ya no puede actuar de acuerdo a su juicio; ya no puede actuar según requiere su vida; ya no puede vivir como ser humano; ya no puede florecer. Claro que esa bestia puede darle de comer y mantenerlo con vida; pero una vida en cautiverio no es una vida humana. Una vida humana es una vida guiada por el juicio de la propia mente.

Para vivir como ser humano, una persona debe poder actuar según su juicio; la única cosa que puede evitarlo es otra persona; y el único modo en que puede evitarlo es por medio de la fuerza física. Esto es cierto para cualquier lugar, sin importar el tipo de fuerza usado: una pistola apuntándole, una estafa, un fraude, una amenaza de encarcelarlo, etc. Y sin importar quien use la fuerza: un individuo, un grupo, un gobierno, etc. Y sin importar el grado de fuerza que use.

Supongamos que una mujer va de compras, y un maleante la amenaza con una pistola y le exige su dinero. Ahora la mujer ya no puede actuar según su juicio, porque o entrega el dinero o le van a disparar. En cualquier caso ya no irá de compras. Si le entrega su dinero, puede volver a actuar según su juicio, pero no con respecto al dinero que le han robado. Aunque el ladrón se haya ido, los efectos de haberla forzado, permanecen. Al quedarse con el dinero de la mujer, continúa evitando que ella lo gaste y por tanto evita que ella actúe según su juicio. Este uso de la fuerza en contra de ella no frustro su vida totalmente, pero si la frustro parcialmente. Si hubiera tenido su dinero, lo habría podido ahorrar o gastar en aquellos bienes que le ayudaran a florecer. Como el ladrón tiene su dinero, no puede hacer ninguna de las dos. No puede usar su dinero como elija, y por tanto su vida se ve disminuida en ese aspecto.

Otros ejemplos ilustran lo mismo: el vendedor que vende fraudulentamente un auto como de menor uso al que realmente tiene; el gobierno que prohíbe a enfermos terminales el uso de drogas experimentales.

Rand razonó que como la vida del individuo es el estándar del valor moral, y como cada persona debiera actuar para sostener su vida y florecer, y porque la fuerza física usada contra una persona le impide actuar en base a su medio básico de supervivencia, necesitamos un principio moral que nos proteja de gente y gobiernos que traten de usar la fuerza en contra nuestra. Ese principio es el concepto de *derechos*:

"El derecho individual es un concepto moral, que permite la transición lógica de los principios que sirven de guía para la acción del individuo, a los principios que sirven de guía para la acción del mismo en su interrelación con otros. Preserva y protege la moralidad individual en un contexto social. Es la conexión entre el código moral del hombre y el código legal de la sociedad, entre la ética y la política. Los derechos individuales son el medio para subordinar a todos los individuos asociados a una ley moral." [CUI]

La ley moral de la que habla Rand es el principio del egoísmo –la verdad moral observada de que cada individuo debiera actuar para promover su propia vida y que cada individuo es el beneficiario de su propia acción. Los derechos individuales son los medios de subordinar a la sociedad a la verdad del principio del egoísmo, de hacerla respetar la acción moral, sensata, correcta (derecho), del individuo en el contexto social. El derecho como principio moral define la libertad de acción de la persona en un contexto social. El derecho fundamental, del cual todos los demás son consecuencia, es el derecho a la propia vida. Como la vida es un proceso de acción auto sustentante y auto generado, el derecho a la vida es la libertad de hacer todo aquello que requiera un ser racional para sostenerse, progresar, desarrollarse, florecer, y disfrutar su vida. El derecho se refiere a la posibilidad de actuar libre de la interferencia, compulsión y coerción de otros hombres.

La implementación del derecho a la vida es el derecho de propiedad. Como cada hombre debe sustentar su vida, quien no tenga derecho al producto de su esfuerzo no tendrá los medios para sostener su vida. El derecho de propiedad es el derecho de ganar, conservar, usar y disponer de sus bienes. El derecho de propiedad comprende sólo a la libertad de acción del individuo para proveerse de bienes y no a que se le provea de estos. El individuo no tiene derecho a obligar a persona alguna a proveerlo de una casa, salud, educación, vestido, alimentación, trabajo, etc. A lo que tiene derecho el individuo es a la libertad para producir, procurar y disponer una vez lo haya conseguido de una casa, salud, educación, vestido, alimentación, etc.

El derecho, entonces, faculta al individuo para exigir a los demás, respeto a su libertad para poder hacer lo que legítimamente conduce a los fines de su vida. Un derecho sólo puede violarse mediante el uso de la fuerza, y ningún hombre tiene el derecho de iniciar el uso de la fuerza física en contra de otro hombre. Ninguno tiene el derecho de violar el derecho de otro. Como los diferentes derechos son aspectos en el tiempo del derecho fundamental a la vida, si a uno le quitan por la fuerza su propiedad, lo que le quitaron es su pasado, pues tiene que empezar de nuevo a proveerse como si fuera el primer día de su vida; si le quitan su libertad, le quitan su presente, pues no puede actuar de acuerdo a su mejor juicio, pierde el control de su vida; y si le quitan la vida, le han quitado su futuro.

La única función del gobierno es proteger al individuo de la violación de sus derechos por los criminales, sean estos locales o extranjeros. Y la función de la constitución es proteger al individuo de la violación de sus derechos por el gobierno.

El Capitalismo es un sistema social basado en el reconocimiento de los derechos individuales, incluyendo el derecho de propiedad, y por lo tanto es incompatible con el altruismo que niega y desconoce los derechos individuales. No hay que confundir al altruismo con benevolencia. Rand lo ilustra al explicar que:

> "El principio básico del altruismo es que el hombre no tiene derecho a existir porque es un valor en sí mismo, que la única justificación para su existencia es el servir a otros, que su más alto imperativo moral, virtud y valor, es el auto-sacrificio. No hay que confundir el altruismo con benevolencia, amabilidad o respeto de los derechos de otros." [CUI]

El altruismo, pues, es incompatible con un sistema basado en el respeto a los derechos humanos. La ética del sistema político basado en el respeto a los derechos humanos es la ética del egoísmo racional.

El principio moral social es: Si queremos vivir y prosperar, si queremos florecer, debemos actuar siempre basados en nuestro juicio racional, que es nuestro medio de supervivencia, es decir actuar moralmente sin impedimento alguno por otros hombres. La ley moral a la que se refiere Rand es el principio del egoísmo –la verdad moral observada de que cada individuo debiera actuar para promover su propia vida y que cada individuo es el beneficiario de su propia acción.

Los derechos individuales son los medios de subordinar a la sociedad a la verdad del principio del egoísmo.

Lo que hace que un individuo respete los derechos de los demás es su propio interés personal. Si quiere vivir y ser feliz, debe reconocer y respetar los hechos metafísicos de la realidad, entre estos, las condiciones sociales que hacen posible la coexistencia pacífica de los individuos. Debe reconocer el hecho de que todo, incluyendo el humano, tiene una naturaleza específica. Cuál es la naturaleza del humano –el tipo de ser que es, los requisitos básicos de la vida y felicidad humana –razón, fines a corto y largo plazo, y auto estima. Y las condiciones sociales que hacen posible la coexistencia humana pacífica –derechos individuales, libertad, imperio de la ley. Esta verdad, aunque está basada en la observación y el razonamiento lógico, es sumamente abstracta, y por lo tanto, se requiere de un esfuerzo mental substancial para comprenderla. La evidencia muestra que no todos están dispuestos a hacer tal esfuerzo. Sin embargo, el no entender el principio involucrado aquí, no evita que se sufra las consecuencias de violarlo. Al igual que si uno se cae con su auto de un puente, el comportamiento irracional o violar derechos, tendrá un efecto negativo en la vida de uno sin importar si entiende los principios involucrados o no (sean físicos o morales). Violar derechos no conduce a la felicidad. Necesariamente entorpece, estanca la vida propia, conduce a la infelicidad, puede conducir al encarcelamiento y aún, a la muerte prematura. La evidencia de esto está alrededor nuestro: desde la "vida feliz" de Bernie Madoff (el estafador de Wall Street), a la de Timothy Mc Veigh (el que bombardeó el Edificio Federal de Oklahoma), a la de Muammar Gaddafi, a la de Alfonso Portillo, a la de todo aquel estafador y ratero que debe preocuparse constantemente de ser descubierto, quien sabe que ha elegido sobrevivir, no como productor racional, sino como un parásito patético del productor, cuya vida y psique daña.

Aun cuando el violador finja y se engañe a sí mismo para convencerse de que es feliz, el hecho es que al violar los derechos de otros, renuncia y anula alguno o todos sus derechos, por lo que las personas y gobiernos que respetan los derechos, pueden moralmente tratarlos como en justicia se merecen.

Rand dijo que respetar el derecho de otro es una obligación impuesta, no por el Estado, sino que por la naturaleza de la realidad; es un asunto de consistencia, que en este caso, significa la obligación de respetar el derecho del otro si uno quiere que los derechos propios sean reconocidos y respetados. No se puede exigir racionalmente la protección de un principio que se repudia con los actos.

Derechos colectivos

Así como un individuo puede fingir, falsear la realidad y actuar guiado por sus caprichos, logrando su progresiva autodestrucción, así un grupo de individuos, una comunidad, puede fingir y tratar de evadir la realidad estableciendo un sistema dirigido por los ciegos caprichos de sus miembros y lograr su progresiva autodestrucción. Una comunidad tal, que se base en la violación de los derechos individuales cae necesariamente en el domino de la fuerza bruta. Rand afirma que la ética subjetivista trasciende en la política colectivista, donde la noción de que "cualquier cosa que yo haga es correcta porque elegí hacerla" –que no es un principio moral sino la negación del mismo –se extiende en "cualquier cosa que haga la comunidad es correcta, porque la comunidad eligió hacerla", lo que tampoco es un principio moral, sino una negación de los principios morales y una expulsión de la moral en las interrelaciones sociales.

El concepto de "derechos colectivos" es una contradicción en sí misma, y viola los derechos individuales. De hecho, afirma Rand, "derechos individuales" es una redundancia, pues sólo el individuo posee derechos.

Todo colectivo o grupo es sólo una cantidad de individuos. Por lo tanto, no puede tener otros derechos que los de sus miembros individuales. Pretender reemplazar los derechos individuales por "los derechos de las masas" es una tergiversación conceptual, que sólo pretende violar los derechos de los individuos. El grupo como tal no tiene derechos, y cada individuo agrupado no adquiere nuevos derechos ni pierde los suyos por el hecho de unirse al grupo. El principio del derecho individual es la única base moral de toda asociación, de todo grupo.

Cualquier grupo que no reconozca este principio moral no es una asociación, sino que es una turba o pandilla, una muchedumbre de gente confusa. Toda actividad grupal que desconozca los derechos del individuo es una doctrina de la ley de la turba o del linchamiento legalizado. La doctrina que pretende que hay "derechos colectivos", lo que significa que los derechos pertenecen a grupos y no a individuos, significa que algunos hombres tienen derechos pero otros no. Nada puede justificar o validar tal doctrina, ya sea que esté basada en el misticismo de la fe en dictámenes sobrenaturales, o ya sea en la mística social colectivista.

La idea de que algunos hombres tienen derechos que otros no, es la idea de que algunos hombres tienen el "derecho" de disponer de otros como les plazca, y que el criterio para ese privilegio consiste en la superioridad numérica o la voluntad de Dios. Tal es el caso de lo que sucede en Afganistán o en Irán o en Irak o con los Talibanes, donde las mujeres son consideradas animales domésticos. Bajo la doctrina de los "derechos colectivos" la vida y la propiedad de la minoría o incluso de la mayoría está en juego, supeditada al voto de una mayoría irracional que tiene un cheque en blanco de poder sobre los demás.

La violación de los derechos de algunos del grupo, por no entender o evadir el principio moral que hace posible la convivencia pacífica, les impide actuar con prudencia, y como consecuencia los lleva a tomar decisiones equivocadas que conduce al grupo al entorpecimiento de la vida y al estancamiento, sino al retroceso económico. Toda intervención en la economía por el gobierno, aduciendo derechos de un grupo, conduce al empobrecimiento, como vimos anteriormente.

Derechos nacionales

Rand afirma que la inmoralidad de la mística colectivista es particularmente notoria en la noción de "derechos nacionales." Como cualquier otro grupo, una nación es sólo una cantidad de individuos, y por tanto no puede tener ni otros, ni más derechos que los de cada individuo que la compone.

Una nación que reconoce, respeta y protege los derechos individuales de sus ciudadanos, tiene derecho a su integridad territorial (su propiedad), a su sistema social y su forma de gobierno (su libertad). El gobierno de una nación como ésta no es el dirigente, sino el servidor de sus ciudadanos, y no tiene otros derechos que los que le hayan sido delegados por los ciudadanos para una tarea específica y delimitada; tarea que consiste en protegerlos de la violencia física, derivada del derecho de los ciudadanos a la autodefensa. La constitución de un país debe poner los derechos del individuo fuera del alcance del poder político. Por consiguiente, cada ciudadano puede, con seguridad y moralmente, ponerse de acuerdo con los demás para acatar decisiones de un voto mayoritario dentro de esta esfera delimitada por el principio de los derechos del individuo. De esta forma, su vida, su propiedad y su libertad no están en juego, no se encuentran supeditadas al voto y ninguna decisión mayoritaria las pone en peligro. Una nación así, dice Rand, tiene derecho a su soberanía y derecho a exigir que esa soberanía sea respetada por toda nación.

Este derecho, nos dice Rand, no puede ser reclamado por las dictaduras, las tribus salvajes o cualquier otra forma de tiranía absolutista. Una nación que viola los derechos de sus propios ciudadanos no puede reclamar derecho alguno. Una nación regida por la fuerza bruta no es una nación sino que una horda, ya sea que esté comandada por Hitler, Castro, Chávez o Ali Khamenei. ¿Qué derechos podría reclamar Hitler, o Castro, o cualquiera de ellos? ¿Sobre qué base?

Nada, ni la raza, ni Dios, ni la geografía, ni las costumbres antiguas, ni la tradición, pueden conferir a algunos hombres el derecho de violar los derechos de los demás. El derecho a la autodeterminación de las naciones no se aplica a las dictaduras, que por la fuerza someten a los individuos cuyos derechos violan. Sólo se aplica a sociedades libres, o a las que buscan establecer la libertad.

"Así como el derecho de un individuo a la libertad de acción no incluye el "derecho a cometer crímenes" (o sea a violar los derechos de los demás)", dice Rand, "el derecho de una nación a determinar su propia forma de gobierno no incluye el derecho de establecer una sociedad de esclavos (o sea, la esclavitud legalizada impuesta a algunos hombres por otros)." [VS]

No hay tal cosa como el "derecho a esclavizar". Una nación, que no es más que un grupo de individuos, puede atribuirse tal "derecho", de igual manera que un individuo puede convertirse en un criminal, y de hecho el grupo de individuos se convierten en criminales, pero ninguno puede hacerlo por derecho. No importa que la nación haya sido esclavizada por la fuerza, como la Rusia Soviética o Cuba, o por votación, como la Alemania nazi o Venezuela. Una sociedad de esclavos no puede reclamar derechos nacionales o derecho a la autodeterminación, ni puede demandar el reconocimiento de esos "derechos".

Las naciones dictatoriales existen fuera de toda ley moral, por lo que cualquier nación libre tiene el derecho de invadirlas y liberar a los individuos de esas cárceles políticas. No es el deber de una nación libre liberar a los individuos esclavizados y secuestrados por los criminales dictadores de esas hordas, pero tiene todo el derecho de hacerlo si y cuando lo desee. Sin embargo, el derecho de involucrarse, de reprimir el crimen, de invadir y destruir una dictadura, no le da derecho al invasor de establecer otra dictadura. Un país esclavizado no tiene derechos nacionales, pero los derechos individuales de sus esclavizados súbditos siguen siendo válidos aun cuando no sean reconocidos, y el conquistador no tiene derecho de violarlos.

Por lo tanto, sólo se justifica moralmente la invasión de un país dictatorial, si los conquistadores establecen un sistema social libre, basado en el reconocimiento de los derechos del individuo.

Según Rand, cuatro son las características que catalogan a un país como una dictadura:

1. Un solo partido de gobierno.
2. Ejecuciones sin juicio previo o con un simulacro de juicio por delitos políticos.
3. Nacionalización o expropiación de la propiedad privada.
4. Censura en su más amplio sentido.

Un país que comete esos cuatro crímenes, pierde toda autoridad moral, pierde derecho a que se respete su libertad de violar los derechos de sus súbditos, pierde todo derecho a reclamar derechos nacionales o soberanía. Tal país se coloca al margen de la ley. Es una abominación la exigencia de los socialistas (de la ONU), y los socialdemócratas del mundo, de no violar, ni interferir en el "derecho nacional" de Cuba o Venezuela a tener su forma de gobierno.

"Después de haber casi destruido los legítimos derechos nacionales de los países libres, los socialdemócratas abogan ahora por los "derechos nacionales" de las dictaduras." [Ayn Rand. *La virtud del Egoísmo*. "Derechos Colectivizados."]

Derechos de los animales

Se conoce como derechos de los animales a las ideas postuladas por corrientes de pensamiento y del movimiento de liberación animal que sostienen que la naturaleza animal, independientemente de la especie, es un sujeto de derecho, categoría que sólo ha pertenecido a personas naturales y jurídicas, es decir, al ser humano, aunque históricamente se ha privado de derechos a algunos grupos de humanos.

PeTA (People for the Ethical Treatment of Animals) afirma que en muchos países alrededor del mundo, los animales luchan por sus vidas porque son esclavizados, golpeados y encadenados para el "entretenimiento" humano; mutilados y confinados en diminutas jaulas para que nosotros los matemos y consumamos; quemados, cegados, envenenados, y sometidos a vivisección en nombre de la "ciencia"; electrocutados, estrangulados y despellejados mientras aún están vivos para que las personas puedan lucir sus abrigos; y además, sufren otras cosas aún peores. El maltrato, continúan diciendo, que los animales padecen a manos de los humanos es doloroso, nauseabundo y atroz. Pero a pesar de lo duro que es pensar en él, no podremos detener el sufrimiento animal si simplemente miramos en otra dirección y pretendemos que no está ocurriendo.

Todos nosotros, dicen, tenemos el poder para ayudar a detener el maltrato sobre los animales, dicen. Podemos hacerlo con solo cambiar algunas de las decisiones que tomamos a diario – tal como qué comemos en el almuerzo, qué tipo de champú compramos, o qué ropa usamos. Ser vegano es la única manera de frenar estas atrocidades.

También dicen que las vacas producen leche por la misma razón que los humanos: nutrir a sus crías. Para forzar a los animales a continuar brindando leche, los operadores de las granjas industriales normalmente fecundan a las vacas utilizando la inseminación artificial, y esto ocurre todos los años. Los terneros son frecuentemente apartados de sus madres dentro del día de nacidos (los machos son destinados a las jaulas para terneros o a lotes de terrenos yermos donde serán engordados para carne de res, y las hembras serán sentenciadas al mismo destino que sus madres).

La buena noticia, dicen los de PETA, es que el sacar los productos lácteos de tu dieta es más fácil que nunca. Actualmente existe una gran cantidad de productos "lácteos" que no contienen lácteos en el mercado, como leche de arroz, de soya, de almendras y helado de soya y de coco.

Los animales no son nuestros para usarlos como entretenimiento, afirman los de PETA. Los osos, elefantes, tigres y otros animales usados en circos no montan en bicicleta, ni se paran en sus cabezas, ni se balancean en pelotas, ni saltan a través de aros de fuego voluntariamente. Para forzarlos a realizar estos trucos complicados y físicamente exigentes, los entrenadores utilizan barras de metal con puntas de gancho, látigos, estrechos collares, bozales, picanas eléctricas y otras herramientas especializadas generadoras de dolor. Cuando no están actuando, los elefantes son frecuentemente encadenados en dos de sus patas, y los leones, tigres, osos, primates y otros animales son obligados a comer, dormir y defecar en minúsculas jaulas.

Los animales usados en rodeos, carreras de caballos, carreras de perros de trineo y otros "deportes" crueles son forzados a correr temiendo por sus vidas, dicen. Cuando no son utilizados en competencias, permanecen generalmente encadenados o en jaulas o compartimientos. Aquellos que "no clasifican" son frecuentemente descartados siendo enviados a mataderos o asesinados. PETA está determinada a sacar a los animales del negocio del entretenimiento para siempre.

Los establecimientos con mamíferos marinos forman parte de una industria de miles de millones de dólares construida sobre el sufrimiento de seres sociables e inteligentes a los que se les niega todo lo que es natural e importante para ellos. En su naturaleza, las orcas y miembros de otras especies de delfines viven en grupos grandes, socialmente intrincados, y nadan hasta 100 millas diarias en el océano abierto. En acuarios y parques marinos, estos animales pueden solo nadar en círculos sin fin en recintos que para ellos son como tinas de baño y no pueden comportarse naturalmente. Los animales en "piscinas para acariciar" pueden lastimarse y ponerse ansiosos como resultado de ser constantemente tocados y empujados, y la exposición a las bacterias a las cuales no son inmunes, pueden enfermarlos. Los delfines también expresan su frustración a menudo a través de la agresión. SeaWorld ha sido citado por el Departamento de Agricultura de los Estados Unidos por varias instancias en las cuales miembros del público han sido heridos en las piscinas donde acariciaban delfines en las instalaciones. PETA pide que no visites parques ni zoos que mantengan mamíferos marinos en cautiverio. También que alientes a tu acuario local a crear más espacio para rehabilitación (y puesta en libertad) de fauna, rechazando la crianza de más animales.

Los animales no son nuestros para vestirnos con ellos, afirman los de PETA. Cada año, millones de animales son matados por la industria de la vestimenta. Ya sea que provengan de granjas peleteras chinas, mataderos indios o de la sabana australiana, una inmensa cantidad de sufrimiento va a parar a cada chaqueta con ribetes de piel, a cada cinturón de cuero y a cada suéter de lana. La mayoría del cuero proviene de países en vías de desarrollo como India y China, donde a los animales rutinariamente les cortan los cuellos y les arrancan la piel mientras están aún conscientes. Los animales en las granjas peleteras pasan todas sus vidas confinados en estrechas y sucias jaulas de alambre. Los granjeros peleteros utilizan los métodos de matanza más baratos disponibles, que son también los más crueles, incluyendo la asfixia, la electrocución, el gaseado y el envenenamiento afirman los de PETA.

La mayoría de la lana proviene de Australia, donde las ovejas padecen lo que se llama "mulesing", una espantosa mutilación en la que grandes trozos de piel y carne son cortados de los traseros de los corderos, sin analgésicos. Cada año, millones de ovejas descartadas por la industria lanera australiana son apiñadas en buques de exportación para ser enviadas a Oriente Medio. Las ovejas que sobreviven el aterrador viaje son normalmente sacadas a rastras de los camiones por sus orejas y pateadas, atadas, golpeadas y sus cuellos cortados mientras están aún conscientes.

El comercio de pieles exóticas es igual de espantoso. Las serpientes y los lagartos son despellejados vivos debido a la creencia de que arrancar la piel al animal vivo hace que ésta sea más dúctil. Las cabras bebé son hervidas vivas para hacer guantes, y las pieles de los terneros y corderos que no nacieron – algunos abortados a propósito, otros sacados de vacas y ovejas preñadas que fueron matadas – son consideradas particularmente "lujosas".

Ayudar a ponerle fin a esto y salvar animales, dicen los de PETA, es tan simple como elegir vestimenta de estilo sin crueldad, de todos los rangos de precios y en todo tipo de tiendas de ofertas minoristas, desde tiendas de zapatos con descuento hasta boutiques de calidad superior.

Los animales no son nuestros para usarlos en experimentos, dice PETA. Cada año, más de 100 millones de animales sufren y mueren en crueles pruebas químicas, cosméticas, de drogas y de comida; en clases de biología; en ejercicios de entrenamiento médico y en experimentos médicos motivados por la curiosidad. Las cifras exactas no están disponibles porque los ratones, ratas, aves y animales de sangre fría (que representan más del 95 por ciento de los animales usados en experimentación) no están cubiertos ni siquiera por la protección mínima de la Ley de Bienestar Animal de los Estados Unidos y por tanto no son contabilizados. Para probar cosméticos, limpiadores del hogar y otros productos de consumo, cientos de miles de animales son envenenados, enceguecidos y matados cada año por crueles corporaciones. Los ratones y las ratas son forzados a inhalar gases tóxicos. Las pruebas crueles y tóxicamente mortales son llevadas a cabo como parte de programas masivos de pruebas regulatorias, financiadas por dinero de los contribuyentes de los Estados Unidos. La Agencia de Protección Ambiental, la Food and Drug Administration, el Programa Nacional de Toxicología y el Departamento de Agricultura son algunas de las agencias que someten a los animales a crueles y crudas pruebas.

Cada uno de nosotros puede ayudar a salvar animales del sufrimiento y de la muerte en experimentos, dice PETA, pidiendo que nuestras almas máter no sigan experimentando en animales, comprando productos libres de crueldad, donando solo a organizaciones de beneficencia que no experimentan en animales, solicitando alternativas a la disección animal y demandando la inmediata implementación de efectivas y humanas pruebas sin animales por parte de las agencias gubernamentales y las corporaciones.

La actriz Maggie Q de Nikita de CW está aumentando la presión en la pelea contra el cambio climático. Probablemente la hayas visto imprimiendo su sello personal en Nikita, pero su mayor ataque contra una de las más grandes causas de destrucción medioambiental (la industria de la carne) es su dieta basada en plantas. Existen muchas soluciones propuestas para combatir el cambio climático, pero la opción más eficiente es ser vegano. En su anuncio para PETA, Maggie le pide a la gente que sea responsable y que piense cómo nuestras opciones alimentarias impactan sobre la Tierra, los animales y nuestra salud. El criar animales para comida daña al medioambiente, afirma PETA, tanto por la sobreutilización de recursos, las emisiones de combustibles fósiles, la polución masiva del agua y del aire o la erosión del suelo, la industria de la carne y los lácteos está causando estragos en la Tierra. Además, los miles de millones de animales criados en las granjas industriales son obligados a vivir en condiciones extremadamente estresantes, frecuentemente hacinados en espacios apenas más grandes que sus propios cuerpos. Se les proporciona drogas para hacerlos crecer a un ritmo antinatural y forzado, antes de ser transportados bajo todo tipo de situación climática hacia los mataderos, donde morirán lenta y dolorosamente.

El año 1641, la colonia de Massachusetts Bay aprobó un sistema de leyes protegiendo a animales domesticados. Las leyes se basaron en el Massachusetts Body of Liberties (Cuerpo de Libertades de Massachusetts) y fueron escritas por el abogado y pastor puritano Nathaniel Ward (1578–1652) de Suffolk, Inglaterra que estudiaba en Cambridge. Ward listaba los *rites* (derechos) que el tribunal general de la colonia adaptó más tarde. Entre aquellos est*á* el derecho número 92: «A ningún humano le es permitido efectuar algún tipo de tiranía o crueldad hacia alguna criatura nacida que esté normalmente retenida para uso humano».

Los puritanos también crearon leyes de protección animal en Inglaterra. Kathreen Kete del trinity College, Hartford, Connecticut escribe que leyes fueron aprobadas en 1654 como parte de las ordenanzas del protectorado. Cromwell tenía una aversión personal por los deportes sangrientos como las peleas de gallos, perros o toros, de las cuales se afirmaba machacaban la carne. Para el movimiento puritano aquellas peleas fueron asociadas con borracheras y pereza. Ellos interpretaron el concepto de Dominio como una tarea de tenencia responsable en vez de posesión del animal. La oposición al movimiento puritano estigmatizó estas leyes como parte de la supremacía puritana haciéndola un motivo clave en la resistencia hacia ellos. En cuanto Carlos II tomó el trono en el año 1660, las peleas de toros fueron legales de nuevo en Inglaterra durante unos 162 años hasta que volvieron a ser prohibidas en 1822.

Jeremy Bentham postuló que los animales por su capacidad de sentir agonía y sufrimiento, independientemente de que tuviesen la capacidad de diferenciar entre «bien» y «mal» deben tener unos derechos fundamentales como el derecho a la vida y a su seguridad, y a estar libres de la tortura y de la esclavitud. También dedujo que un perro es más aprehensivo que un recién nacido y que de este modo estaría más cercano al humano adulto que un bebé: «Si miramos a miembros de nuestra propia especie, los cuales carecen de calidad de personas normales, parece imposible que su vida fuera más válida que la de unos animales».

En su libro *Animal Liberation,* Singer afirma que el principio de equidad o igualdad, no requiere igual trato, sino que igual consideración. Es la capacidad de padecimiento, según Singer, la que otorga a un ser el derecho a consideración moral y especialmente el derecho a no sufrir. Para el derecho a la vida Singer usa el término de "Persona", que para él serían todos los seres vivos capaces de anticipar su ser en el pasado y el futuro. Según Singer existen seres humanos que no constituyen una persona en este sentido, por ejemplo los recién nacidos o algunas personas con discapacidades mentales. Por otro lado, dice, existen varios animales que constituyen una "persona": seguramente los homínidos y, quizá, todos los mamíferos.

En *The Case for Animal Rights,* Tom Regan argumenta que los animales no humanos también son objeto de derechos morales. Su filosofía se encuentra en general dentro de la tradición de Immanuel Kant, si bien él rechaza la idea de Kant de que el respeto se debe solo a los seres racionales. Regan argumenta que sistemáticamente atribuimos valor intrínseco, y por lo tanto, el derecho a ser tratados con respeto a los seres humanos que no son racionales incluyendo a los bebés y a aquellos que sufren discapacidades mentales graves. El atributo crucial que todos los humanos tienen en común, según él, no es la racionalidad sino el hecho que cada uno tiene una vida que tiene valor para nosotros; en otras palabras, lo que sucede nos importa sin importar que le importe a cualquier otro. En la terminología de Regan, cada uno estamos experimentando ser "sujeto-de-una-vida". Si esto es sin duda la base para atribuir valor inherente a los individuos, dice, para ser consistentes debería atribuirse valor intrínseco y, por tanto, derechos morales, a todos los sujetos de una vida, ya sean humanos o no humanos. El derecho básico que todos los que posean valor inherente tienen, argumenta, es el derecho a no ser tratado simplemente como un medio para los fines de otros.

Steven Wise (*Rattling the cage, Drawing the line*) aboga por unos derechos de los animales según un criterio de autonomía práctica. Los seres que poseen un yo, que actúen intencionalmente y que posean deseos deberían ser provistos con unos derechos básicos: No deberían ser usados como alimento o para la investigación.

Helmut Kapplan dice que no necesitamos una nueva moral, sólo tenemos que dejar de excluir de la moral existente a animales de manera aleatoria y sin razón aparente. Según su opinión la protección de los derechos de los animales muchas veces se acompañan con la humanización de la explotación en vez de con el fin de ésta. Postular una humanización de la explotación animal sería tan irracional como la humanización de la esclavitud o el consentimiento de una violación sexual suave.

Pero, en realidad, ¿tienen derechos los animales? Recordemos que son derechos. Los derechos son principios morales que definen y sancionan la libertad de acción de la persona en un contexto social. Son reglas morales que promueven la persuasión contra la coerción. Son los principios morales que validan que la conducta correcta en un contexto social es la conducta prudente, racionalmente egoísta, sin impedimento alguno. Pero no hay modo de aplicar la moralidad al amoral o de persuadir al ser no conceptual. Un animal no necesita validar su conducta. No actúa por derecho o por permiso. Percibe objetos y simplemente reacciona como debe. Al tratar con esos organismos no existe la aplicación de la ley, sólo existe la ley de la jungla, la ley de fuerza contra fuerza. ¿Cómo se persuade al león hambriento de que uno no es su comida? ¿Cómo se persuade al mosquito de lo mismo?

Un animal, por naturaleza, se preocupa solamente de su supervivencia; el hombre, por elección debe preocuparse sólo de la suya, lo que requiere que domine a las demás especies. Algunas de éstas son amenazas para su vida y por tanto deben ser eliminadas; otras sirven como fuente de alimento o vestimenta, otras como sujetos de investigación médica, aún como objetos de recreación o mascotas. Por su naturaleza, y en todo el reino animal, la vida sobrevive por medio de comerse otra vida. Demandar que el hombre suspenda o aplace su supervivencia por el deber de respetar los "derechos" de otras especies, es despojarlo de su derecho a la vida. Es demandar que el hombre se sacrifique por las otras especies. Como dice Peikoff, esto es el altruismo llevado a la locura.

El hombre debe respetar la libertad de los humanos por una razón puramente egoísta, y es que se beneficia enormemente de las acciones racionales de los demás. ¿Pero, qué gana de respetar la libertad de los animales? Nada, más bien al contrario, tal actitud pone seriamente en peligro su supervivencia.

¿Cómo puede el hombre, moralmente, causar dolor o utilizar a otras especies como medios para sus fines? Según el Objetivismo puede, cuando tal trato es necesario o aconsejable juzgado a la luz del estándar moral, cuando es necesario para su supervivencia, para su florecimiento. Puede hacerlo porque las necesidades del hombre son la raíz del concepto "moral". La fuente de los derechos, así como de las virtudes, no es el nivel perceptual de consciencia, sino que el nivel conceptual. La fuente no es la capacidad de experimentar dolor, sino que la capacidad de pensar.

Derechos del nonato

¿Tienen derechos los nonatos? "La Iglesia Católica en el Concilio Vaticano II establece: "En realidad, Dios, Señor de la vida, confió al hombre el excepcional ministerio de perpetuar la vida, con tal que lo cumpliera de una manera digna del hombre. Por consiguiente, la vida desde su misma concepción se ha de proteger con sumo cuidado: el aborto y el infanticidio son crímenes nefandos."

El derecho a la vida, dicen, es el primero y más fundamental de los derechos humanos, por ello es el supuesto ontológico sin el cual los restantes derechos no tendrían existencia posible, lo que exige su respeto desde su inicio hasta su natural extinción. La Declaración sobre Derechos del Niño que entró en vigencia a nivel Internacional en 1990, declara en su preámbulo: "El niño por su falta de madurez física y mental, necesita protección y cuidados especiales, incluso la debida protección legal, tanto antes como después de su nacimiento." El no nacido (nasciturus) tiene derecho a la vida, dicen, que es el primero y pilar fundamental de los derechos humanos, sin el cual los restantes derechos no tendrían existencia posible, esto exige su respeto desde el inicio de la vida hasta su muerte. Tiene derecho a no ser rechazado por su madre y padre y vivir en un ambiente armonioso, sin peleas, gritos, ruidos, porque esto influye sobre el feto y marca el futuro del niño para toda su vida. Las mujeres albergan en su seno el más preciado de los frutos y sienten felicidad de sentir los movimientos de la vida en su interior, pero esto representa también una responsabilidad.

Otra vez, preguntemos ¿qué son derechos? Los derechos son principios morales que definen y sancionan la libertad de acción de la persona en un contexto social. Son reglas morales que promueven la persuasión contra la coerción. Son los principios morales que validan que la conducta correcta en un contexto social es la conducta prudente, racionalmente egoísta, sin impedimento alguno. ¿Cómo se aplica ese principio a un feto? El feto no puede actuar, pues no puede deliberar. ¿Cómo se le persuade si no es un ser conceptual?

Así como no hay derechos de colectivo de individuos, no hay derechos de partes del individuo, no hay derechos de brazos o de tumores. O de ningún pedazo de tejido creciendo dentro de la mujer, aún si éste tiene la capacidad, con el tiempo, de llegar a ser un humano. La potencialidad no es actualidad, y un óvulo fertilizado, un embrión, o feto, no es un ser humano. Los derechos son principios morales que sancionan la libertad de acción del hombre, y el hombre es una entidad, un organismo biológicamente formado y psicológicamente separado de otros. Aquello que vive dentro del cuerpo de otro no puede reclamar prerrogativas que dañen o perjudiquen la vida de su anfitrión.

El cuidado parental responsable requiere de décadas de años consagrados al desarrollo, cuidados y crianza apropiada del niño. Sentenciar a una mujer a sobrellevar la crianza de una criatura en contra de su voluntad es una flagrante violación de sus derechos: su derecho a la libertad (a la función de su cuerpo), su derecho a perseguir su felicidad, su derecho a su vida. Tal sentencia implica el sacrificio de lo actual en beneficio de lo potencial, de un humano real por un pedazo de protoplasma, que no tiene vida en el sentido humano del término.

Derechos en solitario

¿Tiene derechos el individuo en una isla desierta? Otra vez, ¿qué son derechos? Los derechos son principios morales que definen y sancionan la libertad de acción de la persona en un contexto social. Son reglas morales que promueven la persuasión contra la coerción. Son los principios morales que validan que la conducta correcta en un contexto social es la conducta prudente, racionalmente egoísta, sin impedimento alguno.

¿Dónde está el contexto social? Si no hay contexto social, el concepto de derecho no aplica.

Validación lógica de los derechos

La validación lógica de los derechos, como no son primarios, requieren que se prueben por el proceso adecuado de reducción. Cada derecho humano tiene una fuente en la ética Objetivista, y a la vez en la visión de la naturaleza metafísica del hombre, la que a la vez se apoya en la metafísica y epistemología Objetivista. El hombre es un cierto tipo de organismo vivo, lo que implica su necesidad de moral y de la vida del hombre como estándar moral, lo que implica que es correcto (derecho) actuar en base a la guía de ese estándar –su derecho a la vida. La razón es el medio básico de supervivencia del hombre, lo que implica que la racionalidad es su virtud primaria, lo que implica a la vez, que es correcto (derecho) actuar basado en su propio juicio –su derecho a la libertad. A diferencia de los demás animales, el hombre no sobrevive adaptándose a lo dado, lo que implica que la productividad es una virtud cardinal, lo que a la vez implica que es correcto (derecho) conservar, usar y disponer de las cosas que ha producido –su derecho a la propiedad. La razón es un atributo del individuo, que demanda como condición de su funcionamiento, una lealtad inquebrantable hacia la realidad, lo que implica buscar lo que le es de provecho, lo que implica la ética del egoísmo, lo que implica que es correcto (derecho) perseguir la felicidad propia. Todos los derechos se basan en el hecho de que la vida del hombre es el estándar moral. Los derechos son lo que es correcto en el tipo de acciones conducentes a la preservación de la vida humana.

Así como sólo el concepto de vida hace posible el concepto de valor, así lo que requiere la vida humana hace posible la moralidad, y por tanto, hace posible el concepto de derechos. Todo derecho se basa en el hecho de que el hombre sobrevive por medio de la razón. Los derechos son lo que es correcto en el tipo de acción necesaria para la preservación de un ser racional. Sólo un ser con facultad conceptual tiene juicio sobre cómo actuar, volición con que establecer fines, e inteligencia con crear riqueza.

Todo derecho se basa en el hecho de que el hombre es un ser productivo. Los derechos suponen que los hombres pueden vivir juntos en concordia, sin sacrificar a nadie. Si el hombre consumiera no más que lo que le provee la naturaleza, sólo agarraría lo que pudiera antes que los demás, comería o sería comido, mataría o sería muerto.

Todo derecho se basa en la ética del egoísmo. Los derechos son el título que acredita las posesiones propias del individuo: el título que acredita que es propietario de su vida, su libertad, sus posesiones o propiedad, y las acciones que requiera para alcanzar su propia felicidad. Sólo un ser que es un fin en sí mismo puede reclamar sanción moral para su acción independiente. Si el hombre existiera para servir a otra entidad que no fuera él mismo, ya fuera ésta Dios o la sociedad, entonces no tendría derechos, sino que, solo las obligaciones de un sirviente.

La ley moral de en la que se basan los derechos es el principio del egoísmo –la verdad moral observada de que cada individuo debiera actuar para promover su propia vida y que cada individuo es el beneficiario de su propia acción. Los derechos individuales son los medios de subordinar a la sociedad a la verdad del principio del egoísmo.

Capitalismo

El Capitalismo es una teoría política y como tal es una teoría normativa, que reconoce que los derechos individuales, que se basan en el principio del egoísmo, son el principio que debe regir las elecciones y conducta individual en un contexto social. Los cuatro principios de la ética racional en los que se fundamenta el Capitalismo y lo que lo hace el único sistema social apropiado para florecer en concordia son: el egoísmo, la mente como el instrumento de supervivencia, la productividad, y la vida como el estándar de valor.

Capitalismo como sistema político del egoísmo

Al Capitalismo, sus enemigos le acusan de ser un sistema que se fundamenta en el egoísmo. Esta afirmación es factualmente correcta, aunque como afirma Andrew Bernstein, la connotación negativa del egoísmo y por tanto del Capitalismo es totalmente equivocada.

La esencia del egoísmo es la búsqueda racional del hombre de aquellos valores que sostienen su vida y le permiten florecer. El egoísmo es la aplicación de la virtud de la racionalidad a preocuparse del interés propio, que es lo que le es provechoso a uno a largo plazo. Es el código moral que exhorta al hombre a ser el beneficiario de sus propias acciones, a perseguir su interés, su florecimiento, su felicidad. Enfatiza la importancia que tiene el individuo, su vida personal, sus valores, sus aspiraciones, metas, sueños y esperanzas. El egoísmo ético alienta al hombre a alcanzar los valores que requiere su vida, en lugar de sacrificarlos.

En toda forma posible, el Capitalismo es la consecuencia lógica de una política consistente con una ética egoísta.

El individualismo, o liberalismo, o Capitalismo como bautizo Marx a estos, es una teoría política que sostiene que cada humano es un fin en sí mismo, que tiene derechos inalienables, y que el único propósito de una sociedad civilizada y del gobierno es proteger esos derechos. Como el egoísmo ético exhorta la búsqueda de valores y se basa en la naturaleza de los seres vivos con su necesidad de conseguir valores que los mantengan con vida, el Capitalismo, basado en el principio de derechos individuales, es la aplicación de esa ética egoísta a la política. Si el individuo tiene que conseguir valores para sostener su vida, valores como dinero con que comprar comida, vestimenta, cobijo, entonces debe tener el derecho legalmente protegido para poder ocuparse en perseguir valores. Por ejemplo, Steve Jobs y Bill Gates, tuvieron como individuos, el derecho moral de perseguir los valores que les permitieron florecer. Sin la protección legal a esos derechos, no habrían tenido la libertad de hacerlo.

El Capitalismo, en tanto sistema político, ofrece la protección legal contra aquellos que inician la fuerza o el fraude para violar los derechos del individuo, lo que es el requerimiento social indispensable para que una persona pueda perseguir sus valores. Al tener tal protección, sus esfuerzos por alcanzar los valores que su vida requiere, pueden darse sin limitación alguna. Pero si carece de esa protección, entonces sus esfuerzos se verán frustrados, impedidos, imposibilitados. Esto es verdad para todo tipo de valor, desde el conocimiento, el amor, la amistad, todo valor no monetario, hasta todo valor material, monetario. Un ejemplo, que del Periodo de Invención relata Andrew Bernstein en su libro *The Capitalist Manifesto*, es el de George Washington Carver.

Carver, quien nació en 1860 y murió en 1943, fue un botánico inventor al que le importaban poco el dinero y bienes materiales, y quien no habría podido perseguir los logros científicos que tanto anhelaba y crear los productos que inventó –cosméticos, tintes, pinturas, plásticos, gasolina, nitroglicerina y 105 recetas de comida usando manías –de no haber contado con la protección moral y legal que brindan los derechos individuales a hacer lo que su mejor juicio le indique.

El fundamento egoísta de fomento de valores del Capitalismo se manifiesta en varias instituciones: la institución de la propiedad privada, el imperio de la ley, el afán de lucro, y el mercado libre. El principio moral de la propiedad privada significa que cada uno es dueño del producto de esfuerzo intelectual y/o corporal. Si un hombre tiene derecho a su propia vida, a su cuerpo, a su mente, se infiere por tanto que tiene derecho al producto de su esfuerzo intelectual y corporal. El derecho de propiedad genera al menos dos razones que motivan al hombre a desarrollar su habilidad para conseguir aquellos valores de los que su vida depende. Primero, cuando se da cuenta que lo que gana y/o conserva se encuentra en relación directamente proporcional a cuanto produce, aumenta su incentivo a producir. Segundo, al estar protegido el derecho de propiedad por la ley, ni los criminales ni el gobierno puede legalmente expropiar las ganancias de hombre alguno.

Por tanto, el imperio de la ley, al asegurar la libertad de actuar según la propia sensatez, y a disfrutar del fruto del esfuerzo propio, también incentiva a producir. El imperio de la ley significa que los oficiales del gobierno, incluido el jefe de Estado, están todos amarrados por principios morales incorporados en el sistema legal, y por tanto, no pueden violar dichos principios. La alternativa es el despotismo de los hombres, donde los burócratas están por encima de la ley, y que pueden usar su poder arbitrariamente contra los ciudadanos, por lo que impera es el capricho.

El imperio de la ley en el Capitalismo es una aplicación directa del principio más amplio de derecho individual. Una constitución escrita circunscribe el poder del Estado por medio de garantizar a todo ciudadano sus derechos inalienables específicos, incluyendo libertad de expresión, libertad de culto, el derecho de propiedad, etc. El imperio de la ley constitucional subordina a todo hombre y, en especial, a los oficiales de gobierno, al principio de derechos individuales. Lo que quiere decir que el imperio de la ley asegura que cada individuo está legalmente protegido para actuar egoístamente en busca de sus valores y su florecimiento, sin estar a merced de cualquier oficial que pretenda violar sus derechos.

El afán de lucro es el incentivo a trabajar productivamente para aumentar la propia ganancia económica. Tal afán depende lógicamente de la propiedad privada, y del imperio de la ley, porque presupone que los hombres pueden conservar sus ganancias y los productos que compran con estas. Moralmente si los hombres tienen derecho a su propia vida, entonces tienen derecho a conservar aquellos valores que han ganado por medio de su esfuerzo.

Así como la moral determina la política, como la aplicación de ésta a las interrelaciones organizadas de los hombres, así la política determina la economía, como la aplicación de la moral al ámbito de la producción y el intercambio. El principio de los derechos individuales es el requerimiento político-económico para alcanzar los valores y la vida humana en esta tierra. El Capitalismo coloca la recompensa económica al servicio de la necesidad humana de crear valores.

La política del mercado libre, del *laissez-faire,* del "dejar hacer", de "no meter las manos", es simplemente la aplicación del principio moral de los derechos individuales a la actividad económica o crematística. El principio de derechos individuales significa que adultos que consienten son libres de tomar cualquier acción que elijan, en tanto no inicien la fuerza o el fraude contra otros. Esto quiere decir que los hombres tienen restricciones legales para interferir criminalmente con la actividad de perseguir valores de otros.

La actividad económica es la producción (crematística individual) y el intercambio (crematística política) de bienes y servicios, aquellos de los que depende la vida del hombre. O como les llama Carl Menger, economía individual (producción) y economía política (intercambio o cataláctica). Si los hombres producen e intercambian voluntariamente, su búsqueda mutua de valores aumenta, se incrementa recíprocamente por el trabajo productivo de cada uno.

El papel apropiado del gobierno en la actividad económica es la aplicación directa de su rol moral como protector de los derechos del individuo: proveer el imperio de la ley, protegiendo la propiedad privada y amparando los contratos, estableciendo así un contexto legal que promueve la creación de valores. El gobierno de una sociedad capitalista le da un beneficio incalculable a la vida de los ciudadanos, pues protege a aquellos que crean valor y reprime a aquellos que destruyen valores o que interfieren por la fuerza con los creadores.

Capitalismo como sistema político racional

La antítesis de la racionalidad es la fuerza bruta. La única pregunta político-económica importante en relación a la habilidad del hombre de usar su mente es: ¿está éste protegido de aquellos que deseen iniciar el uso de la fuerza bruta en su contra? El único principio moral y el único sistema político-económico que puede contestar inequívocamente "sí" son: los derechos individuales y el Capitalismo.

La pregunta filosófica fundamental de un sistema político-económico es: ¿Por qué medios sobrevive el hombre en la tierra? El único sistema que reconoce que la razón es el instrumento de supervivencia del hombre es el Capitalismo, el sistema de la Ilustración.

El concepto de derecho individual es más que un principio moral-político, ya que es la condición social de una revolución intelectual al ser el garante de la libertad y seguridad física de los hombres de la mente contra aquellos brutos que pretenden iniciar la fuerza bruta en su contra. El Capitalismo es el paraíso, el Shangri La de los mejores, de aquellos que eligen pensar. El Capitalismo al proteger la vida y libertad del individuo dedicado escrupulosamente al uso del instrumento de supervivencia humano, es, el sistema de la supervivencia del hombre. La respuesta de por qué sólo el sistema de derechos individuales crea una abundancia jamás soñada, es que la vida del hombre requiere un sistema social cuya esencia encarne la protección inquebrantable de su habilidad para usar su mente sin impedimento alguno.

Capitalismo como sistema político productivo

El Capitalismo es el sistema de la productividad. La evidencia está por doquier. Cuando las políticas de un país se acercan más al Capitalismo, al libre mercado, al respeto de los derechos de propiedad, al cumplimiento de los contratos y al imperio de la ley basada en los derechos individuales, entonces progresa económicamente, florece. Cuanto más se aleja del Capitalismo, más se empobrece.

Para explicar esto, no hay que olvidar que lógica e históricamente la libertad se basa en el egoísmo y en la razón. El compromiso por principio con la libertad surge sólo cuando los hombres reconocen dos verdades relacionadas: Primero, que los humanos tienen el derecho inalienable a su propia vida; y segundo, que la mente es el único medio por el que adquieren conocimiento y por el que promueve su vida. Por tanto, el hombre debe tener la libertad para florecer y para usar el instrumento que le permite hacerlo. Esto forma la base del principio de derechos individuales que son la esencia del Capitalismo.

El Capitalismo pues, es el sistema de la razón, del egoísmo, y de la libertad

Lo que esto significa es que libera el instrumento por el cual los hombres crean valores (la razón); reconoce sus necesidades y recompensa los intentos de conseguir valores (el egoísmo); y protege por medio de un sistema legal, su derecho a perseguir sus propios valores (la libertad).

Entonces, el que los hombres produzcan valores bajo el Capitalismo es la consecuencia lógica de sus principios esenciales.

Capitalismo como el sistema económico de la mente

El Capitalismo es el sistema que libera a los productores. Esto quiere decir que protege la libertad de usar la mente a los innovadores, inventores y empresarios que son los pioneros que mediante su trabajo crean la riqueza que disfrutan las naciones más capitalistas hoy.

Todos los bienes que requiere la vida humana requieren ser producidos, desde la leche, cereal y huevos de su desayuno, hasta los edificios en los que vive y trabaja. La producción es esencial pues para la economía porque es crítica para la vida humana. La productividad es una virtud moral cardinal. Ahora, es evidente que la producción antecede al consumo. No se puede consumir lo que no existe, lo que aún no se ha producido. De hecho, sólo se debe considerar economía la previsora actividad de los hombres dirigida a satisfacer mediata e inmediatamente su necesidad de bienes materiales, mientras que los actos dirigidos específicamente al consumo no pertenecen al concepto de economía. La demanda, pues, viene de la oferta. El individuo que no produce no tiene que dar a cambio de aquellos valores necesarios para su sustento. El fenómeno complejo de la economía humana en su forma social, el mercado, brota de las actividades y de las relaciones de las economías individuales (producción) coordinadas entre sí por el intercambio.

El Capitalismo, el sistema político-económico de la Ilustración, es superior al estatismo, porque libera a los productores, al reconocer que las mentes creativas son la fuente de todos los valores y que ésta debe ser libre para inventar, manufacturar y descubrir donde se deben invertir económicamente los recursos. Bajo el Capitalismo, los productores son los que establecen los términos económicos. Es la producción la que hace posible el consumo, pero la producción no es un fin en sí misma. Más bien, la producción es un medio para alcanzar un fin, que es el consumo. La producción crea la riqueza que se puede consumir. El consumo es el uso de esa riqueza para disfrutar de la vida, y sólo esto, vivir disfrutando, es el fin en sí mismo.

Pero otro aspecto importante del Capitalismo es que también libera al consumidor, quien se encuentra libre para evaluar la utilidad que una nueva creación tenga para él. Puede elegir entre varias ofertas o por ninguna. El productor racional, como pensador innovador, depende de la visión racional de sus posibles clientes, que valoren productos aun no probados. El éxito de los avances tecnológicos se basa precisamente en la libertad de los miembros más racionales de la sociedad, los que usarán un aparato nuevo, así como los inventores, manufactureros e inversionistas.

Capitalismo el sistema económico de la planificación

En el Capitalismo, debido a que el cálculo económico es posible, se puede planificar la economía. Un individuo puede guiar su vida por medio de su propio pensar. Puede planificar su presupuesto, sus inversiones, su carrera, su matrimonio, su residencia, etc. El factor dominante que determina el curso de su vida es su mente. Gracias a que en un mercado libre existe respeto a la propiedad, el cumplimiento de los contratos, y el afán de lucro, es posible un sistema de precios que le informa al individuo donde orientar sus inversiones y sus esfuerzos. El sistema de precios, que es un sistema de comunicación de demandas permite relacionar las economías individuales coordinadamente entre sí por el intercambio. De esta manera, bajo el sistema político-económico del Capitalismo, una gran cantidad de mentes están dedicadas a la planeación económica. Bajo el socialismo no es posible el cálculo económico ante la ausencia de propiedad privada y por tanto de sistema de precios. Simplemente no existe la información sobre bienes demandados, por lo que no hay manera de saber dónde invertir los recursos. Además, la falta de libertad hace irrelevante el pensar del individuo para determinar el curso de su vida, ya que no existe posibilidad de planear inversiones, carrera, o lo que sea. Debe conformarse con lo que le da el Estado. En el socialismo no existe planificación de la economía, sino que sólo arbitraria colocación de recursos. Es un error pensar que en el socialismo hay planificación centralizada. La verdad es que no existe planificación de ningún tipo. Para planificar se necesita de información real. Quien quiera planificar la construcción de un edificio, deberá contar con la información técnica pertinente –resistencia de los materiales a las cargas, efectos climáticos, tipo de zona sísmica, etc., -y de la información económica –estudios de factibilidad y de mercado. Sin esta información es imposible planificar. Al carecer el gobierno socialista de la información que provee el sistema de precios, sólo puede fingir que planifica. Pero falsificar la realidad no evita las consecuencias de la deshonestidad, como lo ha evidenciado el fracaso económico de la Unión de Repúblicas Socialistas Soviéticas, el de la República Democrática Alemana, el de Cuba, el de Venezuela, etc.

De hecho, sólo el Capitalismo es el sistema de planeación racional, que resulta imposible bajo el socialismo, y que se ve seriamente coartado o restringido bajo el mercantilismo, la doctrina política que busca la intervención del gobierno en la economía para obtener privilegios. Este es un punto crucial para entender la causa de la prosperidad del Capitalismo y las penurias del socialismo y las economías mixtas.

La planeación se da diariamente bajo el Capitalismo por medio de millones de pensadores que tienen mucha más información a su disposición. Esta información, el sistema de precios, es el resultado de millones de individuos racionalmente egoístas, que buscando su propio beneficio, su lucro, producen e intercambian voluntariamente valores de su propiedad. Los precios resultan de la deliberación y evaluación de millones de individuos que deciden qué y cuanto significa determinado intercambio para ellos.

La alternativa entre Capitalismo y socialismo es: los individuos deciden lo que quieren o el gobierno hace que sus deseos sean irrelevantes; los individuos tienen la libertad de perseguir sus valores o reciben sólo aquello que el gobierno decide darles.

La elección entre capitalismo y socialismo es: conocimiento y benevolencia versus ignorancia y malevolencia. En toda forma posible, el capitalismo libera a la mente humana, a los productores y a los consumidores, a los genios innovadores e inventores, a los planificadores diarios, a los empresarios y a los obreros, a los ahorradores y gastadores. Este poder cerebral liberado es la causa fundamental epistémica del gran éxito del Capitalismo. **Si amas la vida es necesario ser capitalista.**

Capítulo 5

Estética

El arte, nos dice Rand, es una re-creación selectiva de la realidad de acuerdo a los juicios de valor metafísicos del autor. Es pues una imagen, del latín *imago*, un artefacto que representa un parecido a, o la apariencia de la realidad percibida. Principalmente se entiende como representación visual, pero también se aplica como extensión para otros tipos de percepción, como imágenes auditivas, olfativas, táctiles, gustativas, así como mentales, producto de la inducción lingüística. Como producto, como imagen, tiene que ser un todo integral. De lo contrario, se percibiría como un producto inconcluso. Como se compone de partes, el compositor o productor tiene que lograr unidad en la variedad, logrando a la vez, variedad en la unidad. Y para ser arte, debe ser una obra excelente. Debe ser producto de la aplicación lógica y con maestría de conocimiento técnico. Por lo tanto la configuración formal de la imagen debe ser tal que la relación acorde entre partes diversas y el todo sea de manera que se establezca unidad en la variedad y variedad en la unidad, es decir, perfectamente armónica. El propósito del orden en la composición de la imagen es conseguir la armonía perfecta entre sus elementos.

¿Y qué diferencia hay entre un gráfico y una pintura, una escultura, una danza, una obra literaria, una obra de teatro, una ópera, una película, una obra arquitectónica? El gráfico no es una imagen de la realidad, sino que es la realidad misma. El gráfico no es una apariencia de la realidad percibida, es la realidad. El gráfico es el significante o soporte formal que apunta al significado. El significante es lo que designa, mientras el significado es lo designado. Si bien es cierto, el soporte formal del significado, el significante como grafismo, para ser una obra de arte gráfica, debe ser una composición bella.

El grafismo denota e indica un significado que es un símbolo que representa un concepto moral o intelectual, por analogía o por convención. Por ejemplo el "listón rojo" de Gary van der Merwe, que significa: ayudemos a los que tienen sida. O la calavera, que significa 'muerte'.

El gráfico es un símbolo lingüístico, mientras que la imagen que es una pintura, o escultura, o arquitectura, o teatro, o danza, o música, o cine, o pieza literaria, u opera, es una concepción de la realidad, en forma de entidad concreta, perceptible sensorialmente. Esta concepción de la realidad o visión del mundo que muestra la imagen, no es un símbolo, sino más bien una alegoría, una ficción que da a entender esa concepción de la realidad del autor, en su más estricta valoración ontológica. Mientras el gráfico indica un referente distinto de sí mismo, la imagen en cuestión es auto referencial. El signo gráfico indica la realidad; la imagen es una ficción, no indica la realidad, sino que presenta una valoración de ésta. La imagen es una reconstrucción crítica de la realidad. El criterio de selección se basa en la visión ontológica o metafísica que el artista tiene del mundo. Estas imágenes, que pueden ser visuales, auditivas, táctiles, y/o inducidas, se perciben por medio de los sentidos. La característica única de la obra de Arte es la de ser una conceptualización critica de la realidad que puede ser percibida en forma sensual como un objeto concreto.

En tanto imagen expresiva contiene dos aspectos: la 'forma' o estructura compositiva, y la 'materia' o contenido del argumento. El objeto de la estructura formal es la belleza. El objeto de la materia es la actualización de la idea. Comprende la pintura, la escultura, la música, la danza, el teatro, la literatura, la fotografía, el cine y la arquitectura. Estas se pueden clasificar según su dimensión y medio de expresión: pintura es el Arte bidimensional que utiliza pigmentos como medio de expresión; la escultura es tridimensional y utiliza los sólidos como medio de expresión; la danza es el Arte tetradimensional que utiliza el movimiento corporal como medio de expresión; la arquitectura es en tanto Arte, tetradimensional y utiliza la edificación como medio de expresión; la música es el Arte tetradimensional que utiliza los sonidos como medio de expresión; el teatro es el Arte tetradimensional que utiliza el dialogo y la gesticulación como medio de expresión.

El Arte no tiene un fin práctico o material, no es utilitario. Su propósito es el de ser contemplado, y el placer que provoca esa contemplación es tan intensa y profundamente personal, que uno la experimenta como auto-suficiente y auto-justificada. Su función es psicológica. Esta experiencia es un valor en sí misma. Es una experiencia de la cual podemos decir: "Me alegro de haber conocido esto en mi vida."

La razón de esa experiencia consiste en que la imagen en cuestión expresa una visión del mundo que coincide con nuestro sentido de vida. El sentido de vida, nos dice Rand, es un equivalente pre-conceptual de una visión metafísica, una apreciación emocional, subconscientemente integrada, del hombre y de la existencia. Antes de que el hombre entienda qué es metafísica, el humano hace elecciones que son juicios de valor, experimenta emociones, y adquiere cierta visión implícita de la vida. Cada elección y juicio de valor implica alguna estimación de sí mismo y del mundo, en particular de su capacidad de enfrentarse y de tratar con el mundo. Su mecanismo subconsciente integra sus actividades psicológicas, sus conclusiones, reacciones, evasiones, sean verdaderas o falsas, en una suma emocional que establece un patrón habitual que se convierte en su respuesta automática al mundo que lo rodea.

Lo que empieza como una serie de conclusiones discretas, o de evasiones, sobre sus problemas particulares, se vuelve una sensación generalizada sobre la existencia, una visión metafísica motivada emocionalmente por una emoción básica que es parte de todas sus otras emociones y que subyace en todas sus experiencias. Esto es el sentido de vida, nos dice Rand.

El sentido de vida se forma por un proceso de generalización emocional, que Rand describe como un equivalente subconsciente del proceso de abstracción, ya que es un método de clasificación e integración. Las emociones que invocan las cosas que el humano ve en el mundo, dependerán de qué tipo de cosas conforman su visión de sí mismo y de su existencia. El criterio subconsciente de selección que forma su abstracción emocional es: "Aquello que es importante para mí", o: "El tipo de universo que es correcto para mí, en el cual me siento en casa." El concepto clave en la formación del sentido de vida, es el término "importante". Es un concepto que pertenece al ámbito de los valores.

Lo que la obra de Arte expresa es: "Esta es la vida como la veo." El significado esencial de la respuesta del observador es: "Esto es, o no es, la vida como la veo."

El proceso de creación es como un proceso de deducción. El artista empieza con una abstracción amplia que debe concretizar, traerla a la realidad por medio de los particulares apropiados. El proceso de ver la obra de arte es un proceso que se parece el proceso de inducción, pues el observador percibe los particulares, los integra y comprende las abstracciones de donde proceden, completando así el círculo.

El sujeto de la obra de Arte expresa una visión del hombre y de la existencia. El estilo de la obra de arte expresa una visión de la consciencia humana. La obra de Arte puede expresar una visión del mundo con la que no estemos de acuerdo, pero de forma impecablemente magistral. Por eso es que no hay contradicción alguna al decir: "Esta es una gran obra de Arte, pero a mí no me gusta."

La importancia del Arte reside en que presenta las cosas, no como son, sino como pueden y deben ser. Crea un mundo poético al lado del mundo ordinario, en donde el observador vive, aunque sea por un tiempo breve, una existencia extraordinaria.

Rand se define a sí misma como Romántico Realista. Pero, ¿qué es Romanticismo? Es una categoría de Arte basada en el reconocimiento del principio que el hombre tiene facultad volitiva. Lo que quiere decir que el aspecto crucial de la vida del hombre es la elección de valores, los cuales le mueven a actuar para conseguirlos y/o conservarlos. Por tanto debe establecer sus fines y actuar de acuerdo a un propósito. La forma de expresar la esencia de esa acción es la trama.

Se diferencia del Naturalismo en que éste niega que el hombre sea un ser volitivo, y por tanto su vida y su carácter están determinados por fuerzas fuera de su control. Por tanto, la elección de valores es imposible para él.

Los Románticos aportaron la primacía de los valores, un elemento que según Rand, había estado ausente en las fórmulas copistas de la repetición de Clásicos. Los juicios de valor son la fuente de las emociones. Las obras Románticas proyectaron emociones intensas, al igual que abundante color, imaginación, y originalidad. Sin embargo, la ignorancia de que la facultad de la razón es la facultad volitiva, les llevó a asociar el libre albedrío con el misticismo y la defensa de la individualidad fue en términos de sentimientos, dejando la bandera de la razón a sus enemigos.

El Realismo Romántico, como define Ayn Rand su arte, es un Romanticismo expresado en nuestra época, donde los héroes son productores. La influencia aristotélica en el Realismo Romántico lleva a describir lo que puede y debe ser. Rand nos dice que el propósito de sus novelas no es moralizar, sino mostrar. Describir al hombre ideal.

Conclusión

El objetivismo: una filosofía benevolente

Ayn Rand nos presentó en sus novelas La Rebelión de Atlas y El Manantial una filosofía, de tinte aristotélico, que enseña, no como sufrir y morir, sino como vivir y disfrutar. El Objetivismo, como bautizó a su filosofía, muestra un universo inteligible y benevolente, absoluto, donde la vida, que es acción auto generada y auto sustentante, es exitosa. Muestra al hombre como el ser que conceptualiza y por tanto, el que es capaz de conocer relaciones causales en la realidad, que, respetando la primacía de la existencia, le permite construir un mundo a la imagen de sus ideales. Es una visión del hombre heroico, que elige vivir, que elige ser plenamente consciente, que elige ser moral, que elige enfocar, que elige razonar, que elige valorar, que elige actuar para modelar y transformar el mundo.

El Objetivismo es una filosofía que valora el instrumento de sobrevivencia del hombre: la razón. Invita a desarrollarla y conservarla mediante el ejercicio constante, ya que es el único medio del que dispone el hombre para identificar la realidad. Identifica que para ser feliz, para florecer, hay que aplicar la propia razón a la actividad de preocuparse del interés propio, que es lo que le es provechoso a uno a largo plazo.

Es el Objetivismo una filosofía que identifica que el ser humano no es un intelecto separado del cuerpo, ni es solamente una mente que habita un cuerpo. El hombre es un organismo, un ente consciente, una persona. Y sólo como persona puede relacionarse efectivamente con el mundo. Sólo si es una unidad integral, real para sí misma. Sólo si es integral en pensamiento, sentimiento y comportamiento corporal.

También identifica el Objetivismo que el ser humano es un fin en sí mismo, que su propósito moral es vivir su propia vida floreciendo. Que puede alcanzar mejor sus fines cooperando con otros hombres en sociedad. Pero no cualquier tipo de sociedad. Sólo aquella donde se respetan mutuamente los asociados. Sólo aquella que reconoce que cada uno debe poder actuar sensatamente, de acuerdo a su mejor juicio, sin impedimento alguno. Sólo aquella que no pretende sacrificar o esclavizar a nadie. Sólo aquella donde los asociados reconocen a cada uno su derecho a la vida, a la libertad, a su propiedad, y a la búsqueda de su felicidad. Sólo aquella en que se intercambia valor por valor. Sólo aquella que es una asociación voluntaria de productores libres con el fin de vivir una vida virtuosa, y por lo tanto próspera.

Esta visión benevolente de la existencia queda bien retratada en las palabras de Ayn Rand en La *Rebelión de Atlas*, escritas en el Atlas Libertas, el relieve de la Escuela de Negocios de la Universidad Francisco Marroquín, hecho por el escultor Walter Peter:

> En el nombre de lo mejor que hay en ti, no sacrifiques este mundo en favor de aquellos que son los peores. En el nombre de los valores que te mantienen vivo, no dejes que tu visión del hombre sea distorsionada por la perversidad, la cobardía, la estupidez de aquellos que nunca se han ganado el título de hombres. ...
>
> No dejes que el héroe que hay en tu alma perezca, en solitaria frustración, porque nunca has podido alcanzar la vida que te mereces. Examina tu camino y la naturaleza de tu batalla. El mundo que deseas puede conseguirse, existe, es real, es posible, es tuyo.
>
> **Ayn Rand**

Libros recomendados

Bernstein, Andrew. *The Capitalist Manifesto.* UPA

Biddle, Craig. *Loving Life.* Glen Allen Press

Binswanger, Harry. *How We Know.* TOF Publications

Branden, Nathaniel. *The Psycology of Self-Esteem.* Bantam Books

Harriman, David.*The Logical Leap.* NAL

Kelley, David. *Unrugged Individualism: The Selfish Basis of Benevolence.* Kindle

Peikoff, Leonard. *Objectivism: The Philosophy of Ayn Rand.* Dutton

Rand, Ayn. *La Virtud del Egoísmo.* Grito Sagrado

Rand, Ayn. *Introducción a la Epistemología Objetivista.* Grito Sagrado

Rand, Ayn. *Capitalismo El Ideal Desconocido.* Grito Sagrado

Rand, Ayn. *La Rebelión de Atlas.* Grito Sagrado

Rand, Ayn. *El Manifiesto Romántico.* Grito Sagrado

Rojas, Ricardo Manuel. *Realidad, Razón y Egoísmo.* Unión Editorial

Smith, Tara. *Ayn Rand´s Normative Ethics.* Cambridge

Made in the USA
Columbia, SC
21 August 2024

40417005R00224